JUTAKU KADAI 08

住宅課題賞 2019
［建築系大学住宅課題優秀作品展］

Residential Studio Project Award 2019

JN055243

はじめに

「住宅課題賞」（建築系大学住宅課題優秀作品展）は、東京建築士会事業委員会主催により、2001（平成13）年より毎年企画・開催しております。会場のギャラリー エークワッド様には、展示空間を長年ご提供いただき感謝申し上げます。特別協賛の総合資格様には、2012（平成24）年より「JUTAKUKADAI」を企画・監修・出版いただき、各大学の設計課題を取りまとめた書籍は、学校教育において貴重な資料として喜ばれており、感謝申し上げます。そして、その他多くの関係各位のご協力により、19年目の第19回「住宅課題賞」を迎えることができました。

　住宅課題賞は、東京圏に位置する大学を対象として、建築系学科等で行なわれている建築設計授業の中から、住宅課題における優秀作品を各校・各学科1作品ずつ推薦していただき、それらを一堂に集めた展示会として開催しているものです。また、この中から特に優れた作品を公開審査により、「優秀賞」として顕彰しております。回を重ねるごとに、参加大学も増え、第19回は39大学52学科の参加・出展をいただきました。

　住宅課題賞は建築を学ぶ学生のみなさんに建築の基本である住宅の設計を通して、建築の楽しさを知り、その社会的な意義への理解を深めてもらおうとするものです。また、学生のみなさんと大学の教員の方々並びに第一線で活躍されている建築家を結ぶ場として、そして各大学間における建築教育の情報交換と研鑽による向上を目的として企画されたものであり、学生間の交流の場としても定着してまいりました。今後の建築文化を担う学生のみならず、建築界・大学にとっても有意義なものになると考えております。

一般社団法人 東京建築士会

Preface

The Residential Studio Project Award (University Architecture Students' Residential Studio Project Outstanding Works Exhibit), organized by the Projects Committee of the Tokyo Society of Architects and Building Engineers, has been planned and held annually since 2001. We are grateful for the generosity of Gallery A Quad in providing display space since the award was founded. We would also like to thank Sogo Shikaku Co. Ltd., which since 2012 has planned, supervised, and published a volume collecting the design projects of participating universities entitled Jutaku Kadai. These volumes have proved valuable resources for educational purposes. Thanks to the cooperation of these and others, the Award is now in its nineteenth year.

The Residential Studio Project Award requests the architecture-related departments of universities located in the Tokyo area to recommend one work of outstanding quality from among the residential-topic-related projects done by students in each school and department and these works are presented together as an exhibition. The "Prize for Excellence" is awarded, following a final open screening, to particularly outstanding works among those in the exhibit. The number of universities has increased each year and for the nineteenth exhibit, 52 departments of 39 universities have participated.

The Residential Studio Project Award aims to help architecture students experience the joy of architecture and deepen their understanding of its social significance through the design of a residential building, which is fundamental to architecture. As a forum where students and university teachers come into contact with architects working at the front lines of the profession today and planned for the purpose of raising the level of education in architecture through inter-university information exchange and focused endeavor, the Award has become firmly established as the scene of information exchange among students.
We believe the Award will continue to make a significant contribution not only to the careers of the students who will carry on the culture of architecture but to the architectural profession and to the universities that provide basic training in the field.

Tokyo Society of Architects and Building Engineers

住宅課題賞への協賛にあたって

　建築士をはじめとする、有資格者の育成を通して、建築・建設業界に貢献する—それを企業理念として、私たち総合資格学院は創業以来、建築関係を中心とした資格スクールを営んできました。そして、この事業を通じ、安心・安全な社会づくりに寄与していくことこそが当社の使命であると考えております。

　その一環として、建築に関する仕事を目指している学生の方々が、夢をあきらめることなく、建築の世界に進むことができるよう、さまざまな支援を全国で行なっております。卒業設計展への協賛やその作品集の発行、就職セミナーなどは代表的な例です。

　住宅課題賞は、建築の基本である住宅をテーマにしており、また大学の課題作品を対象にし、指導教員の情報交換の場となることも意図して企画されたと伺いました。その点に深く共感し、協賛させていただき、また作品集を発行しております。

　本作品集は2019年版で8巻目となりました。時代の変化は早く、1巻目を発行した8年前とは社会状況は大きく異なります。特に近年は、人口減少時代に入った影響が顕著に表れ始め、人の生き方や社会の在り方が大きな転換期を迎えていると実感します。建築業界においても、建築家をはじめとした技術者の役割が見直される時期を迎えています。そのようなことを踏まえ、昨年度に引き続き本年度もスピンオフ企画として、実際に大学で課題を出題された5人の教員の方々にご登壇いただき、住宅課題について語り合ってもらうトークイベントを開催、作品集にその模様を収録いたしました。また、毎年行っている教員の方へのインタビュー記事も掲載しています。教員の方々が時代の変化をどのように捉え、どういった問題意識を持ち、設計教育に臨んでいるのか——。これらの記事から、これからの建築家や技術者の在り方の一端が見えてくると思います。

　住宅課題賞に参加された方々が本作品展を通し、新しい建築のあり方を構築され、さらに将来、家づくり、都市づくり、国づくりに貢献されることを期待しております。

総合資格学院 学院長・岸 隆司

Cooperation with the Residential Studio Project Award

Contributing to the architecture and construction business through training for various kinds of qualifications has been the corporate ideal of Sogo Shikaku Gakuin since its founding as a mainly educational enterprise specializing in architecture-related certifications. Our mission is to help build a safer, more secure society. As part of this mission, Sogo Shikaku Gakuin provides varied forms of support to encourage students throughout Japan aiming to work in the field of architecture to pursue their dreams and enter the architectural profession. The main forms of support are active cooperation in the holding of exhibits of graduation design works, publication of collections of student works, and holding of seminars for job-hunting students.

The Residential Studio Project Award centers on the theme of the dwelling, that structure so fundamental to architecture, and we understand that the Award is targeted at university student projects and is designed to be a forum for information exchange among their teachers. Sogo Shikaku celebrates these purposes and supports the Award.

The 2019 collection of works exhibited for the Residential Studio Project Award is the eighth published so far. Times have changed rapidly and conditions in society are quite different today than they were eight years ago when the first collection came out. Particularly in recent years we are seeing the signs of the major shift in the way people live and the nature of society as the impact of decreasing population begins to be felt. One phenomenon of the changes is the reevaluation of the role of architects and other technical experts in the building and architectural design industries. As in 2018, as a spin-off we include the transcription of a discussion among five professors who assigned their students the task of dealing with topics in the residential studio projects. We also include a number of interviews with professors as we did in the previous issues. We asked them for their ideas about the changing times and what they see as the major topics of concern as they pursue their teaching of architectural design. These articles may provide hints for what will be required of architects and technical experts from now on. Through this exhibition we hope that the participants in the Residential Studio Project Award will pursue new approaches to architecture and contribute to the building of homes, cities, and nations for the future.

Kishi Takashi
President, Sogo Shikaku Gakuin

III ⦿ 住宅課題賞特別企画トークイベント

午前の部は、出展者一人ずつを巡回するポスターセッション形式の審査方法。午後からの公開審査では、ポスターセッション

の結果を踏まえた投票から始まる。出展者や審査員同士のディスカッションを何度も重ね、今年度の最優秀作品が決定。

加茂 紀和子／Kamo Kiwako

— — — —

1962年	福岡県 生まれ
1987年	東京工業大学大学院 修士課程修了
1987〜91年	株式会社久米建築事務所 （現、株式会社久米設計）勤務
1992年	株式会社一級建築士事務所 セラヴィアソシエイツ 設立
1995年〜	株式会社みかんぐみ 共同主宰
2015年〜	名古屋工業大学大学院 教授

【主な受賞歴】

1993年	東京建築士会住宅建築賞（レ・セリパテル）
1998年	東京建築賞奨励賞（NHK長野放送会館）
2005年	グッドデザイン賞・ ディスプレイデザイン優秀賞・ JCDデザイン奨励賞 （愛・地球博トヨタグループ館）
2011年	こども環境学会デザイン奨励賞 （伊那東小学校）
2015年	こども環境学会デザイン奨励賞（若竹寮）
2016年	日本建築学会賞業績 （マーチエキュート神田万世橋）
2018年	日本エコハウス大賞奨励賞（真鶴の家）

1. 横浜市立みなとみらい本町小学校　　2. 伊那東小学校
3. 大井松田の住宅　　4. マーチエキュート神田万世橋

写真：淺川 敏

田井 幹夫／Tai Mikio

————

1968年	東京都 生まれ
1990〜91年	石原計画設計 勤務
1992年	横浜国立大学 卒業
1992〜93年	ベルラーヘ・インスティテュート・アムステルダム 在籍
1994〜99年	株式会社内藤廣建築設計事務所 勤務
1999年	アーキテクト・カフェ(建築設計事務所) 設立
2004年	有限会社アーキテクトカフェ・ 田井幹夫建築設計事務所 設立
2012年〜	台湾東海大学 客員准教授
2012年〜	法政大学 非常勤講師
2016年〜	静岡理工科大学 准教授

【主な受賞歴】

2008年	山梨県建築文化奨励賞(甲府の家 -radiate-)
2009年	横浜国立大学 橋のコンセプト・デザインコンペ最優秀賞
2013年	日本建築学会作品選集(佐野の大屋根) 神奈川建築コンクール優秀賞 (和賀材木座の家)、(秋谷の家)

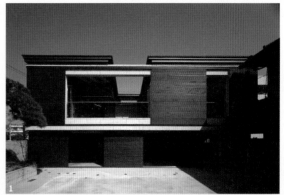

1. 甲府の家-radiate-：木田勝久　　2. 和賀材木座の家：淺川 敏
3. 菊名上の宮の家：淺川 敏　　4. 両国の逆四角錐：淺川 敏

寳神 尚史／Houjin Hisashi

————

1975年	神奈川県 生まれ
1999年	明治大学大学院 博士前期課程修了
1999～2005年	株式会社青木淳建築計画事務所 勤務
2005年～	日吉坂事務所株式会社 主宰
2007年～	京都造形芸術大学(現、京都芸術大学) 非常勤講師
2011年～	明星大学 非常勤講師
2013年～	工学院大学、日本女子大学 非常勤講師
2020年～	日本大学 非常勤講師

【主な受賞歴】

2008年	グッドデザイン賞・JCDデザイン銀賞 (JIN'S GLOBAL STANDARD Hiroshima)
	AICA ショップデザインコンテスト最優秀賞 (JIN'S GLOBAL STANDARD Shinsuna)
2009年	JCDデザイン銀賞 (JIN'S GLOBAL STANDARD Shinsuna)
2010年	住宅建築賞入賞(house T)
2014年	日本建築学会作品選集新人賞(house I)
2018年	住宅建築賞金賞(KITAYON)
2019年	日本建築学会作品選集(KITAYON)

1. house T　2. house I　3. GINZA ITOYA　4. KITAYON

吉野 弘／Yoshino Hiroshi

——— ———

1970年	千葉県 生まれ
1994年	玉川大学文学部芸術学科 卒業
1995年	中央工学校夜間建築科 卒業
2000〜01年	ヨーロッパ・アフリカ・アジア15ヶ国を旅する
2001年	OMA（ロッテルダム）プラダの仕事に携わる
2002〜11年	磯崎新アトリエ 勤務
2011年	吉野弘建築設計事務所 設立
2019年〜	早稲田大学 非常勤講師

【主な受賞歴】

| 2016年 | 千葉県建築文化賞最優秀賞（鴨川の家） |
| 2019年 | 長野県建築文化賞優秀賞
（茶室 也無庵） |

【主な代表作】

2019年	コートールド美術館展 展示デザイン
	大徳寺龍光院展 展示デザイン ミホミュージアム
2018年	プーシキン美術館展 展示デザイン
	横田茂ギャラリー
2016年	茶室 也無庵（ヤムアン）
2014年	鴨川の家
2008年	浦安の家

1. 鴨川の家　　2. House D　　3. 茶室 也無庵（ヤムアン）
4. 横田茂ギャラリー：淺川 敏

1次審査 結果発表

佐々木｜19回目を迎える今年の住宅課題賞には、52作品が選ばれました。この中から、「優秀賞」1等、2等、3等と「審査員賞」を公開審査により決定します。審査員には、午前中の巡回審査で出展者のプレゼンテーションを聞いたうえで、一人5～7作品を選んでいただきました。集計したところ、最高得票は2票。つまり、2票と1票しかありません。52作品のうち、20作品に票が入っているので、ほぼ半分が2次審査の審査対象となります。今までの公開審査の中でもこんなに票が割れるのは初めてです。どの作品も僅差だと思うのですが、票が入らなかった作品の中で、やはり議論の対象にしたいというものはありませんか？

加茂｜4番の三浦悠介さんですが、壁柱の案が多いなか、かなり完成度が高いと感じました。他の人が票を入れるだろうと思って投票作品から外していましたので、この作品は議論しても良いと思います。

佐々木｜では4番を復活し、2次審査の対象を21作品とします。共同住宅が13作品、戸建てが8作品となります。まずは1票を獲得した作品について、審査員からのコメントをもらって議論をしていきたいと思います。

巡回審査による1次投票 (一人5～7票)

04	神奈川大学／三浦悠介	**1**票（加茂）
08	工学院大学／朝田岳久	**1**票（吉野）
09	工学院大学／除村高弘	**2**票（加茂、田井）
10	工学院大学／秋田美空	**1**票（吉野）
17	昭和女子大学／鈴木彩花	**1**票（田井）
20	千葉大学／渡邉大祐	**2**票（加茂、寳神）
21	千葉工業大学／竹村寿樹	**1**票（寳神）
24	東京大学／西本清里	**2**票（寳神、吉野）
26	東京藝術大学／髙橋一仁	**1**票（寳神）
27	東京電機大学／赤羽紗也加	**1**票（田井）
30	東京理科大学／松浦 開	**2**票（田井、寳神）
31	東洋大学／林 奈々緒	**1**票（植田）
32	東洋大学／日向野秋穂	**1**票（植田）
35	日本大学／内野佳音	**1**票（植田）
37	日本大学／森野和泉	**2**票（植田、加茂）
41	日本女子大学／小野杏花	**2**票（加茂、寳神）
44	前橋工科大学／石丸実来	**1**票（植田）
49	明治大学／間宮里咲	**1**票（田井）
50	ものつくり大学／山本佑香	**1**票（吉野）
51	横浜国立大学／寺西通夏	**2**票（田井、吉野）
52	早稲田大学／佐藤日和	**2**票（加茂、吉野）

植田 実／Ueda Makoto

1935年東京都生まれ。早稲田大学第一文学部フランス文学専攻卒業。「建築」編集を経て、1968年「都市住宅」創刊編集長。その後「GA HOUSES」編集長などを経てフリー、現在に至る。住まいの図書館出版局編集長として「住まい学大系」第1～103巻などを企画・発行。建築文化の普及・啓蒙に貢献した業績により、2003年度日本建築学会賞文化賞を受賞。

佐々木 龍郎／Sasaki Tatsuro

1964年東京都生まれ。東京都立大学（大学統合により2020年3月まで首都大学東京。現、東京都立大学）大学院博士課程単位取得退学。1992年～デザインスタジオ建築設計室を経て、1994年～株式会社佐々木設計事務所、現在は同代表取締役。一般社団法人東京建築士会理事、神奈川大学・京都芸術大学・東京都市大学・東京電機大学・東洋大学・早稲田芸術学校非常勤講師、千代田区景観アドバイザー、一般社団法人横濱まちづくり倶楽部理事、株式会社エネルギーまちづくり社取締役。

2次審査 1票の作品をディスカッション

04 神奈川大学
工学部 建築学科 建築デザインコース
三浦 悠介 加茂（1票）

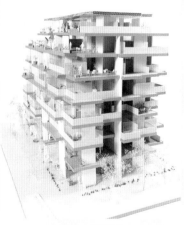

No.04 模型写真

植田｜力作だと思います。ただ昨年、同じ神奈川大学の作品が優秀賞3等を受賞したのと同傾向だ

と感じたので、票を入れるのをためらった。

寶神｜去年の3等案は切れ味の良さが特徴的だったと思いますが、それに共通する切れ味がこの作品にもあると思いました。おもしろいと思ったのは、主体構造である壁柱の空間構成ではプログラムを解ききれないので、白い間仕切り壁や木製の腰壁といった二次、三次の部材が投入されていること。その一次、二次、三次と部材を分けた交通整理がとても明解で、よく練られている案だという印象を持ちました。規模が大きいにも関わらず、ヒューマンスケールを持ち合わせているところも上手です。

　しかし、これは僕の嗜好の問題なのですが、構造を明解にする方法と曖昧にする方法があるとすれば、曖昧なほうに興味がある。だから、同じ壁柱作品でいうと、31番の林菜々緒さんの作品のほうが好きです。

田井｜学生の課題は、内容はともかく、勢いが大事ですよね。この作品は卒業設計並みの熱の入れ方で、なおかつプログラムも綺麗に解けている。コレクティブやシェアといった新しい住まい方に対しての提案として、完成度が高いと思いました。一方で気になるのは、周辺環境との関係です。高層

化して積んでいくと、上層階はどうしても社会から切り離されていく。その上層階でどういう営みがなされるのかといった、新しい提案にいかにつながっているかが読み取れなかったです。

佐々木｜壁柱は僕のほうから総括しておきますと、何人かの学生は僕に三浦さんの作品を見に行きなさいと言われたかと思います。ほとんどの壁が住戸の領域を規定する壁だったのですが、壁の周りに住宅を展開しているという点が三浦さんが他の人とは違うところです。リノベーションとか未来の住まい方を考えると、壁を起点に、その周辺に開かれた居住域を自由につくりこんでいけるといった、違う次元の可能性を説いているのですが、書き込み過ぎていて重要性が見えづらくなっているところもあります。でも、このように全部書き切ることが結構大事だと思うので、そこは評価してあげてもいいと思います。

---

08 工学院大学
建築学部 建築学科
朝田 岳久 吉野（1票）

No.08　模型写真

吉野｜一見すると混乱してしまうぐらい外部と内部が入り組んでいて、非常に興味深く思いました。

賣神｜僕もおもしろいと思いました。外が入り込んで背中合わせ同士になる、白い壁に囲まれた場所がありますよね。子供の遊び場らしいのですが、白い漂白された空間が生まれていることが興味深い。設計者本人もこの場所の特異性に気づいていなくて、うまく言語化できると良かったと思います。

田井｜僕はその中庭は、彼が意識的につくっていると思いました。なぜなら「外のある家」という作品

名ですから。「外」とはその中庭を指しているはずです。普通ならば外観から見る壁の向こうは内部なのですが、この作品は壁の向こうも外になるんですよね。

吉野｜この先、3Dプリンターで家をつくるとこうなるのではという一つの可能性を感じました。

佐々木｜厚い壁の中が実は庭だったということですね。

---

10 工学院大学
建築学部 まちづくり学科
秋田 美空 吉野（1票）

No.10　模型写真

吉野｜この賞の大前提として、出品されている作品は1年生から3年生までの課題で、住宅という括りでありながらも、戸建も集合住宅もあります。またさらに研究課題のようなものもあります。

それらを一つの土壌で評価していくのはなかなか難しく、結局は、審査員各々の経験や、興味があることを通して選ばざるを得ないわけです。そんななか、この作品は1年生時の課題で、粗削りなところもあるものの、住むという根源的な欲求がそのままかたちに表れていることに好感を持ちました。1年生ということと、住宅のオリジンとは何かということの議論の対象になると思ったのです。

田井｜建築の完成度を求めていないところに共感しますね。

加茂｜印象的な作品です。住宅のプログラムや外部との関係、内部空間の快適性といった住宅設計にありがちな議論を取り払って、「人として住むとは何か」を素直に想像力と造形力でかたちにしている。その感性は大切にしたほうがいいと思いました。

17 昭和女子大学 生活科学部 環境デザイン学科
建築・インテリアデザインコース
鈴木 彩花 田井（1票）

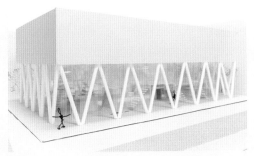

No.17　模型写真

田井｜東京、三軒茶屋の密集した商店街の中が敷地です。1階は店舗でまちに開いていて、2階に住宅を押し込めている。この押し込め方が、極めて暴力的で、こんなところに住みたいかなと思ってしまうくらい（笑）。しかし実際は、窓を開けると隣の店の看板が見えてしまうような密集地なので、このような場所にある2階での窮屈な生活によって、1階にみんなが降りてくる契機になるのではないか。つまり逆転の発想で、1階の価値を上げている。都市に住むというのは、そのように無理矢理外に押し出す機能をはらんでいていいのではないかという、新しい見方を与えてくれる作品です。

植田｜今の話で思い出したのは、大谷幸夫さんの「麹町計画」（1961年）。実現はしなかったけれど、コートハウスを住居単位とした市街地再構成のケーススタディでした。1階は全部ピロティで、上に1層だけ住居スペースを配置していた。下町育ち

の大谷さんの「昔は隣の家がすぐ近くに見えるのが、普通の町暮らしだったんだよ」という言葉が忘れられません。超高層住宅の最上階に住んでみたら、1週間で景色に飽きてしまったという話があります。見晴らしが良ければ良い住宅というわけではない。そういう歴史をどこかで積み上げていく必要があるのではないか。

吉野｜僕は、西洋のポルティコのような列柱空間を日本のスケールに併せながら、長屋というプログラムに変換しているところがおもしろいと思いました。上階の住空間を圧縮しつつ、下階のまちに開かれた空間がすごく気持ち良さそうに感じました。

21 千葉工業大学
創造工学部 建築学科
竹村 寿樹 實神（1票）

No.21　模型写真

實神｜この作品には僕が票を入れました。正直に言うと、できあがったものは若干ごちゃついていると思いました。このカオスな状態をつくり上げたと

きに、それがみんなの共感を得られるような建築としての美しさを獲得できるだろうか。また、加茂さんがおっしゃられたような（▶P.128）、全体性のようなものがあるという点は疑問に思いました。ただ、与条件の読み取りに対して、異常な解像度で反応しているという意味で、これは素敵だなと思いました。周辺環境などに対する反応指数をどこまで高められるかという良い取り組みである一方、実際には与条件を建築に取り込むとき、ある種のスマートさを獲得するような判断の介入がもう少しあってもいいのではないかな。良くつくられた統合的な建築とバラバラな建築の中間に位置するような作品で、ものをつくる際の判断指標としては良いものになっているかなと思いました。

---

26 東京藝術大学 美術学部 建築科
髙橋 一仁 　寳神（1票）

No.26　模型写真

寳神｜とても良い作品だと思っています。僕は、建築計画学において、マテリアリティや質感が語り口にならないことに、常々、問題意識を持っていました。計画学的な議論が多くなるシーンで、その中でマテリアルに対する眼差しを担保したいと思うのです。この作品はその問題に正面から向き合っているように思いました。コンクリートやレンガのテクスチャーは周辺環境から見つけられたものです。素材の扱い方にも設計者のフェティシズムが生かされています。例えば、レンガやコンクリートの角がピンになっていて、レンガの厚みを見せずに取り合いをやりたいとか。他にも素材に対する思いがたくさんあって、階段を昇る時の鉄骨階段のカンカンとい

う音の質が良いとか、雨が降ってきた時に雨が溜まる場所と溜まらない場所があるのが良いとか。当然、我々設計者はそういうことを考えながら設計していますが、この作品ができあがれば、ある種の質を持ったものになり得るだろうと思いました。

田井｜寳神さんが推している21番の竹村寿樹さんとこの26番は似ていますよね。周辺環境から拾ってきたエレメントを再構築して、建築をつくりあげていく。それは現代的な設計手法として可能性があると思うし、それを課題の段階から取り入れているのは、評価できると思います。

21番の竹村さんは周辺環境から拾ってきたいろいろな要素を組み上げて、全体ができている。それがフランク・O・ゲーリー的というか、脱構築というか……。構築をあえてしないことが個性になっている。しかし、このつくり方がどう次につながっていくのかが分かりづらいと感じました。

26番の髙橋さんは、現代的なストイックな表現に落とし込んでいるのですが、パンフレットに掲載する写真に階段の模型写真を選んでおり、鉄骨の階段とレンガの壁のみが映る写真という、マニアックで変な感性を持っていると思いました（笑）。作品としては、住戸内をもう少し工夫できたのではないかと思いました。

---

27 東京電機大学 未来科学部 建築学科
赤羽 紗也加 　田井（1票）

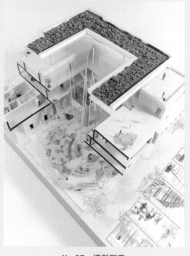

No.27　模型写真

田井｜寳神さんが僕の思っていることを言ってくれましたね（▶P.152）。非常に感覚的に設けられた柱がたくさん立っていることで、人が集まってくる。つまり、人の距離感を空間化しようとしているわけです。2年生の課題で、建築を分かり過ぎていないところが逆に可能性を広げている。建築について経験を重ねると行き着かない表現をしているのを評価したいと思いました。

加茂｜林立している柱は上のガラスを支えている構造になっているんですかね、木漏れ日みたいな気持ちの良い空間が生まれそうです。

吉野｜エレベーターがお花畑になっているところなど、個性的に思いました。

----

31 東洋大学 理工学部 建築学科
林 奈々緒　植田（1票）

No.31　模型写真

植田｜この作品は、僕が票を入れました。壁柱の整理のされ方が綺麗だと思いました。

寳神｜木製サッシがほどよく主張をしていて、模型

全体の白さをほどよく中和しているんですよ。つくっていくうえで、いろいろなものを建築は取り込んでいくと思うのですが、この作品はバランスがすごく良くて、実際のできあがりを想像するといいだろうなと思いました。

----

32 東洋大学 ライフデザイン学部 人間環境デザイン学科
日向野 秋穂　植田（1票）

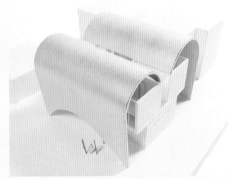

No.32　模型写真

佐々木｜この戸建て住宅も植田さんが推した作品です。住宅を設計し、30年後にリノベーションをするという課題です。

植田｜プレゼンテーションパネルには、とても文学的な説明がありました。死なない建築、死なない住宅はどういうものなのか……。久しぶりに、建築は生きている、そこが怖いと思いました。しかも、30年後に老夫婦が二人で映画を見るのです。とてもおもしろい世界観です。今の若い人にこういう感性があるのだと感心しました。最近流行りのリノベーション的な臭みは全くなくて、違う次元で時間

を構築しているところが評価できます。

加茂｜夫婦二人になってからの住まい方が興味深いですよね。普通だったら子供が巣立った後は縮小していくという発想なのですが、最後に花を咲かせるというか。盛り上がっていく。

吉野｜植田さんが編集されていた『都市住宅』（1968-86年刊行）に掲載されていそうな強度をもった住宅と感じました。この課題は、一度自分の設計した住宅課題を後に増改築するというもので、必然的に時間軸について考えさせるようになっていて、その設定も非常に面白いです。

佐々木｜私はこの課題の出題者の一人なのですが、例年は若い夫婦が家を建てて、何十年後に高齢者の父母を受け入れてバリアフリー化するという、分かりやすいリノベーション住宅の課題でした。今年は最初にバリアフリーの住宅を設計して、30年後に二人っきりになるという課題に変えました。結果として、現代的な住宅の提案になっていると思います。

---

35 日本大学 生産工学部 建築工学科
建築デザインコース

内野 佳音 植田（1票）

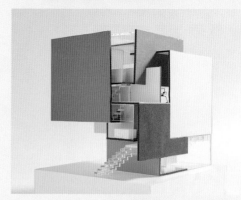

No.35　模型写真

植田｜先ほどの寳神さんのコメントで充分だと思いますが（▶P.184）、建築とはこういうものだということを端的に示している案だと思いました。かたちを構成していくことと、色彩を構成すること。その大切さを教えられたような気がしました。

44　前橋工科大学
工学部 建築学科
石丸 実来　植田（1票）

No.44　模型写真

植田｜前橋工科大学はここ5年以上、ずっと川を
テーマとした集合住宅の課題に取り組んでいま
す。以前から川縁に住むメリットを生かした良い案
がたくさん出ていた。今年は今までとは違うパター
ンで、素直なやり方で解いている。川が見えない
場所でもその気配を感じられるような、豊かな空
間にしようという意志を感じました。今後もこの案
に触発されて、新しい川との関係性が出てくるの
ではないかと期待を込めて票を入れました。

49　明治大学
理工学部 建築学科
間宮 里咲　田井（1票）

No.49　模型写真

田井｜表参道を敷地とした22番の森西和佳子さ
んの作品と、商業と住居を融合させるという点で
プログラムの内容が近いと思いました。豊かな造
形で商業地域を取り込んでいるのに対して、この
49番は落ち着いた目黒川沿いの敷地における造
形の方法論として、システムをつくっている。つま
り、システムさえあればそこにどのような機能が
入ってきてもいいという強さのある提案です。あら
ゆる住まい方を許容して、上にある生活と下にあ
る商業が同値になる。システムが構築されてその
まま建築になっていて、この先いくらでも更新が可
能となっており、住宅課題ではあるが建築の問題
を探求している点を評価しました。

50　ものつくり大学 技能工芸学部
建設学科 建築デザインコース
山本 佑香　吉野（1票）

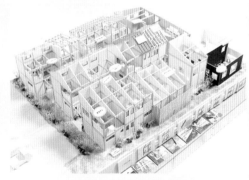

No.50　模型写真

吉野｜東京建築士会が主催の「これからの建築士
賞」という賞があるのですが、その選定に関わって
いたとき、ものつくり大学が茶室の「待庵」などを、
実物大でつくるユニークな教育をしていることを知
りました。少し深読みかもしれませんが、明治時代
に「建築」という言葉が生まれる以前は、日本では
建築は道具のひとつと捉えられていて、建築家は
技術者のような位置付けだった。セルフビルドで住
人自らが更新していくというこの作品は、日本の
建築のもう一つの在り方だったかもしれないと感じ
ました。

09 工学院大学
建築学部 建築デザイン学科
除村 高弘 加茂、田井（2票）

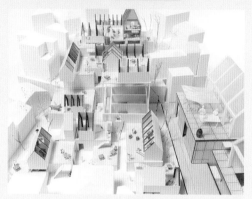

No.09 模型写真

佐々木｜加茂さんと田井さんが票を入れています。擁壁によって分断された土地をつなぐプロジェクトです。

田井｜今回の審査において、将来的に住宅や集合住宅がどうなっていくか、新しい提案があるのかどうかを意識していました。例えば、今後、一家族一住宅ということから切り離されて、家族単位が分解されていくかもしれない。まちのある種の機能が住宅に入り込んでくるかもしれない。家族やあるいは別の人間関係が開かれることが意識化されるのではないかと思っています。そこで午前中の巡回審査では、多くの人に「住宅以外の要素は入っていますか」という質問をしました。この作品は、表層の家型部分は住宅以外であり、ボイドで、いわゆる部屋としての機能は規定されていない。普通は、家型は家であり、住む場所となるのですが、ここではそれ以外の機能も担っており、同時にまちに対するサインとなっています。価値観を逆転させる提案になっている。基壇の部分に人が住んでいて、そこと上下を吹き抜けや階段でつなぎ、複雑なプログラムを家型と基壇という形式性でうまく解き切っていて、完成度が高い。

寳神｜従来、上階が住居、下階が商業施設ということが多いですよね。そのほうがプライバシーの確保には有利ですから。今回は斜面地を利用して、下階に住環境を確保し、上階をまちに開いている。それは新しい形式ではないかと期待しました。しかし、プライバシーの保護や窓の開け方など、住環境の快適性がもう少し確保できていれば良かったと思います。

----

20 千葉大学 工学部 総合工学科
都市環境システムコース
渡邉 大祐 加茂、寳神（2票）

No.20 模型写真

加茂｜好きなプロジェクトです。参道が持っている

力をかたちにしようとする意志が感じられます。形態からは篠原一男の「高圧線下の住宅」（1981年竣工）を思い出すのですが、両作品ともに見えない力が影響して、屋根をつくっている。屋根は神社の流れ屋根のようにも見え、参道に開いた佇まいもつくり出しています。屋根が地上40cmくらいまで下がってきて、そこに腰掛けられるという親密性もある。屋根が天と地をつなぎ、全体をつくり、参道ともつながっていることを評価したいです。

寶神｜とても好きな住宅だと思いました。まず、バランスがいい。屋根は住居部分に近づくほど壁になり、プライバシーとパブリックの関係を明確につくっている。同時にそっと参道に対してこの屋根を差し出すことで、パブリック性を獲得している。座るようなものになったりとか、入り口の風情を広げたりとか、参道開きのようなことを非常にスマートにしている。屋根の素材について聞いてみると、4mmほどの板をレーザーカットで切ってつなげる想定で、ものすごい物質性を持った重たい屋根になりそうです。計画に質感を伴っている点も評価したいと思いました。トータルなバランスが非常に良いと思います。

田井｜僕も好感を持ちましたが、票を入れなかった理由は、直感的にこの屋根が住宅として、表現が強過ぎる気がしたからです。ただ、鳥居の横にあることで意味が強くなり過ぎて、神社の施設のように思われてしまう。これが山肌に立っていると爽やかに感じたと思います。ダブルルーフをつくることによって中間領域が生まれ、環境やコミュニティのあり方を良くしているところは評価できると思います。屋根の構造を尋ねたところ答えがなくて、鉄骨なのか木なのかRCの重いシェルなのか分からず、ただ、模型の屋根を持つとコンクリートのシェルのような重い感じもあり、ある種の固いシェルター的なものを纏いながらそういう空間をつくっているということなのか。参道にあるので人が寄り付きやすそうな軽さを持った屋台のような感じがよいのではないかと思うと、実物との乖離が感じられ、票を入れられませんでした。

植田｜僕も場所が気になった。鳥居の横なので、神社仏閣がやっている商売的な施設に見えてしまう可能性がある。例えば宮本佳明さんの「スガルカラハフ」（2002年竣工）は、隣の寺院の庫裏に付随した若夫婦のための小住宅ですが、あのような場所の選択による魔法のようにおもしろいやり方に比べてもの足りないように感じました。

---

24 東京大学
工学部 建築学科
西本 清里 　寶神、吉野（2票）

No.24　模型写真

寶神｜僕は良い案だと思いました。もともと土手の上に団地がつくられているわけですが、土手ま

で含めてリノベーションしていることが大成功。土手を削って地下の広場をつくって、開かれた空間を創出している。住宅の課題では外部環境にまで提案を行うことがなかなか難しいなか、外部環境を再定義することで社会の要請に応えていると思いました。

加茂｜私も広場のつくり方に関してはおもしろくていいなと思いました。彼女がつくりたかった大部分はその広場の部分だと思うのですが、内部住戸の階段も操作しています。その操作が広場とどう関係付いてくるのかがよく分からなかった。その関係性が見えてくるともっと良かったと思います。

佐々木｜もともと5階建てというのは、建設当時、エレベーターなしで人が上がれる高さだったわけです。地面を掘ったことで、さらなる距離感が生まれてしまったことに対して、どう考えるかも気になりますね。

田井｜僕も立体的な関係を生み出して、多様な内部空間に人が寄り付いてくるという図式には可能性を感じました。しかし、集会室が太鼓橋のようになっているのがデザインとしてどうなのか……。太鼓橋のデザインが目立ってしまって、住宅の課題というよりはコミュニティ施設をつくる課題のように見えてしまいました。住戸では田の字プランをリビングアクセスに変更している点は評価できるけれど、公団の小さな玄関から入ってすぐにリビングがあるのが、本当に気持ちの良い空間なのか。そこを仕事場にするなど、新しい生業が育まれる可能性についてまで思考できれば、もっと良かったと思います。

植田｜上と下を分けて、下は車のアクセスのみということを竹中工務店が以前行いましたが、これは車との関係が非常に良くなりますよね。タイトルが「団地のいりぐち」。いいタイトルですね。集会室は青木淳さんの「馬見原橋」（1995年竣工）のように、下が膨らんでいたほうがうまく納まったような気がします。

佐々木｜青木さんは京都市美術館で、グランドレベルを下げて、地下に広場とエントランスをつくっています。

30 東京理科大学
理工学部 建築学科
松浦 開 田井、寳神（2票）

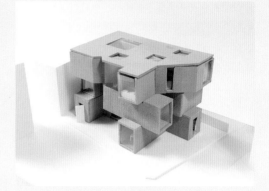

No.30　模型写真

寳神｜行き止まりは、設計していると絶対にぶち当たる難題で、できるだけ回遊したいと思いがちです。「行き止まりでいいじゃないか」という考えだけで、1票（笑）。行き止まりがある、奥行きがある、奥に行くほど個性が強まるという空間の設定も秀逸です。設計者が「行き帰りの魅力があるのではないか」と言っていて、「行く」「戻る」という行為が何通りにも枝分かれしていき、楽しげな空間になる期待があります。一方で、突き当たりが窓ガラスになっていることは気になりました。その先に見える風景をどう考えて反応しているかが、この模型ではよく分からない。模型で周辺環境をつくり込んで、風景を引き受けていることが分かれば、もっと良かったと思います。

加茂｜同じような行き止まりがたくさんあることが単調に感じました。成り立ちとして、事務所と住宅が同じ手法でできていることも気になりました。行き止まりというコンセプトは素晴らしいのだけれど、それなら行き止まりは窓ではなく、壁のほうが良かったと思います。行き止まりは、精神的に弱ってくるような感じや、逆に落ち着いた空間になるという要素があるので、その可能性を吟味して欲しかったですね。

寳神｜加茂さんがおっしゃる通りです。同じような行き止まりなのは僕も気になっていて、このレシピをもとにもっと飛躍できるのではないか。あと、周りの外部環境がもっと分かっていれば、その情報をもとにもっと豊かさが手に入れられるのではないか

なと思います。少し単調過ぎるかなと思いました。

吉野｜私もこの作品に票を入れようか最後まで悩みました。コンセプチュアルな建築の模型を覗いてみると、空間が良くないことが多いのですが、この作品はそうではなく、内部もとてもよく練られていて、良い空間がつくり出されていました。日本の路地空間の奥性のようなものが住宅の中に内包されていることも興味深く思いました。

37 日本大学 理工学部 建築学科
森野 和泉 植田、加茂（2票）

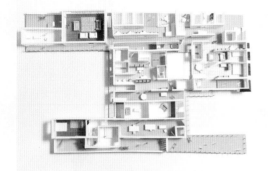

No.37　模型写真

植田｜住まいのリアリティという言葉で言うと、プライベートとパブリックを形式的でないかたちで考えようとしていると思いました。小さいブースとコモンスペースとの関係はいまいち見えてこないのですが、非常に細かく、辛抱強く設計を重ねた形跡は評価したいです。

田井｜模型を見るとものすごく良くできた建築であることを想像させるのだけれど、ダイアグラム的に見えてしまった。空間の快適性がもう少し伝えられれば良かったですね。

加茂｜1階はヒルサイドテラスの形式を盛り込んでおり、既存の場合だと2階と3階は普通の住戸が廊下でつながっているのだけれども、この作品では2階と3階をコンプレックスというような住み方で並べている。また、4階も住戸がたくさん並んでいるのだけれど、世帯でシェアしている。つまり、子どもが3人いる家族なら、フロアで3人ともそれぞれの住戸を持つというように、都市住居としての形式を提案されているのではないかと私は思いま

した。

41 日本女子大学 家政学部 住居学科 居住環境デザイン専攻・建築デザイン専攻
小野 杏花 加茂、實神（2票）

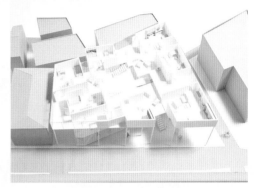

No.41　模型写真

實神｜実は日本女子大学のこの課題を担当していました。図面を見ると、プライベートとパブリックがグラデーショナルに色分けされています。「滴る」という言葉を使って、抜けや隙間からこぼれ落ちるように公私が混ざり合う。その様子を上から模型で確認してみると、空間がとても上手につくられていて、本当にグラデーショナルな公私の関係性があり得るかもと思わせてくれる。そういう計画力と実現力があることを評価しました。

田井｜これは17番の鈴木彩花さんの三軒茶屋の作品と対にして見ていました。この41番の代官山のほうがシェアハウスを併設し、プログラムが複雑です。同時に空間操作も複雑で、細かい床の段差などを使って、ずるずるとまさに滴るようにプライバシーが下に漏れている。上手くできているなぁと思いつつ、パブリックとプライベートの共存を狙っているとすれば、もっと生活が下に降りてきたほうが良いのではないか。例えば食堂やキッチンが公共エリアにあってもいい。空間的には抜群に良いと思いましたが、プログラム的には公私の混ぜ方が弱いと感じました。

佐々木｜實神さんはご自分で不動産を持たれているので、不動産的な評価を教えてください。

實神｜その視点でいうと、17番の鈴木さんがずっと気になっています。1階が商業としてのまち開きをしなくてはならず、2階はクローズしているという

ことですが、建築の力が強すぎている。商店街を上から見て、人の動きを観察するのが僕はすごく好きなんです。その僕からすると、ルールと方法論が強過ぎる案だと思いました。その冗長性の少なさがものの包容力に影響している。その結果、不動産としての事業価値に影響すると思います。

不動産的な視点で41番を評価するのは困難ですが、強いて言えば、商環境に建てているという文脈で話すことができます。実はお店ばかりの環境に住むというのは、すごくおもしろいことです。1階部分は住む人の人間像で変わってくると思うんです。代官山をどう見るかということになり、極力まちに開かれた状態で自分は暮らしながら、まちと明確に分けられず余韻を残しながら、都市生活者として滞在することになる。先ほど話した商店街を見るのが大好きという感覚と同じところがあって、はっきり商店街と切れていないが、商売をしながら住んでいるので、住む場所は商店街の中にあるという。そのような感じは共感できて素敵だなと思います。

----

51 横浜国立大学
都市科学部 建築学科
寺西 遥夏 田井、吉野（2票）

No.51　模型写真

吉野｜事前に見ていたリーフレットの写真が、コンセプチャルでかなりかっこいいです。正方形にフレーミングされ、そこに二枚の壁が刺さっている。近年はシンボルが成立しづらい状況になってい

て、社会的に大きいものや目立つものをつくるのは悪だという風潮がある。同時にやっぱり建築的なシンボルをつくらなくてはという危機感もあるわけです。そのようななか、ものの見事に、二枚の壁と二枚のスラブという最小限の要素で、建築を表現していることに勇気づけられました。しかも、二枚のスラブの中がランドスケープと一体になっている。都会で生きる都市生活者にとって、自然との距離や信頼関係が薄れてきているなか、今一度「人間が地球の中でどうやって住まうか？」、そういう原初的な問いを想起させる、とても良い作品だと思いました。

田井｜僕は、横浜国立大学の出身で非常勤講師を務めていたこともあって、この課題の内容をよく知っています。ほぼ初めて、建築設計に取り組む課題なのです。だから、住居なのだけれど、空間ユニットを考えることが主題となっています。住むことは、ギリギリ担保されていればいい。そういう背景がありつつ、この作品は、自然の中での居場所のつくり方に対してすごく良い回答を与えています。居住単位という面においても、二つの棟をつくり、標高が高い場所には垂直の二枚の壁、低い場所には水平の二枚の壁。そういうミニマルな建築言語だけを使って、でも実は、間の場所を大事にしている。外部にキッチンカウンターを置くなどしていて、建築は補足的なものでしかないわけです。そういう意味で、住宅というよりも、森全体を住む場所と定義し、自然との共存が主題になっている。課題では建築をつくることが求められていないけれども、建築的に答えられているというポテンシャ

ルに票を入れました。

佐々木｜人間の根源的な空間をつくろうという点では、10番の秋田美空さんの作品と似ていますが、簡単そうに見えて難しい課題です。プログラムがあると、それに引き寄せられる使い方が見えてきてしまいますから。

加茂｜二つの垂直な壁と二つの水平な壁で得られる空間を森の中でつくる。ミニマルな操作で得られる空間と森の中の関係性がもっと前面に出ると良かった。つなぐということが説明のメインになっており、森の中に人口的な壁をつくることによって、何が得られるのかということに踏み込められれば良かったと思います。

---

52 早稲田大学
理工学術院 創造理工学部 建築学科
佐藤 日和　加茂、吉野（2票）

No.52　模型写真

佐々木｜最後の作品となります。かなりユニーク

な佇まいのプランで、吉野さんと加茂さんが推しています。

加茂｜早稲田の駅前の線路と線路の間に、このような隙間があるということがまず驚きでした。その隙間に入り込んでいって、中庭をつくって、そこをパラダイスにする感じでもなく……。30番の松浦開さんのテーマは行き止まりでしたが、この作品のほうがむしろ行き止まりのような空間です。ニョロニョロの蛇のような空間に人が住む。プランニングも中庭から建物に入っていくのかと思ったら、そうでもなくて裏切られます。課題は「早稲田のまちに染み出すキャンパスと住まい」なのですが、たぶん、出題意図とは全く違うアウトプットになっているのではないかと思います。外から見ると中の様子がほとんど分からない。そこに地方出身の学生が住むわけですが、押し込めた個室はあまり良い環境ではないから、おそらく逆に外に出てくるのではないかとか、隙間にあるテラスに居心地や快適性をつくり込んで行こうとする人間力が生まれるのではないかとか、いろいろなことを深読みしてしまいます。

寳神｜外郭を決める細長い空間はエレガントに感じていました。中庭もエレガントな作法を持ち得ているのではと期待していたのですが、全くそうではない振る舞いをしている。唯一共感を覚えるとすれば、「都市で暮らすことに不安を覚える地方出身の大学生」なる人物像なのですが、それがこの建築を下支えするのか、ちょっと分からなかった。良いか悪いか分からないけれど、気になる案である、という感想です。

吉野｜今年の大雨で多くの家が流されました。その後、これまで信じてきたフォーマルなものが、人々の生活を実は守ってくれないことが露見しました。この作品も、自分たちでコミュニティをつくって寄り添わなくてはならないという「不安な思い」がかたちに結実していると感じました。

佐々木｜模型では外側に緑が植えてあって壁も半透明。木製デッキも設えているのですが、中庭は真っ白。その反転ぶりがおもしろいと思いました。

　これで、1票以上を獲得した作品について、講評を行いました。この後、1等に推したい作品に5点、2等に推したい作品に3点、3等に推したい作品に1点を審査員に採点してもらいます。

2次投票
(一人3作品を選び、1等5点、2等3点、1等1点を投票する)

08	工学院大学／朝田岳久	**1**点 （吉野1点）
09	工学院大学／除村高弘	**6**点 （植田1点、田井5点）
20	千葉大学／渡邉大祐	**6**点 （加茂1点、寶神5点）
26	東京藝術大学／髙橋一仁	**3**点 （寶神3点）
27	東京電機大学／赤羽紗也加	**1**点 （田井1点）
32	東洋大学／日向野秋穂	**3**点 （植田3点）
37	日本大学／森野和泉	**8**点 （植田5点、加茂3点）
41	日本女子大学／小野杏花	**1**点 （寶神1点）
51	横浜国立大学／寺西遥夏	**8**点 （田井3点、吉野5点）
52	早稲田大学／佐藤日和	**8**点 （加茂5点、吉野3点）

佐々木 | 8点が3名います。37番の森野和泉さん、51番の寺西遥夏さん、52番の佐藤日和さん。昨年と同じ、女子の対決になりました。「がんばれ男子」と言いたいところですが。では、これからファイナリストの3名に約2分間のプレゼンテーションをしてもらいましょう。それから決選投票を行います。

森野 | この集合住宅では他者と一緒に住まうことをイメージし続けました。他者を受け入れつつ、共存する。他人がいるということは、偶然が連続の中で生きていくということではないか。例えば、一番プライベートとなる浴室とトイレに着目し、共同で使用することとしました。近くにいる人が使うというだけでなく、どこの誰が使っても良い。つまり、毎回居場所を変えることが可能であり、違う場所で生活することができる、全く新しい生活スタイルの提案です。物理的には近くに行くのが便利だけど、遠くにイケメンがいるから、偶然を見つけにそこまでわざわざ行くとか。そういう偶然性を孕んだ住宅になることを目指

しました。

寺西 | 先生方の講評で、森の中に人工的な壁やスラブをつくることで得られるものがあるのかという意見がありました。私はあると思います。例えば、二枚の壁の浴室のある棟では、壁の隙間から上を見上げることで、自然の中の建物内から自然を見ることとなり、少し違った風景が見られるようにしています。スラブ二枚の棟では、断面図を意識しています。スラブは地面にほとんど埋まっているので、地面の下の自然の変化を見ることができます。春、植物が芽吹くなど、土の中の生き物の様子が見える状況をつくろうと思いました。

佐藤 | この敷地は早稲田のまちの中から、自分で探してきました。高田馬場駅の山手線、西武新宿線、神田川に挟まれた行き止まりの路地を一つの建築で囲いました。そうすることで、公共的な路地が住民にとってはプライベートな中庭として使われるのではないか。1階は住民の共有スペースで、壁をめくっていくことで窓を設け、外部からは内部が見えるけれど見えづらいようにしています。内部の住人の影を見て、内部が想像できるような建物で、想像力が豊かになるような工夫をしました。2階はめくった壁を延長して閉ざすことで、7戸の住戸を設けました。隣接する神田川との間は、現在は木が茂っていて閉ざされている印象だったので、木を伐採して川に面した建物にすりガラスを設けて川に開く操作もしています。

佐々木 | 何が素晴らしいって、2分という時間の中で、学生さんは時間に正確。歳をとるとどんどん長くなっちゃう（笑）。さて、今の話をもって1等を一人一つ選んでください。

3次審査 結果発表

佐々木｜集計が終わりました。51番の寺西さんと52番の佐藤さんに2票ずつ入っています。37番の森野さんは1票のみ獲得なので3等決定です。51番と52番に対して、最終投票を挙手で行います。

◆　　◆　　◆

　1等が52番の佐藤さん、2等が51番の寺西さんに決定します。おめでとうございます。では1、2、3等の方にコメントしてもらいます。

3次投票
（一人1作品に投票。最終投票では一人1作品を選んで挙手）

		3次投票	最終投票
37	日本大学／森野和泉	**1**票 （植田）	
51	横浜国立大学／寺西遥夏	**2**票 （田井、寶神）	**2**票 （田井、寶神）
52	早稲田大学／佐藤日和	**2**票 （加茂、吉野）	**3**票 （植田、加茂、吉野）

優秀賞 1等

52 早稲田大学 理工学術院
創造理工学部 建築学科
佐藤 日和さん

　これはちょうど1年前の課題で、2年生の後期を全部使って取り組みました。まず、早稲田のまちを歩いて観察することから始め、未開拓の地を開拓するという課題でした。それだけ時間をかけたので結果が出てとても嬉しいです。でも、具体的な間取りや窓のつくり方などは改良すべきところはあるので、細かいところをこれから学んでいきたいと思います。

優秀賞 2等

51 横浜国立大学 都市科学部 建築学科
寺西 遥夏 さん

　設計をしているときに自分の中で考えていることはすごく好きだし楽しいのですが、同時にこれでいいのかなという不安もあります。だから、評価していただけて少し自信を持てました。ありがとうございました。

優秀賞 3等

37 日本大学 理工学部 建築学科
森野 和泉 さん

　この課題は商業と住宅のコンプレックスで、計画が介入できない偶然性をテーマにした不確定要素が多い提案だったので、模型やプレゼンテーションをどのようにすれば伝えられるかが難しかったです。でも、それを新しいこととして評価していただけて嬉しかったです。他の出展者の作品から、造形や計画などを学ぶこともできました。

植田賞

32 東洋大学
ライフデザイン学部
人間環境デザイン学科
日向野 秋穂 さん

加茂賞

20 千葉大学
工学部 総合工学科
都市環境システムコース
渡邉 大祐 さん

田井賞

17 昭和女子大学
生活科学部 環境デザイン学科
建築・インテリアデザインコース
鈴木 彩花 さん

寶神賞

26 東京藝術大学
美術学部 建築科
髙橋 一仁 さん

吉野賞

50 ものつくり大学
技能工芸学部 建設学科
建築デザインコース
山本 佑香 さん

総　評

佐々木｜住宅のことを同じ世代の学生が同時に考える、非常に良い機会でした。今日話されたさまざまなテーマを住宅のこれからの可能性や未来につなげ、これからの建築を学ぶヒントとしてもらいたいと思います。最後に審査員の先生方に短いコメントをいただきたいと思います。

加茂｜みなさんお疲れ様でした。一日審査させていただきましたところ、住宅の課題は大学2年、3年のフレッシュな作品が多く、また、予想外の案も多く、プレゼンテーションからも熱意が伝わってきました。楽しくて有意義な時間を過ごさせてもらいました。

田井｜それぞれの大学で違う課題に取り組んでいるわけですが、ここに集まってきたのは精鋭の方々で、学校を背負ってきている。そういう気持ちで審査会場に来られているということが分かるし、その成果が見られた気がしました。このように学校を越えてつなげられるというのはすごいことだと思うし、選ばれたというある種の誇りのようなもの、自分が大学を背負っているような責任感は大切だと思います。我々建築家もそういう気持ちが少しどこかにあって、その責任感のようなもののうえでがんばっています。今の気持ちを忘れないようにして欲しいです。また、他の審査員の先生方が自分では思いつかないような講評をされて、なるほどと思うことも多かったし、それを学生さんみなさんと共有することができたことも嬉しく思います。

寶神｜とても楽しい時間でした。みなさんも講評を聞いていて気付いたと思うのですが、僕が推している案は他の先生はあまり推していないことが多い（笑）。つまり、価値観はいろいろとあるのです。人の評価も大事だけれども、それぞれ自分が好きだと思う価値観を見つけてください。生きがいに値

後列左から東京建築士会の鶯海浩康氏、審査員の吉野弘氏・加茂紀和子氏・植田実氏・田井幹夫氏・寶神尚史氏、司会の佐々木龍郎氏。前列左から加茂賞の渡邉大祐さん（千葉大学）、植田賞の日向野秋穂さん（東洋大学）、田井賞の鈴木彩花さん（昭和女子大学）、優秀賞2等の寺西遥夏さん（横浜国立大学）、優秀賞1等の佐藤日和さん（早稲田大学）、優秀賞3等の森野和泉さん（日本大学）、寶神賞の髙橋一仁さん（東京藝術大学）、吉野賞の山本佑香さん（ものつくり大学）。

住宅課題賞2019　公開審査ドキュメント

するようなものとして建築があり得ると思っています。評価というのは常になされるわけですが、そこに小さく大きく凹まずに、次に向かっていくパワーにすればいい。そしてそれが豊かな人生につながってくれるといいですね。

吉野｜ どの作品もすごい熱量で、審査は難航しました。ここに展示されたみなさんは優秀賞ですから、誇りに思って良いと思います。ファイナリストの3人も本当に僅差でした。今日の作品を見て思ったのは、皆さんは手描きではなく、初めからコンピュータでものごとを組み上げていく世代だということです。その影響か、グリッドや矩形のボリュームを並列・組み換えをしていく提案が多かったように思います。そんななかでも、デジタルをツールとして使いながら、人の生活や気持ちという有機的なものを汲み取り、かたちへと紡いでいく新しい造形の芽生えが見え、嬉しく思いました。テクノロジーの転換期にあるなかで、新しい建築とはどの

ようになっていくべきか、自分たちの時代性を踏まえて考え続けて欲しいと思いました。

植田｜ 住宅課題賞を19回やってきて、こんなに1等が予想できないことはありませんでした。一方で、審査員賞を見ると、多彩な考え方があることがわかります。その要因は何か考えていたのですが、一つは、家族を規定しづらくなってきたこと。少し前までは両親と子ども2人か3人か、LDKの間取りを戦後から延々とやってきたわけです。それに対して、「不純な住宅」「家族と言えない家族」といった、住まい手が誰とも言えないプログラムが生まれています。空間的にも、隙間や空虚といった定義しづらい要素がだんだんと主題になってきているように感じます。それは本当に時代が求めてきたものなのか？　みなさんが興味を持っているであろう「曖昧なもの」をぜひ規定して、確定してください。そして、今の時代にふさわしい新しい住宅をつくってください。

住宅課題賞2019 審査員採点表

No	大学名	大学名	学部名	学年	作者名
1	茨城大学	工学部	都市システム工学科　建築デザインプログラム	2	小林 令奈
2	宇都宮大学	地域デザイン科学部	建築都市デザイン学科	2	寺澤 基輝
3	大妻女子大学	社会情報学部	社会情報学科 環境情報学専攻	3	北田 佳歩
4	神奈川大学	工学部	建築学科　建築デザインコース	3	三浦 悠介
5	関東学院大学	建築・環境学部	建築・環境学科　すまいデザインコース	3	長橋 佳穂
6	共立女子大学	家政学部	建築・デザイン学科　建築コース	2	田口 桜
7	慶應義塾大学	環境情報学部		2	相馬 英恵
8	工学院大学	建築学部	建築学科	2	朝田 岳久
9	工学院大学	建築学部	建築デザイン学科	3	除村 高弘
10	工学院大学	建築学部	まちづくり学科	1	秋田 美空
11	国士舘大学	理工学部	理工学科　建築学系	2	林 大雅
12	駒沢女子大学	人文学部	住空間デザイン学科 建築デザインコース	3	大村 香菜子
13	芝浦工業大学	建築学部	建築学科 APコース	2	塚越 果央
14	芝浦工業大学	建築学部	建築学科 SAコース	2	小竹 隼人
15	芝浦工業大学	建築学部	建築学科 UAコース	3	中西 真菜
16	首都大学東京	都市環境学部	都市環境学科　建築都市コース	3	富士 輝
17	昭和女子大学	生活科学部	環境デザイン学科　建築・インテリアデザインコース	3	鈴木 彩花
18	女子美術大学	芸術学部	デザイン・工芸学科　環境デザイン専攻	3	野崎 杏奈
19	多摩美術大学	美術学部	環境デザイン学科　建築デザインコース	1	鈴木 あかり
20	千葉大学	工学部	総合工学科 都市環境システムコース	2	渡邉 大祐
21	千葉工業大学	創造工学部	建築学科	2	竹村 寿樹
22	筑波大学	芸術専門学群	デザイン専攻　建築デザイン領域	3	森西 和佳子
23	東海大学	工学部	建築学科	2	栄 杏奈
24	東京大学	工学部	建築学科	3	西本 清里
25	東京家政学院大学	現代生活学部	生活デザイン学科	3	山本 麻
26	東京藝術大学	美術学部	建築科	2	髙橋 一仁
27	東京電機大学	未来科学部	建築学科	2	赤羽 紗也加
28	東京都市大学	工学部	建築学科	2	藤原 好海
29	東京理科大学	工学部	建築学科	2	橋口 真緒
30	東京理科大学	理工学部	建築学科	2	松浦 開
31	東洋大学	理工学部	建築学科	2	林 奈々緒
32	東洋大学	ライフデザイン学部	人間環境デザイン学科	2	日向野 秋穂
33	日本大学	芸術学部	デザイン学科	2	菊谷 あこ
34	日本大学	生産工学部	建築工学科　建築総合コース	3	下田 ことみ
35	日本大学	生産工学部	建築工学科　建築デザインコース	2	内野 佳音
36	日本大学	生産工学部	建築工学科　居住空間デザインコース	3	新井 菜緒
37	日本大学	理工学部	建築学科	3	森野 和泉
38	日本大学	理工学部	海洋建築工学科	2	神林 慶彦
39	日本工業大学	建築学部	建築学科 建築コース	2	野口 颯希
40	日本工業大学	建築学部	建築学科 生活環境デザインコース	2	高宮 弥
41	日本女子大学	家政学部	住居学科　居住環境デザイン専攻・建築デザイン専攻	2	小野 杏花
42	文化学園大学	造形学部	建築・インテリア学科	2	纐纈 麻人
43	法政大学	デザイン工学部	建築学科	3	勝野 楓未
44	前橋工科大学	工学部	建築学科	3	石丸 実来
45	前橋工科大学	工学部	総合デザイン工学科	2	大冨 有里子
46	武蔵野大学	工学部	建築デザイン学科	3	長田 莉子
47	武蔵野美術大学	造形学部	建築学科	2	大嶋 笙平
48	明海大学	不動産学部	不動産学科　デザインコース	3	小出 香純
49	明治大学	理工学部	建築学科	3	間宮 里咲
50	ものつくり大学	技能工芸学部	建設学科　建築デザインコース	3	山本 佑香
51	横浜国立大学	都市科学部	建築学科	2	寺西 遥夏
52	早稲田大学	理工学術院 創造理工学部	建築学科	2	佐藤 日和

※出展者の学年や所属については、課題提出当時に基づきます

1次投票（巡回審査）						2次投票						3次投票						最終投票						受賞作品
植田	加茂	田井	寶神	吉野	合計	植田	加茂	田井	寶神	吉野	合計	植田	加茂	田井	寶神	吉野	合計	植田	加茂	田井	寶神	吉野	合計	
	○				1																			
				○	1					①	1													
○	○				2	①			⑤		6													
				○	1																			
		○			1																			田井賞
	○		○		2		①		⑤		6													加茂賞
			○		1																			
			○	○	2																			
			○		1				③		3													寶神賞
		○			1		①				1													
			○	○	2																			
○					1	③					3													
○					1																			植田賞
○					1																			
○	○				2	⑤	③				8	○					1							3等
	○		○		2				①		1													
○					1																			
	○				1																			吉野賞
		○			1																			
	○			○	2				③	⑤	8			○	○		2			○	○		2	2等
		○		○	2		⑤			③	8	○				○	2	○	○			○	3	1等

住宅課題賞2019
入 選 作 品

「住宅課題賞」の出展作品はすべて、各大学から推薦された優秀な作品である。各作品には、出題教員・指導教員、審査員

のコメントの3点を掲載。教員や審査員という異なる立場の解釈から、作者の意図や設計プロセスを多角的に紐解く。

茨城大学
Ibaraki University
工学部 都市システム工学科 建築デザインプログラム

2年生／建築設計製図Ⅱ／2018年度課題

茨城大学学生寮 ＋
国際交流施設建替計画
—Ibaraki Communications—

出題教員コメント 本学から徒歩で15分程度の幾つかの敷地に、男子学生寮や女子学生寮、海外からの研究者棟、留学生寮、そして、教職員寮からなる、無作為に増設され続けた工学部専用の建築物群が存在しています。そこで、本課題では、各々の機能（行為）を最小単位にまで解体し、一つの敷地に再構築することで、ライフスタイルが異なるさまざまな住人や地域住民の活動が編み込まれた、新しいタイプの集住体を生み出すことをテーマとして取り組んでいます。（内藤将俊 専任講師）

茨城大学 工学部 都市システム工学科
建築デザインプログラム 3年
（課題時は2年）

小林 令奈
Kobayashi Reina

生活と知識の共有
〜上下の曖昧さから賑わいを生む国際学生施設〜

設計趣旨 地方都市に建つ大学学生寮＋国際交流施設。滞在時間の短い個室を環境の良い南側にコンパクトにまとめ、緑地に面する北側に5学科それぞれのシェアコアが散りばめられた共有部を配置する。同じ学科の学生の個人ブースが吹き抜けを中心に集合するシェアコアと、それらをつなぐ共用生活ゾーンとが連なっており、留学生を含む学生・研究者・教員が互いの専門性を高めながら共に生活する。

指導教員コメント 本作品は、対比的に配された個室群と共用部とを学生がカスタマイズ可能なブース状の小さな空間単位で有機的に結びつけることで、工学を共通言語とする多種多様な住人が思い思いに住みこなす自由を提示しています。また、一見図式性の強い提案に見えますが、方位や隣地の環境に素直に対応することで居住性も確保しています。そうした規模に左右されない空間形式と生活像の重ね合わせ方が提案されていることが評価されました。（稲用隆一 助教）

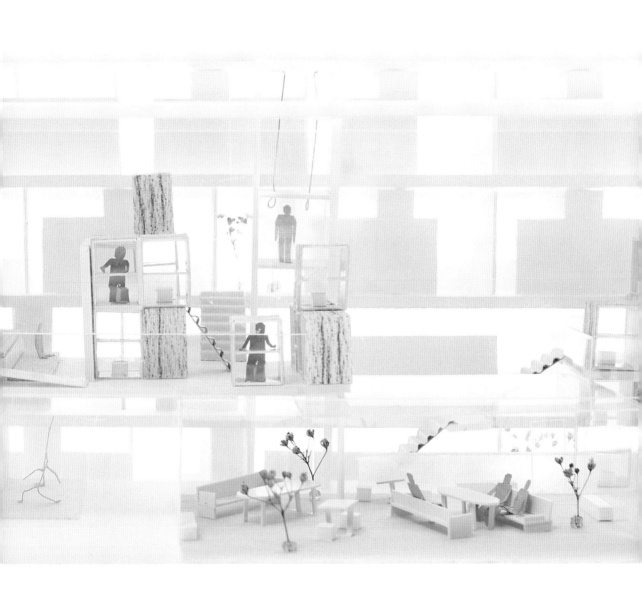

Diagram

茨城大学 工学部 都市システム工学科 建築デザインプログラム ― 小林 令奈

南側に個室、北側に共用部を配置

半層ずらす

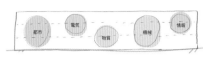

5学科分の個人ブースを散りばめる

共用生活ゾーンでつなぐ

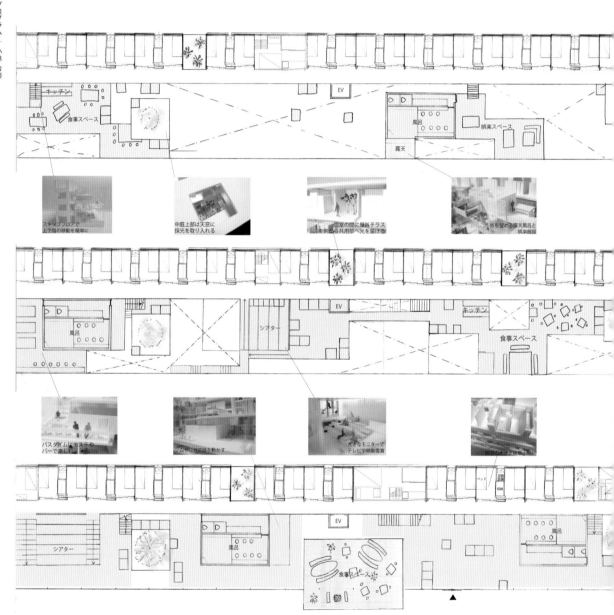

スキップフロアで上下階の移動を簡単に

中庭上部に天窓に採光を取り入れる

居室の間に屋外テラス 南側から共用部へ光を届ける

外を望める露天風呂と娯楽施設

バスタイムはエステやバーで楽しむ…

ジムで自分を動かす

大きなモニターでテレビや映画鑑賞

部屋の大きさは様々に

審査員コメント 90mもある国際学生寮と聞いて驚きましたが、合理的に各個室を配置し、中央の吹き抜けとなっているところにいろいろな共有スペースが展開されており、非常に明快で楽しい表現となっていました。昨今、学生寮も多様化し、空間の質が求められています。そういう現代性を備えた実現可能な提案だと思います。（加茂紀和子）

対象敷地

敷地図兼配置図

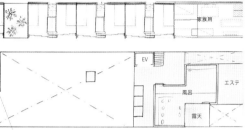

共用部3階 (GL+7500)・個室4階平面図 (GL+9000)

吹き抜けを中心に集合する
個人勉強ブース

共用部2階 (GL+4500)・個室3階平面図 (GL+6000)

外部とつながるテラス席

共用部1階 (GL+1500)・個室2階平面図 (GL+3000)

茨城大学 工学部 都市システム工学科 建築デザインプログラム
2年生／建築設計製図Ⅱ／2018年度

茨城大学学生寮＋
国際交流施設建替計画
―Ibaraki Communications―

出題教員：内藤将俊

指導教員：稲用隆一

茨城大学工学部キャンパスから歩いて15分程度の場所に、男子学生寮や女子学生寮、そして海外からの研究者や留学生が暮らす建築物群が存在する。これらは、総合的に計画されたものではなく、必要に応じて段階的に建設されたものであり、一部分は改修されてはいるものの、老朽化が著しい状態にある。

そこで、以下の点を考慮し、男子学生寮、女子学生寮、研究者交流施設、国際交流館家族棟、国際交流館単身棟を含む新たな建築を設計することを課題とする。

・1棟に全ての機能を集約しても、分棟としても良い
・固定概念にとらわれず、自由な発想で設計に取り組むこと
・日々にぎわう楽しい施設をつくること
　（地域住民や一般学生が交流できる施設をつくること）
・豊かな屋外空間をつくること
・各自のコンセプトに合わせて必要な居室及び面積を判断すること

1．敷地概要
○所　在　　　　茨城県日立市鮎川町
○敷地面積　　　5,373 ㎡
○用途地域　　　第一種中高層住居専用地域
○容積率　　　　200%（厳密に対応する必要はないものとする）
○建ぺい率　　　60%+10%：角地緩和（厳密に対応する必要はないものとする）
○防火地域指定　なし
○構　造　　　　自由
○階　数　　　　自由
○日影規制　　　厳密に対応する必要はないが、近隣への影響を考慮すること

2．提出物
○計画説明（コンセプト）
○配置図1/400
○各階平面図1/200
○断面図1/200（2面以上）
○立面図1/200（2面以上）
○内観パース（模型写真可）
○外観パース（模型写真可）
　※以上をA2用紙にレイアウトすること。枚数は自由とする。写真は背景等に留意し、丁寧に撮影すること。
○模型1/200
　※必要図面や模型の種類および縮尺は標準的なものであり、各自の表現に合わせてより良い内容とすること。

宇都宮大学
Utsunomiya University
地域デザイン科学部 建築都市デザイン学科

2年生／建築設計製図Ⅱ・第2課題／2018年度課題

まちに集まって住まう

出題教員コメント 学部2年生前期から課題設計が始まり、木造週末住宅、保育施設を経て、3番目の設計課題が、この小規模な集合住宅の課題です。本学の設計課題では、常勤の教員とともに、1学年につき1課題を非常勤講師の建築家が担当しています。この課題では、金野千恵非常勤講師と相談し、中心市街地を流れる小さな河川である釜川沿いの敷地において、まちとの関係に配慮しながらさまざまな暮らしを受け入れる寛容な集合住宅の提案を求めました。（大嶽陽徳 助教）

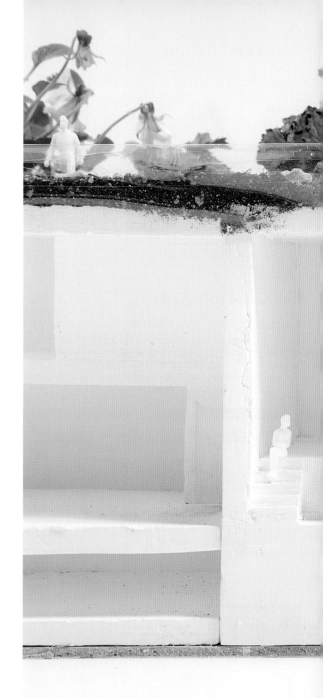

宇都宮大学 地域デザイン科学部
建築都市デザイン学科 3年
（課題時は2年）

寺澤 基輝
Terasawa Motoki

Kamagawa Underground

設計趣旨 敷地のある釜川沿いは創造的な活動が近年活発である。そんな敷地の地下に、集合住居とさまざまな分野の創造の空間をつくった。地下にあることで周辺への音や光の影響は少なくてすむので、思う存分活動に集中できる。地上には建築をほとんど置かないで、公園のような緑あふれる空間をつくり、地域に開放する。地方都市に文化の豊かさと、心のゆとりがある新たな住まい方が生まれる。

指導教員コメント この課題では、周辺地域の暮らしも変えることのできる集合住宅の提案を求めました。寺澤さんの作品は、住戸を地中に埋め、GLレベル全体を都市公園として解放しています。一見物々しい提案のようにも思えますが、この都市公園が集合住宅の暮らしを豊かなものにするとともに、敷地前面の釜川と連続した豊かなスペースとなってこの地域の都市生活のアメニティを向上させている点が評価されました。
（大嶽陽徳 助教）

宇都宮大学 地域デザイン科学部 建築都市デザイン学科 ｜ 寺澤 基輝

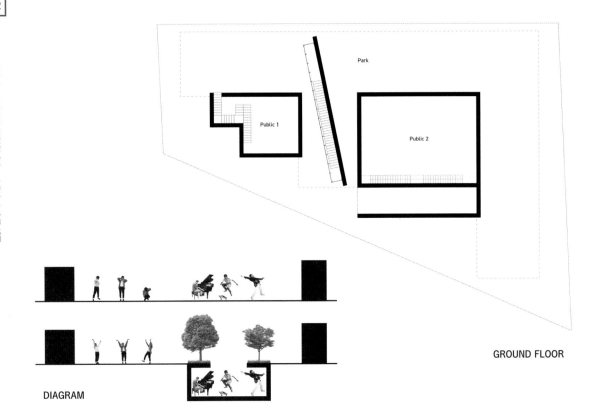

Park

Public 1

Public 2

GROUND FLOOR

DIAGRAM

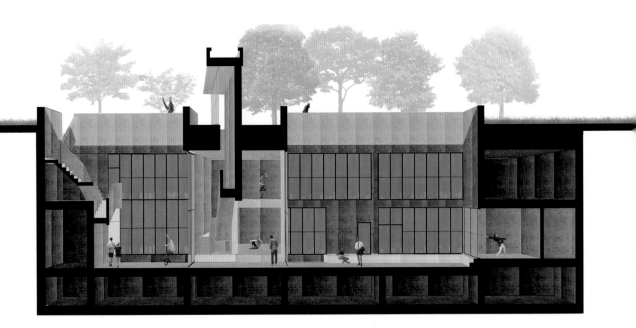

PERSPECTIVE

審査員コメント　公園の中に建物を全部埋め込んでしまうという中国の「ヤオトン」の住宅に近いつくり方。「まちに集うこと」を「まちに開く」という表現で、みんなが使っている公園のような場所の下に住むことで共有するという新しい提案をしてい ｜ ます。大きな吹き抜けの2箇所から降りられるようになっていますが、そこも含めて公園の延長として地下を楽しめるようにつくれたら、より良かったと思います。非常に力があり大胆な作品だと思いました。（田井幹夫）

SECOND BASEMENT FLOOR

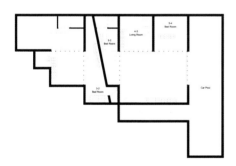

FIRST BASEMENT FLOOR

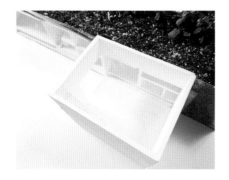

課題

宇都宮大学 地域デザイン科学部 建築都市デザイン学科
2年生／建築設計製図Ⅱ・第2課題／2018年度

まちに集まって住まう

出題教員：大嶽陽徳

指導教員：金野千恵・大嶽陽徳

宇都宮駅からほど近い、釜川沿いの敷地に集合住宅を設計する。

この地域には、住宅、集合住宅、オフィス、商店といったさまざまなビルディングタイプが建ち並ぶとともに、さまざまな時代に建てられた建物が混在しています。こうしたエリアの特性を捉えながら、集まって住むための魅力豊かな空間を構想してください。

設計にあたり、この集合住宅がまちの風景の一部としてどのような意味をもち、その顔を成すのかをよく思案してください。建物をつくることで、周辺のまちがどのように再発見されるのか、あるいは再構築されるのか、その可能性を示すような案を期待します。

さらに、この集合住宅では、これからの多様な住まい方をする人々が共生するような提案を求めます。ワンルームマンションのような単一の住み方を前提とするのではなく、核家族、多世代家族、カップル、老夫婦、単身者など、さまざまな住まい方を寛容に受け入れるものとして計画してください。

1. 設計条件
○延床面積　700㎡程度（容積率100%目安）
○住戸数　　7〜10 戸（1戸あたり平均80㎡程度、40㎡〜100㎡）
○駐車場　　各住戸に1台程度を基本とし、最低限、半分の住戸分を計画すること
○構　造　　RC 構造を基本とする
○住まい方　さまざまな住まい方を寛容に受け入れる計画とする

2. 敷地条件
○敷　地　　宇都宮市二荒町
○敷地面積　697.5㎡
○用途地域　商業地域（許容建ぺい率80%、許容容積率400%）
○道路斜線　1/1.5

3. 提出物
○配置図1/200（周辺まで含めて広域の関係を示す）
○1階平面図1/100（外構計画を含める）
○上階平面図1/100
○断面図1/100（2面以上、敷地全体と周辺建物まで）
○立面図1/100（1面以上、敷地全体と周辺建物まで）
○パース（内観。模型写真を利用してもよい）
○模型写真（外観）
　※以上をA1にレイアウトする（枚数自由）。図面は手描きとする。
○模型1/100

大妻女子大学
Otsuma Women's University
社会情報学部 社会情報学科 環境情報学専攻

3年生／住居デザイン演習II・課題B／2019年度

緑地の再生と
○○併用住宅の設計

出題教員コメント 桜並木で有名な目黒川沿いで、商業地域と住居地域の境界のような場所に、店舗とオーナー住居をRCで設計する課題。地域の環境とコンテクストを建築にどう取り入れるか、人の流れや滞留をどうつくっていくか、住居の閉鎖性と店舗の開放性をどう共存させるか、難しい課題ではありますが、考えようによっては、設計しがいのある課題としました。プログラムを組み立て、人の流れと景観をつくっていく楽しさに気づいてくれれば本望です。（八木敦司 非常勤講師）

大妻女子大学 社会情報学部
社会情報学科 環境情報学専攻 3年
（当年度課題）

北田 佳歩
Kitada Kaho

生活と知識の共有
～上下の曖昧さから賑わいを生む国際学生施設～

設計趣旨 目黒川沿いを散策している人たちが気軽に立ち寄れるよう、建物の中央にパブリックな通路を設け、それを挟むように店舗と住宅を配置した。その結果、動線の交わりを避けてプライバシーを守りつつ、離れ過ぎない関係ができている。店舗2階のテラスと住宅のリビングから桜並木が楽しめ、通路を抜けると小さな公園があり、日常の喧騒から少し離れてリラックスできる空間が広がっている。

指導教員コメント 計画敷地は、目黒川沿いの活気ある街並みと、北側に広がる閑静な住宅地との結節点に位置する。その象徴である桜並木と、北側の静かな小公園の佇まいを、建物を貫く通路で結ぶことで、店舗と住宅の間に適切な距離感が生み出されている。と同時に、街路状のスペースは店舗の周囲にさまざまなシーンを喚起する可能性も感じさせる。川沿いの並木道からも、小公園からも、トンネル状の路地の向こうに別世界が見える、そんなドラマチックな風景をイメージさせてくれる秀作です。（柳 秀夫 非常勤講師）

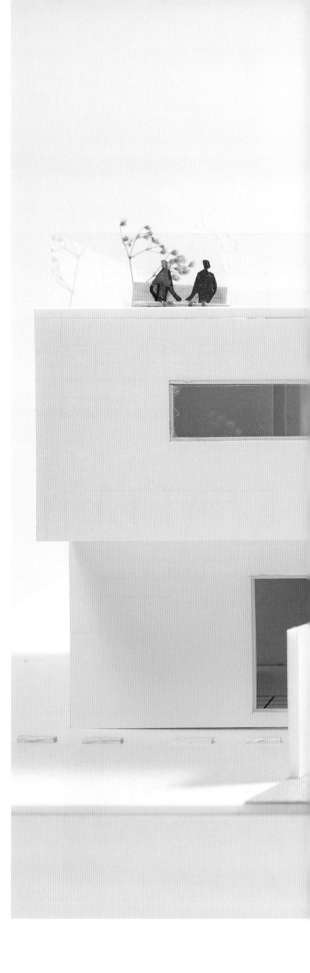

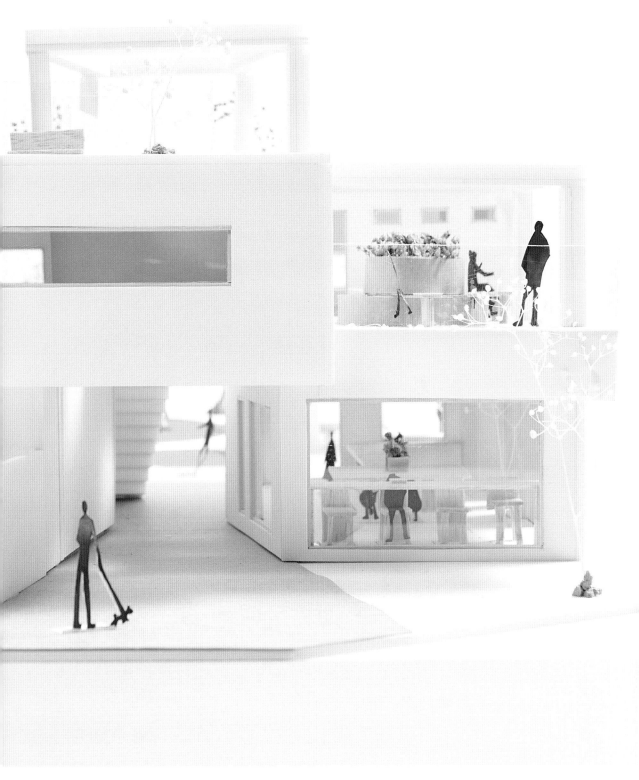

大妻女子大学 社会情報学部 社会情報学科 環境情報学専攻 ── 北田 佳歩

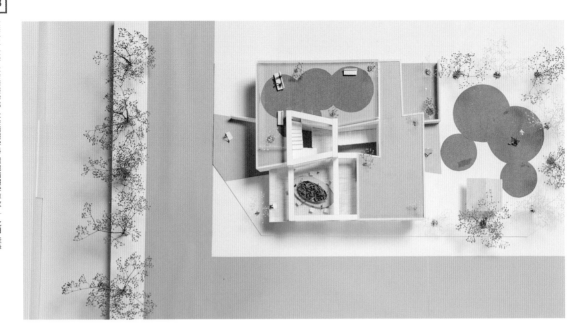

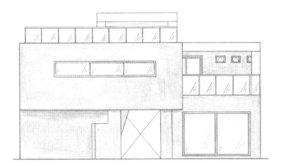

南立面図　　　　　　　　　　　　東立面図

断面図

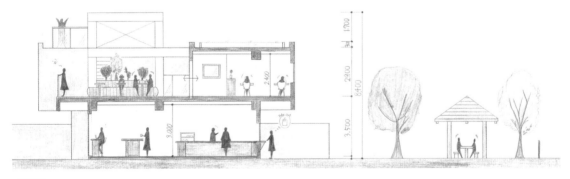

審査員コメント　この案は敷地中央に路地を通して、敷地の性格に新たな定義づけを行おうとしています。すでに二面が道路に面し、路地がなくても成立する土地に新たな路地を通すのは思い切った提案であり、その提案力に共感します。一方で成果物とし

ての評価に際しては、路地がきちんと抜けて気持ち良い場所になっていることが重要となります。その観点から見ると、2階へ上がる階段や、路地に面したカフェ開口部、路地の先にある公園のデザインなどを、もっとこだわっていくとより良くなると思います。(賓神尚史)

建築面積	186㎡
店　舗	140㎡
住　宅	138.5㎡
延床面積	278.5㎡

主要部材リスト
〈内部仕上げ〉
住宅1・2階　床：フローリング　壁：クロス
　　　　　　天井：杉小幅板鎧貼り
店舗1・2階　床：フローリング　壁：クロス
　　　　　　天井：杉小幅板鎧貼り

〈外部仕上げ〉
屋上　　床：コンクリート直均し
外壁　　コンクリート打放し塗装仕上げ

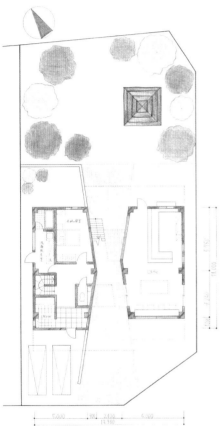

Ⅰ階平面図兼配置図

2階平面図

大妻女子大学 社会情報学部 社会情報学科 環境情報学専攻
3年生／住居デザイン演習Ⅱ・課題B ／ 2019年度

緑地の再生と○○併用住宅の設計

出題教員：柳 秀夫・八木敦司

指導教員：柳 秀夫・八木敦司

建物は必ずしも単一の用途のものとは限らない。ひとつの建物の中に、複数の用途を抱える建築を求められることも少なく無く、そのような場合には、輻輳する設計条件を適切に読み解くことが設計者の大きな役割となる。
この課題では、閑静な住宅地にかつて存在した豊かな緑陰空間を再生しながら、商業スペースとしての○○と、敷地のオーナー家族の住まいを設計する。主役は○○の利用者であり、オーナー家族でもある。そして、この敷地に甦る豊かな『緑陰空間』は、地域の人々にとっても憩いの場となるはずである。このような背景のもと、『居心地の良い商空間』と『豊かな住空間』を一体の建築として提案して欲しい。それぞれの空間が三位一体となり、互いに魅力を高める関係となる提案を期待している。

※○○は、レストラン、カフェ、ギャラリー、雑貨店など地域にふさわしい用途を
　各自想定すること

1. 設計条件
○敷地の位置　東京都目黒区青葉台の商業・住宅地（計画地は平坦とする）
○周辺環境　　各自でサーヴェイする
　　　　　　　（現状は3つの建物があるが、更地とし、北側に緑のある公園があるものとする）
○敷地面積　　約346㎡（約105坪）
○法的条件　　準工業地域、第三種高度地区、準防火地域、建ぺい率60%、容積率300%
○構造・規模　鉄筋コンクリート造2階建て、延床面積240～280㎡程度
○建物用途　　商業スペース120㎡～140㎡、住宅120㎡～140㎡
　　　　　　　（家族構成は夫婦＋子供2人）
○所要室等（下記資料を参考とすること）
○その他の条件（駐車スペース2台。北側都市公園、目黒川との関係を考慮する。2つの用途
　を別の建物として分離して配置することは不可とする）

2. 所要室等（レストランの場合の参考例）

メインダイニング	50㎡	オープンエア席	10席程度（面積外）
個室席	10㎡程度 一室	客用洗面・トイレ	男女別 各5㎡
厨房	25㎡ ※搬入、保管、調理、配膳の流れを考慮して計画すること。		
事務室	10㎡程度	スタッフ室（更衣室）	男女別 各7㎡
スタッフトイレ	男女別 各3㎡	その他	15㎡程度
その他の留意点	・客用動線とサービス動線を適切に分離すること		
	・エレベーターを設ける場合は小型とし、壁芯寸法1.5m×1.5mとする		

3. 提出物
○配置図1/100（配置図には1階平面図、外構、植栽を記入し、イメージを表現すること）
○平面図1/100
○立面図1/100（南面と東面の2面以上）
○断面図1/100
　※以上をA2サイズのケント紙2枚にレイアウトすること
○設計主旨（200字以上）
○面積表
○主な部位の仕上げ材料リスト
○模型1/100（表現、素材は自由）
　※その他にパース、アイソメ図、展開図など、設計意図を伝えるためのプレゼンテーションを自
　由にして良い。彩色は自由（色の使い過ぎに注意のこと）

4. 設計するうえで意識して欲しいこと
建物と緑地の配置計画、周囲と建築の相互関係、住宅と○○の関係、2つの主動線とサービス動線の適切な計画、鉄筋コンクリート構造の基本知識（ラーメン構造・壁構造）、鉄筋コンクリート構造の図面表現、設計意図を伝えるプレゼンテーション。

神奈川大学
Kanagawa University
工学部 建築学科 建築デザインコース

3年生／建築デザイン3・第2課題／2018年度

50人が暮らし、
50人が泊まれる、
この先の暮らしの場

出題教員コメント 地域の課題や特性の分析をもとに、個性的な特徴をもった暮らしの環境を創出することを求めました。子育てのためのサービスや、創造的活動を支えるギャラリーなど、その個性はさまざまです。それぞれの環境を、賃貸の居住者として、あるいは宿泊客として楽しみ、同時にその環境での活動を支えるプレイヤーとなる。そういう場が生まれるような空間構成の提案に期待しました。各々のプログラムに適した敷地を、関内周辺エリアから選定させています。（曽我部昌史 教授）

神奈川大学 工学部 建築学科
建築デザインコース 4年
（課題時は3年）

三浦 悠介
Miura Yusuke

ADD TO DAILY LIFE
～壁に絡みつくことで制限されない暮らしの提案～

設計趣旨 豊かであるとは、選択できることと日々の変化を感じられることであり、多様な感情や感動を持つことであると考える。しかし、現状の都市における生活は、変化のない廊下に自室内での活動を強要させられるものとなっている。そこで、通りたいところを選択できたり、シェアしたいときは人と感動を共有できたり、シェアしたくないときは自室で生活を送れるなど、暮らしを建築が制限しない空間を提案する。

指導教員コメント 50人が住まう場と50人が泊まる場が、壁柱にまとわりつくように構想された秀作。住戸や客室の境界を構造から解放し、今後短いスパンで変転が求められそうな建築の使われ方に対し、空間性を保ちつつ反応し得る優れた建築の骨格を実現しています。敷地条件から導き出される最大建築規模にわたり、設計者が居住者・来街者のさまざまな居方を執拗に描き切ることで、職住複合化が進む既存市街地における、ハイライトを持たないままに小さな動きが集まってできる建築の可能性について、自ら検証している姿勢も評価しています。（佐々木龍郎 非常勤講師）

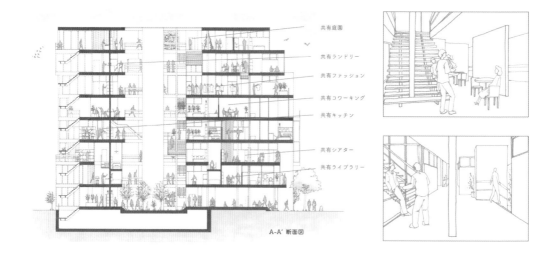

共有庭園
共有ランドリー
共有ファッション
共有コワーキング
共有キッチン
共有シアター
共有ライブラリー

A-A' 断面図

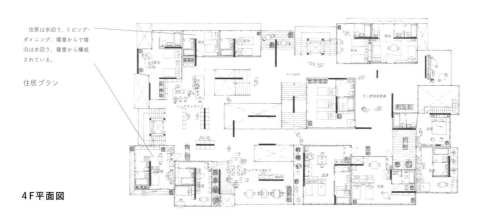

住居は水回り、リビング・ダイニング、寝室からで宿泊は水回り、寝室から構成されている。

住居プラン

4F平面図

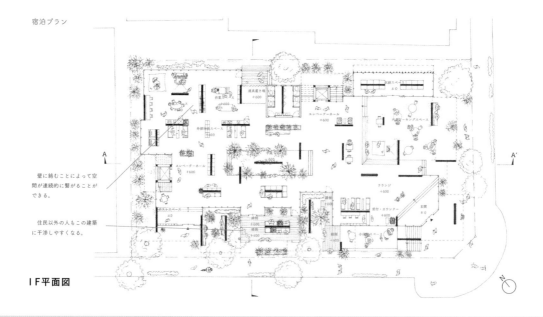

宿泊プラン

壁に絡むことによって空間が連続的に繋がることができる。

住民以外の人もこの建築に干渉しやすくなる。

1F平面図

審査員コメント 多様なひとの暮らしが想像できる、とてもきれいな提案です。本年は、壁面を使い空間を規定する案が多かったのですが、それが構造に寄り過ぎてしまうこともあるなかで、この案では、いろいろな用途に更新可能な人々の生活の手掛かりとしている点で、おもしろい平面計画ができています。空間だけでなく感動までシェアするという、人の気持ちを汲み取りながら設計されているのが、図面や模型に良く反映されています。（吉野 弘）

1つの空間に異なる性質を作る

空間に動きを与える

機能が絡む

活動が絡む

見え隠れする動き（視線操作）

上記のような意味を壁に持たせて空間づくりをする。
構造壁が部屋の境界とならないことで、動線空間と自室を断
絶させず間仕切りを用いて計画していくことができる。
活動や機能を壁に絡むことで、住居や宿泊には余計な戸を
使う必要がなくなり、共有部とさまざまなつながり方の形態を
つくることができる。
建築が空間同士を完全に断絶させないことで使用者に制限
を与えない。

神奈川大学 工学部 建築学科 建築デザインコース
3年生／建築デザイン3・第2課題／2018年度

50人が暮らし、50人が泊まれる、 この先の暮らしの場

出題教員：曽我部昌史・吉岡寛之・佐々木龍郎・岡村晶義・渡瀬正記

指導教員：曽我部昌史・佐々木龍郎

共に暮らすことで自分の好みにあった豊かな時間が生み出される、そういう住空間を考えてください。この建物は、大きく住まいの場所と、そこでの暮らしを特徴づけるサービスの場所とで構成されます。住まいの場所には、賃貸住宅部分と宿泊施設部分の両方が存在します。簡単にいえば、賃貸住宅、宿泊施設、サービス関連施設のコンプレックスですが、注意をしたいのは、これらのすべての場が有機的に関係を持っているということです。つまり、単に3つの建物が合体したようなものでは無くて、通常3種類の機能に区分される活動のすべてを引き受けることができる1つの建物を構想する、ということです。

住宅部分では、何らかの特徴的な暮らしを共有する50人が住む場所を考えてください。共通の趣味やライフスタイルをもった人たちが集まって生活をし、その趣味などのための共有スペースを有する、シェアハウスやシェアアパートメントがその代表的な例です。サービス付き高齢者向け住宅（サ高住：単身となった高齢者たちが種々のサポートを受けながら暮らす賃貸住宅。食堂などの共有スペースをもつ）などの高齢者を対象としたものもあり得ますし、特徴的な共有スペース（工房や音楽スタジオなど）をもつ学生寮などの若い人たちを対象としたものもあるでしょう。それぞれの個室だけではなく、そこで暮らす人たちみんなで共有する場が生み出す価値を考えながら、特徴的で豊かな時間を過ごせる住空間を構想してください。そうやって生み出された個性的な暮らしは、独特の雰囲気を醸し出すでしょう。独自の個性をもったネイバーフッド（個性的なまとまりをもった「ご近所」）と言ってもいいかもしれません。旅行などで短期的に滞在する場合にも、自分の好みのネイバーフッドで過ごすことができれば、新しい発見などもあってきっと楽しい時間になる。そう考える人たち向けの宿泊施設を設けてください。個室タイプは、ちょっと贅沢なカプセルホテルのようなものから、数名がゆっくりすごせるメゾネットタイプのようなものまでいろいろあるでしょう。そこでの暮らし方に適したスタイルを各自で検討してください。レストランやカフェ、ホール（貸室）など地域に開放される場所も大事です。

ここでの暮らしと周辺地域での活動とを関連づける場として、サービス関連の空間を計画してください。上記の合計100人の人たちの暮らしをより豊かにするという側面をもつので、どういう趣味やライフスタイルに注目をしているのかということと密接な関係をもちます。同時に、周辺で暮らす（住んでいる人も仕事をしている人も）他の人たちとも関わりをもちうる場でもあってほしいので、シェアオフィスやコワーキングスペースなど広く共有が生まれる場を必ず含むように配慮してください。住戸部分の位置づけに関連して、物販、保育所などもありえるでしょう。

1. 計画敷地
敷地は、いわゆる関内エリアとその隣接地より各自で選定してください。地域の特徴を生かした建築のプログラムを考えてください。（以下略）

2. おおよその規模
延床面積が5,000㎡程度（4,500㎡以下、5,500㎡以上は不可）。少なくとも6層以上になるはずです。原則的には地上階のみとしますが、用途上の理由から地下部を設ける場合は1層までとします。道路斜線制限、高さ制限は厳守すること。

3. 主要諸室とそのイメージ
課題文で触れたとおり、この課題では各自の提案によって内容が大きく変わります。したがって、各エリアの面積や具体的な必要諸室は規定しません。（以下略）

※神奈川大学の課題出題教員インタビューは本書バックナンバー「JUTAKUKADAI05」P.246を
　参照（山家京子「Rurban House—地域に開かれたスペースをもつ住宅—」）

関東学院大学
Kanto Gakuin University

建築・環境学部 建築・環境学科 すまいデザインコース

3年生／住宅設計スタジオ・課題1／2019年度

あり続ける住宅

出題教員コメント その場にあり続けられる自律した住宅を思考し提案するという課題です。住み手、必要諸室、規模なども各自で考えなければならず、また、建築がそこにあり続けることで社会、環境、暮らしがどう変化するのか、どう変化させたいのかも想像しなければいけない条件となっています。建築を設計することは良くも悪くも未来をつくることにつながる。そのことを強く意識することで、結果的に、建築を設計する行為そのものを問うものになっています。（村山 徹 研究助手）

関東学院大学 建築・環境学部
建築・環境学科 すまいデザインコース
3年（当年度課題）

長橋 佳穂
Nagahashi Kaho

こころのすみか

- -

設計趣旨 ひとつの建築があり続ければ、風景や環境、人の拠り所もあり続ける。しかし、人はつくった建築を無情に壊し、風景や環境、人の拠り所をも壊している。あり続ける建築とは人に愛される建築であり、人を愛する建築である。人にあり続ける心や感情の解放を受け止める人を愛する建築は、人に、あり続けて欲しいという想いを抱かせる、人に愛され続ける建築になれる。

指導教員コメント ひとつの住宅が都市の中で持続的、かつ自律的に存在し続けるためには、どのようなデザインが必要かを問う課題に対して、そこに住む人々、そして、これから住むであろう人々の「感情や心のありかたを肯定する」建築を追求することで応えた作品です。大岡川に面した横浜・黄金町の猥雑なまちかどに、RCの曲面壁と多様な建具などによってつくられた、半ば閉じ、半ば開いた植物の二重の花弁のような、小さな住宅が提案されています。（粕谷 淳司 准教授）

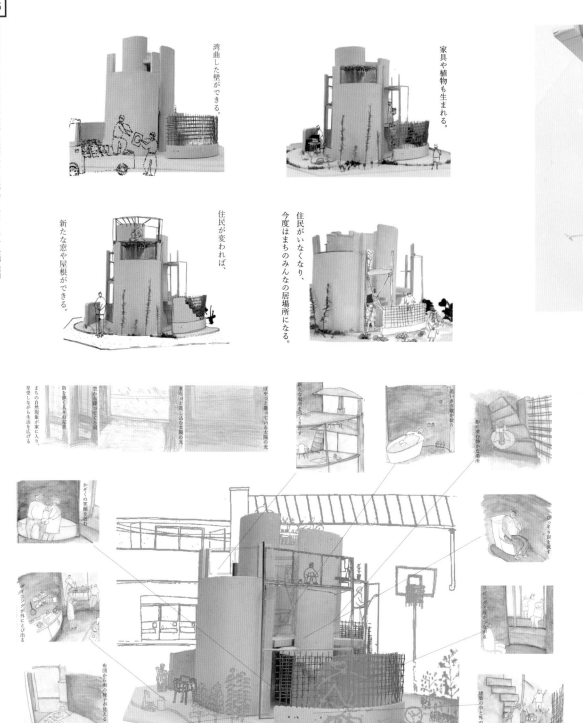

関東学院大学 建築・環境学部 建築・環境学科 すまいデザインコース｜長橋佳穂

湾曲した壁ができる。

家具や植物も生まれる。

新たな窓や屋根ができる。

住民が変われば、

住民がいなくなり、今度はまちのみんなの居場所になる。

住む人によって建築のかたちが変わる
1・ある住民の生活　2・その次の住民の生活　3・その次の次の住民の生活　4・その次の次の次の住民の生活　5・その次の次の次の次の住民の生活

審査員コメント　本来の課題は、住み手が変わってもあり続ける住宅という内容ですが、この提案は、つくり続ける、併用しても人がそこに住み続けるものとして展開しました。誰かが行った配筋を壊したりつくったりして、住まう人がつくり続ける。

通常は木造で脱着可能なものを想像しますが、これはRCとなります。一部仮設のようなところに不思議なおもしろさがあり、そこに定着する人の意志を感じました。「人を愛する建築」という言葉にグッときました。（加茂紀和子）

関東学院大学 建築・環境学部 建築・環境学科 すまいデザインコース
3年生／住宅設計スタジオ・課題1／ 2019年度

あり続ける住宅

出題教員：村山 徹

指導教員：粕谷淳司・奥野公章・村山 徹

住み手が変わってもその場所にあり続けられる住宅を設計する。個人住宅は、ある特定の住み手のためにつくられるが、建築がその場所にあり続けることは、都市形成、コミュニティ形成、環境問題においてとても重要なことである。では、住み手が変わってもあり続けることができる住宅とはどのようなものだろうか？ この課題で考えて欲しいことは、単に持続可能な環境設備を持ったものや新陳代謝して持続するシステムではない。建築の自立性のあり方に焦点を当てたものである。住宅がその場所にあり続けることで生まれる新しい住まい方を考えて欲しい。

1. クライアント
大人2人以上を各自で設定する。

2. 設計条件
○敷地　　　　　　　横浜市中区黄金町（敷地面積80㎡、建ぺい率80%、容積率400%、高さ制限31mまで）
○必要諸室（空間）と規模　各自が算定し決定する
○構造規模　　　　　構造・階数共に自由

3. 最終提出物
○分析
①リサーチシート（A1用紙）
　本課題に関するリサーチを行い、写真やダイアグラムなどを用いたリサーチシートを作成する。
②事例コピー（2〜3作品）
　事例となる作品を建築雑誌、建築本（ネット画像は不可、写真だけでなく必ず図面もコピーする）から2〜3作品を収集する。
○図面（設計図書）
①1階平面図兼配置図1/50（周辺環境も表現）
②各階平面図1/50
③断面図1/50（2面以上）
④立面図1/50（2面以上）
⑤内外の空間を表現するパース、ドローイング。コンセプトや空間を表現するダイアグラム等。表現は自由。
○模型
①敷地周辺を含む模型1/100（450mm×450mm以上）
②敷地全体を含む模型1/30
　※プレゼンテーションは原則としてA1サイズとし、美しくレイアウトする。ただし、コンセプトに合わせて規定外のサイズでプレゼンテーションを行っても良い。プレゼンテーションには氏名、学籍番号を記入し、各図面には図面名称、縮尺を記入すること。コンセプト、図面名称等の文字は原則としてタイプ文字を使用し、適切にレイアウトすること。CAD・手描き等の表現は自由。線の強弱、寸法線の描き方等、製図の基本を守ること。

敷地の芯を包み、敷地の外にも染み出していく
曲線とグリッドを重ね合わせ、人が挟み包まれる角をつくる

方位と周辺環境からゾーニングをする
湾曲した壁でプライベートを包み込む

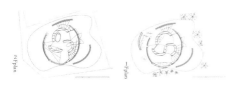

住民を壁で外と閉ざすのではなく、建具でさらに包み、
外にも暮らしの風景が染み出るように

共立女子大学
Kyoritsu Women's University
家政学部 建築・デザイン学科 建築コース

2年生／建築設計演習II・第一課題／ 2018年度

住まいをまちに開く

出題教員コメント この課題は大田区多摩川という、昔ながらの家族経営による小さな工場が周辺に数多く存在する敷地を計画対象としています。その地域では住宅を併設した工場がまちに開くことで、ものづくりのまちの風景を醸し出していたのですが、近年では跡継ぎのいない工場が住宅に建て替えられることによって、外に閉じた住宅が少しずつ目立つようになりました。そのような環境の中で地域に開いた住宅を提案するのがこの課題の意図です。（高橋大輔 教授）

共立女子大学 家政学部
建築・デザイン学科 建築コース 3年
（課題時は2年）

田口 桜
Taguchi Sakura

CRAFT HOUSE －趣味の家－

設計趣旨 趣味を大切にする夫婦2人の住宅。地下の工房は2人が時間を共有し没頭できる場所であり、ワークショップを開催することを想定し、趣味を通して人との交流をつくる場所である。パブリックとプライベートを上下で緩やかに分かち、ボックス状の部屋をずらすように配置することで、多方向に開けたテラスを確保する。視線が抜けることで互いの気配を感じ合い、つながりを楽しむ住宅となっている。

指導教員コメント 田口さんの作品は、40代のレザークラフトと家具の職人夫婦が住み開きをする住宅となっています。スキップフロアや外部空間を巧みに取り込みながら、空間が少しずつずれる操作によって、地下のアトリエ・1階のカフェ・中2階・2階のプライベートスペースを生み出しています。それらの開口部がまちの風景を少しずつ変えることで、この地域にふさわしい新しい環境をつくりだしているのではないでしょうか。（高橋大輔 教授）

共立女子大学 家政学部 建築・デザイン学科 建築コース ─ 田口 桜

Diagram

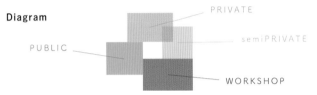

PRIVATE

semiPRIVATE

PUBLIC

WORKSHOP

役割を持ったボックスがずれながら重なっており、ず れから生まれるテラスでは人々の交流が生まれる。ま た、段階的に重なったボックスは、レベル差を生み、 抜けをつくり、プライベート空間とパブリック空間を分 けつつ、緩やかにつながる空間をつくる。

Cross Section

A-A' B-B'

Elevation

EAST side SOUTH side

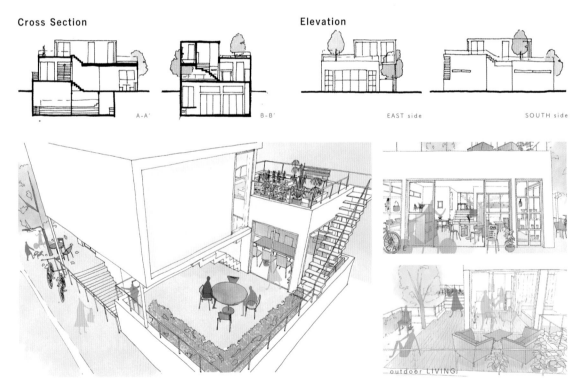

outdoor LIVING

| 審査員 コメント | 断面図から分かるように、半地下、1階部 分、2階部分というきれいな直方体3つを少しずらしながら積み上げるというシンプルな操作をしています。下からパブリック、コモン、プライベートと積み上げており、ボリュームの操作と | 人と人との関係性がそのまま空間に置き換えられるという意味では、きれいにまとまっていて優等生的な解き方です。道とのつながり方などに対してもう少し工夫があると、さらに良くなると思いました。（田井幹夫） |

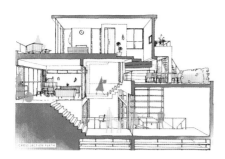

CROSS SECTION PERTH

3F ENTRANCE

PLAN B1F

1F

2F

共立女子大学 家政学部 建築・デザイン学科 建築コース
2年生／建築設計演習II・第一課題／ 2018年度

住まいをまちに開く

出題教員：高橋大輔

指導教員：高橋大輔

近年の日本では、家族の単位や共同体というものの意識、働くことや暮らすことの価値観が大きく変わりつつあります。そこで、この課題では住宅の一部を開放し、友人や知人もしくは全く見知らぬ人までがフラリと集えるようなスペースを組み込んだ「まちに開いた住宅」を設計してもらおうというものです。

この家の住人は40代の夫婦で2人とも自宅でものづくりに関わる仕事をしています。

この住人の職業やライフスタイルも皆さんが設定し、彼らの住宅がどのようにまちに開かれていくのか、計画敷地の周辺環境を入念にリサーチして、この場所にふさわしい住宅を提案してください。

1. 計画地

○敷地　　　　　東京都大田区多摩川
○敷地面積　　　169.18㎡
○用途地域　　　準工業地域、防火地域:新防火地域
○建ぺい率　　　60%
○容積率　　　　200%
○主体構造　　　RC壁式構造

2. 提出物

○配置および1階平面図、各階平面図1/50(外構も表現すること)
○立面図1/50(2面以上)
○断面図1/50(2面以上)
○コンセプト
○主な空間のスケッチパースを適宜
　※これらをA1サイズのケント紙1枚にまとめること。
○模型1/50

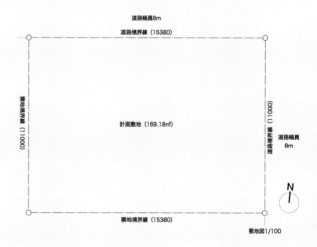

※共立女子大学の課題出題教員インタビューは本書バックナンバー「JUTAKUKADAI07」P.270を参照（工藤良子「「つながり」を育む住まい」）

慶應義塾大学
Keio University
環境情報学部

2年生／デザインスタジオA（住まいと環境）・第2課題／
2019年度

近代名作を再構成する

出題教員コメント
初学者を対象とした住宅設計課題です。近代の住宅で名作と呼ばれるサヴォア邸（ル・コルビュジエ）、ファンズワース邸（ミース・ファン・デル・ローエ）、落水荘（フランク・ロイド・ライト）、マイレア邸（アルヴァ・アアルト）のうち一つを選択し、その住宅がどのようなコンセプトで設計されているかを分析します。その後、分析で明らかになったコンセプトや幾何学的な構成を用いて藤沢市内で現代に求められる住宅を設計します。（坂 茂　特別招聘教授）

慶應義塾大学
環境情報学部 2年
（当年度課題）

相馬 英恵
Soma Hanae

軽やかに支える「中間領域」

設計趣旨 マイレア邸の分析を通して住宅における空間の要素を区分し、ヒエラルキーを設けることを主なコンセプトとして抽出した。設計にあたっては、住居空間を「サーブド・スペース」と「サーバント・スペース」、それら2つの空間に挟まれた「中間領域」の3つの空間を定義した。空間の違いごとに異なる構造とし、自然光の取り入れ方、建築材料にも違いをつけることで空間のヒエラルキーを構成した。

指導教員コメント
相馬さんはアアルトのマイレア邸について分析を行い、現代の住宅で必要とされる1）サーブドスペース、2）中間領域、3）サーバントスペースとはどうあるべきかを考察しました。なかでも、中間領域を1階から2階にかけて連続させるコンセプトを明確にしつつ、全体を構成した点が評価されました。
（原野泰典　非常勤講師）

中間領域の性質

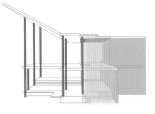
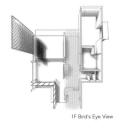

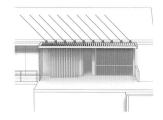

1F Bird's Eye View　　2F Bird's Eye View

構造体を持たないため、
自由な空間構成が可能
柱・梁構造と壁構造の間に持たされており、隔て
がないオープンスペースは流動性に富む空間を
つくる

家の中心で動線が交わる
階段、玄関、テラス口、各部屋の扉が中間領域
を囲い、多方向からアクセスされるため、家族の
交流を誘導する

自然採光により暖かく、
視覚的に「軽やか」な空間
照度の差で非物理的な境界ができるとともに、プ
ライベート（住宅機能）、パブリック（仕事・娯楽機
能）のどちらにも準じないくつろぎ空間を演出

Site Plan/1st Floor Plan

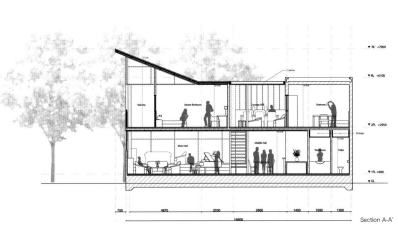

Section A-A'

2nd Floor Plan

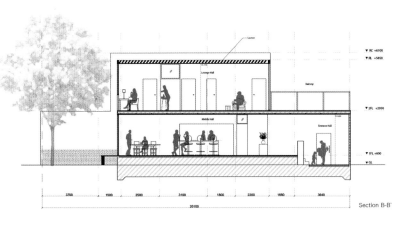

Section B-B'

審査員コメント　課題自体が「近代名作を再構成する」という、非常に特徴的で、「読み解き」や「解釈」を必ず必要とする、知的な特殊性を持っています。マイレア邸を選んだ本案は、計画学的な部分では非常によく考えたうえで、解釈し直して解いていると思います。一方で、マイレア邸が持つ雰囲気、素材感、光の入れ方などに対しても、そのまま雰囲気を再現するのではなく、何らかの解釈し直しを行なったうえで、再構成ができればさらに良くなりそうです。（寳神尚史）

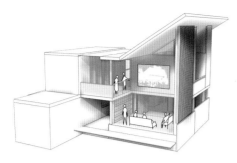

ライブ映像を投影してスポーツ観戦

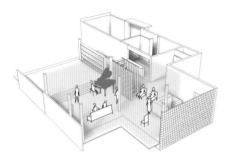

ピアノを囲み、優雅に音楽を嗜む演奏会

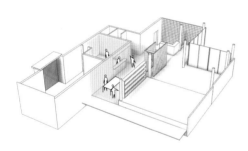

料理をつくり、食を愉しむ料理教室

慶應義塾大学 環境情報学部
2年生／デザインスタジオA（住まいと環境）・第2課題／ 2019年度

近代名作を再構成する

出題教員：坂 茂

指導教員：坂 茂・原野泰典・城所竜太

近代建築で名作と呼ばれる住宅の分析を行い、その分析手法を用いながら実際の敷地で住宅設計をする。課題は以下の通り。

第1課題
名作と呼ばれる住宅を1つ選んで分析を行う。その住宅空間の幾何学的分析、建築家の設計プロセスの中心となるコンセプトなどを抽出する。作品は以下より選ぶ。
・サヴォア邸（ル・コルビュジエ）
・ファンズワース邸（ミース・ファン・デル・ローエ）
・落水荘（フランク・ロイド・ライト）
・マイレア邸（アルヴァ・アアルト）

第2課題
実際の敷地を対象にして行う住宅設計課題。第1課題で明らかになった設計のコンセプトを用いながら住宅設計を行う。

設計条件
○敷地　　　　　　神奈川県藤沢市湘南台
○敷地面積　　　　423㎡
○建築延床面積　　250〜300㎡
○建ぺい率　　　　60%
○家族構成　　　　4人家族（夫婦＋子供2人）

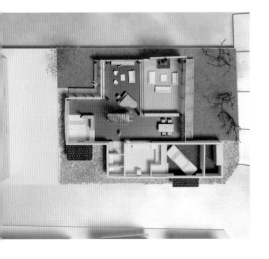

工学院大学
Kogakuin University
建築学部 建築学科

2年生／建築設計Ⅱ・第1課題／ 2019年度

外のある家

出題教員コメント 学生にとっては街中に設計する最初の課題なので、条件に縛られ過ぎず多様さを生み出せる設定を考えました。さまざまな設計の手がかりを見つけられるよう、道路・公園・閑静な住宅街・空き地などいろいろな要素に取り囲まれた敷地を設定しました。大事なポイントは「外」をどう捉えるかです。光や風・緑といった即物的なものもあれば、自分に対する「他人」を外と解釈することもできる。シンプルながら間口の広いテーマとなることを目論みました。（冨永祥子 教授）

工学院大学
建築学部 建築学科 2年
（当年度課題）

朝田 岳久
Asada Takehisa

錯覚 illusion

設計趣旨 「外」を住宅外部の視覚情報と捉え、住宅の外部（外壁）に見られる色、形、素材、景色を、住宅の内部でも同じような光景で見せることで、生活空間にいるがあたかも外部にいるように錯覚してしまう。

指導教員コメント 三角形の敷地に一筆書きのごとく、くねくねと描かれた曲線がこの住宅平面の構成要素です。曲線を自由に折り曲げることで交互に生まれる大小の室内と室外の空間によって平面をつくりあげています。また、壁の高さを変えることで断面的にも変化を与えています。蛇行する壁は、頂部にかけられた傾斜屋根に従って高さが変化し、内部空間の機能に合った天井高を確保しています。難しい曲線にチャレンジすることでユニークな住宅が誕生しました。（木下庸子 教授）

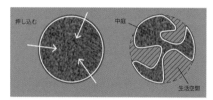

円状の壁の外側を外壁、内側を内壁とし、壁を内側に押し込むことで、外壁で囲まれた大小さまざまな生活空間を構成する

壁の高さを場所によって差をつけ、屋根の開口を大きく取ることで、日射を取り入れつつ景観に変化を加える

各要素の空間との間には仕切る壁は存在しない。そのため、壁のカーブをきつくすることで、視覚的に空間を仕切る

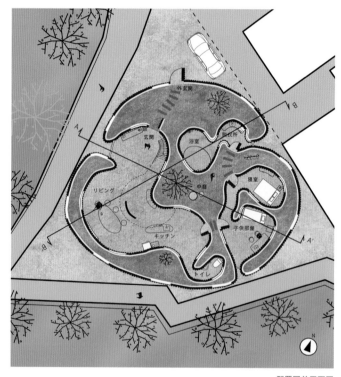

配置図兼平面図

審査員コメント　一見すると、ユニークな形態だけを追求した案かと思いましたが、模型と図面を読み込んでいくと、周りの環境や部屋と部屋との関係性を、よく意識してつくられているのがわかります。外と中が有機的につながっている空間は独特で、おもしろい提案だと思いました。構造壁としても、とても強く感じます。将来3Dプリンターで建築をつくるような時代が来たときには、このような建築のかたちもあるのかなと思いました。（吉野 弘）

キッチン

玄関からリビング

AA'断面図

BB'断面図

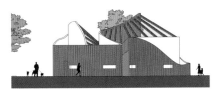

南側立面図

東側立面図

工学院大学 建築学部 建築学科
2年生／建築設計II・第1課題／2019年度

外のある家

出題教員：冨永祥子

指導教員：木下庸子・藤木隆明・篠沢健太・市川竜吾・岩堀未来・
　　　　　高呂卓志・高濱史子・原田智章・安田博道・後藤 武

この課題では、「外」を取り込んだ家を設計する。

「外」とは、光や風のような環境的なものでも、眺望や庭のように具体的なものでもよい。

あるいは他人や街など、一見家の中には無いと思えるものを「外」ととらえて、取り込んでもいい。私たちが住んでいる街はいろいろな要素からできている。うっとおしいと言って閉じてしまうのはもったいないし、自然は美しいからといって開くだけでもプライバシーが保てない。内と外の豊かで多様な関係を住空間の中にデザインし、街に住むことが楽しくなるような家を設計してほしい。

1. 設計条件

○敷地　　　　　　東京都八王子市犬目町
○敷地面積　　　　約370㎡
○建築延床面積　　120〜150㎡程度
○家族構成　　　　父・母・子供2人の4人家族を基本とする（年齢設定は自由。「外のある家」
　　　　　　　　　というテーマに沿ったものであれば、上記以外の設定を追加してよい。
　　　　　　　　　ただし必ず4人以上とすること）
○駐車場　　　　　1台分

2. 提出物

○第1提出
①模型1/100（敷地・道路等周辺も含める）
②設計説明書（A3×1枚、縦横自由、コンセプトや特徴を、スケッチ・ダイヤグラム等を交えてわかりやすく表現する）
○第2提出
①設計趣旨（文章・図などを使って説明）
②配置図1/200（屋根伏せも表現する。1階平面と兼ねる場合は省略可）
③各階平面図1/100（家具も表現する）
④立面図1/100（2面以上、道路・隣地まで表現する）
⑤断面図1/100（縦横2面以上、内部の見えがかり、道路・隣地も表現する）
⑥模型写真（2枚以上）
⑦内観パース（1枚以上）
　※その他、自分の考えを伝えるのにふさわしい表現を自由に使ってよい。図面サイズはA1横使い（841mm×594mm）1枚以内にレイアウトする
⑧模型1/50（敷地・道路も含める、同スケールの人の模型も必ず立てること）

課題出題教員
インタビュー

工学院大学 建築学部 建築デザイン学科

冨永 祥子 教授

課題名 『外のある家』

2年生／2019年度／建築設計II

冨永 祥子／Tominaga Hiroko
1967年 福岡県生まれ、1990年 東京藝術大学卒業、1992年 東京藝術大学大学院
修士課程修了、1992〜02年 香山壽夫建築研究所、2003年〜 福島加津也＋冨永祥
子建築設計事務所設立、2011年〜 工学院大学建築学部建築デザイン学科准教授、
2016年〜 同大学教授。

＋建築学部の設計カリキュラムを教えてください。

　建築学部には、建築デザイン学科、まちづくり学科、建築学科の3つの学科があり1, 2年生のあいだは八王子キャンパス、3年生以降は各学科に分かれ新宿キャンパスで学びます。1、2年次の設計科目は建築学部全員の必修科目となっていますので、さまざまな学生が多様な手がかりで取り組める課題にしています。1年生前期で図面の描き方や模型のつくり方の基礎を学んだのち、後期では空間の形をつくる練習や、名作住宅のトレースをします。後期の最後の課題は「キャンパスロッジ」で、これはキャンパス内の森に一泊できる小屋を設計するものです。学生はここで初めて自分のアイデアを建築として形にすることになります。2年生前期では、第一課題で「外のある家」、第二課題で「幼稚園」に取り組みます。後期の第一課題で「学生寮」、第二課題で「廃校をリノベーションしたコミュニティ施設」を課していますが、「コミュニティ施設」以外は敷地がすべて八王子です。設計前の敷地調査だけでなく、実際に手を動かし始めると具体的な情報がもっと欲しくなるだろうということで、足を運びやすい敷地にしています。3年生前期は、

各学科に分かれて必修科目の演習を行いますが、建築デザイン学科は「カフェのある本屋」と「美術館」に取り組みます。3年生後期は建築デザイン学科とまちづくり学科の教員が組んで、より複合的な課題を設けた、建築まちづくり演習A・Bという選択科目があります。Aのテーマは中層の商業施設、Bは30世帯以上の集合住宅です。集合住宅の課題は、1ヶ月ほどかけて設定対象範囲のまちのサーベイをじっくりと行い、学生自身で敷地を選んでもらいます。そのあとまちに必要な都市施設を各自で設定し、集合住宅に組み込んで提案します。設計する建物の規模だけではなく、考慮すべき条件やスケールが大きくなり、また自分で条件設定しなくてはならない内容も増えます。これは4年次の卒業設計へとつなぐためのステップアップの意味合いもあります。住宅の課題では周辺環境との関わりや家族の中でのプライバシーとパブリックが大事なテーマになりますが、学生寮は他人との付き合い方もいっそう多様になります。入居する30人の学生同士にどんな形のコミュニケーションでが考えられるのか、そのためにどんな場所があったらいいのか、設計とストーリーの両方を鍛えていくことが大事になっていきます。

＋今回の出題課題である「外のある家」は、どのような課題でしたか？

　課題文としては結構シンプルで、あなたにとっての「外」を設定し、それを取り込んだ住宅を設計してくださいという内容です。緑や光といった即物的な「外」を取り入れる学生もいますし、少し解釈をひねって、自分にとっての他人、家に対してのまちが外であるというように、「外」という言葉自体を自分で定義して、それに基づいた設計に取り組む学生もいます。内と外とは何か、そしてその境目をどうつくるかという

2018年度3年生後期課題・建築まちづくり演習B「都市居住」、
坂上直子さんの作品

2016年度「住宅課題賞」出展・丹羽彩香さんの作品

テーマは、私たち建築家も都市住宅の設計で必ず考えることですから、シンプルなわりに深く、許容力のある課題だと思っています。この課題は敷地を変えながら6年ほど継続しており、学内では「外ある」という呼び名のついた名物課題になっています。

+ 学内講評の様子と、そこでの朝田岳久さんの
作品への評価を教えてください。

工学院大学は1学年の人数が約330〜340人と多いので、3つのクラスに分け、それぞれを教員10名前後で指導しています。前・後期の課題の最後に、各クラスから優秀な作品を一課題あたり4〜5点ずつ選出し、合同講評会を開催しています。1・2年生の課題を評価するにあたっては、できる限り幅広い価値観を学生に示したいと思っています。学生数が多い分、非常勤含めたくさんの先生が指導にあたっていますが、皆さんいずれも、さまざまな評価ポイントを示すことを意識されています。まだ建築の設計を始めて間もない時期なので、学内の評価が片寄って、自分の作品はどうせ認めてもらえないとか、設計のセンスがないのだと思い込み、早々に建築を諦めてしまうこともあります。設計は大変だけれど楽しいものだということを、まずは課題を通して伝えたいと思っています。朝田さんの提案は学内講評会で上位に選出され、最終的には3クラスの先生で相談し住宅課題賞への出展を決めました。三角形の敷地に、まずどう形を置くかは、なかなか苦労する点だと思うのですが、彼は上手く建築をはめ込んでいる。また、内部が外部に、もしくは外部が内部になるというように、内と外の空間体験ができる限り等価な状態になるよう試行錯誤しながらつくっている点が面白いです。例えば、外の壁や床の仕上げがそのまま内部に入り込ん

できたり、その逆もあったり、内部だけど外部のような光の当たり方になるようトップライトを採用したり。実際にこの建築が出来たらどんな不思議な体験ができるのか、模型の中を歩きまわりつつ考えているのがよく分かります。もうひとつ、有機的なくびれた形を徹底的に駆使している点も評価ポイントです。直線のない形態ですから、回り込まないと次の空間は現れてこない。でも空間自体はつながっているので、あちこちから気配や音は感じられる。住宅は私たちに最も身近な建築なので、最初はつい見慣れた部屋の組み合わせで考えてしまいがちです。その中で、今まで見たことがない空間を創造しながらつくるというのは、とても大事な能力だと思います。

既成概念を取り払い、物事の意味を一度原点に立ち戻ってを根本から考えるんだということを、エスキスの中で伝えていくことは結構大変ですね。玄関ひとつ挙げても、そもそも玄関という要素はなくてはならないのか、靴を脱いで一段上がる形式の理由は何なのかというように、誰もが当たり前だと思っている事柄を問い直すことが、住宅設計の手がかりになると考えています。

+ 今後の住宅課題についてどのようにお考えですか?

かつて他大学で、吉村順三氏の住宅を実際に見学・分析し、その中の要素の一つを展開させながら、同じ敷地で新たに住宅を設計するという課題を出しました。設計は、オリジナリティを求められがちですが、ゼロから新しいものを生み出すのはとても大変です。過去の良い建築から学び、それをどう咀嚼して自分の作品につなげるかというトレーニングを、住宅という小さな規模で取り組んでみました。課題としては結構難易度が高いかもしれませんが、機会があればまたやってみたいと思っています。

また、大学院生の授業でもう一度住宅課題に取り組んでみてもいいのではないかと考えています。私の研究室では例年、建築家のご自邸を見学させていただく機会を設けていますが、多くの方が、1960〜70年代に設計された住宅に丁寧に手を加えながら住み続けていらっしゃいます。時代に合わせて変わっていくものと変わらないものが、上手く同居して生き続けている住まいから学ぶことが多いです。長い時間を組み込んだ住宅というテーマで、大学院の課題として出してみたいですね。

工学院大学
Kogakuin University
建築学部 建築デザイン学科

3年生／建築・まちづくり演習B ／ 2018年度

都市居住
（都市施設を併設させた
新しい集合住宅のかたち）

出題教員コメント 3年後期の建築・まちづくり演習では、まちづくりの視点を持って建築の設計をすることを目指しています。演習の前半は数人のグループでフィールドワークを実施して、対象エリアの課題や資源の分析を行い、まちづくりの方針を立案します。その後は個人課題となって、自分が見つけた課題に対する回答としての「都市居住」の在り方を提案します。敷地は新宿区須賀町と若葉2丁目の一部。坂と窪地で構成された地形が特徴的なエリアです。（西森陸雄 教授）

工学院大学
建築学部 建築デザイン学科 4年
（課題時は3年）

除村 高弘
Yokemura Takahiro

余家のあるまち
公共と個人の距離感を再定義するまち

設計趣旨 「まちを壊すような建築はだめだ」。
擁壁によって上下に分断されたまちをつなぐような集合住宅を設計した。本設計では集合住宅において通常、下層部に配置される公共空間、商業施設を建築上部に計画した。それにより公共空間と住居部分の関係性を再構築し、大きなボリュームの建築がまちにとってよりポジティブな存在になれることを目指した。

指導教員コメント 数メートルの崖によって分断された須賀町と若葉2丁目の境界部分はこの地域で特徴的な地形です。それをつなぐように立体的な建築を提案し、そこに住宅と住宅以外の機能を提案しています。基壇状の下部にプライベートな住宅機能を入れ、その上に乗るイエ型のユニットには「余家（ヨカ）」と名付けた住宅以外の機能をつくっています。そこは住人の都市活動の場であり、地域住民のコミュニティの場となり、新しい都市居住の風景が生み出されています。
（西森陸雄 教授）

工学院大学 建築学部 建築デザイン学科 ｜ 除村 高弘

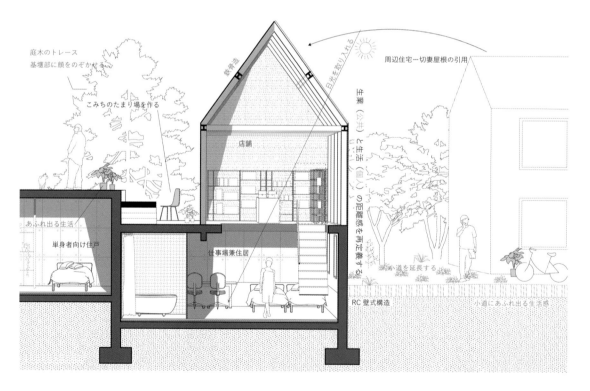

審査員コメント この作品では、個室や主要な住居部分は下に埋められています。その表面に現れるのがイエ型で、からっぽの家のようなかたちをしているのですが、住んでいる人が顔を出したり、家から入った光が下のほうに落ちていったり。

不思議な下の密度と上の空っぽな家のコントラスト、風景に対する回答などが総合的にイエ型というもので回答されています。（加茂紀和子）

Diagram

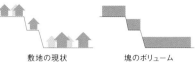

敷地の現状　　　　塊のボリューム

分割による採光、風、　　まちの形成
動線の確保

平面図 居住層

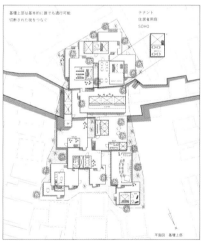

基壇上部は基本的に誰でも通行可能
切断された街をつなぐ

テナント
住居者専用部
SOHO

平面図 基壇上部

ターンバックルブレース

鉄骨造

家型のボリュームを端に
寄せることで、その重量
をRCの壁に効率的に負
担させる。

RC壁式構造

基壇部の構造はRC壁
式構造。その上部のイ
エ型を鉄骨造にすること
で、鉄骨の重量をRCの
壁が支えるように設計す
る。多くのイエ型を基壇
部の端、つまり、壁に負
担させることで効率的に
力を分配する

工学院大学 建築学部 建築デザイン学科
3年生／建築・まちづくり演習B ／ 2018年度

都市居住
(都市施設を併設させた新しい集合住宅のかたち)

出題教員：木下庸子・西森陸雄

指導教員：木下庸子・西森陸雄・藤木隆明・星 卓志・Kearney Michael・
**　　　　　金箱温春・押尾章治・沢瀬 学**

東京都心では江戸時代から今日まで、歴史上のさまざまな要因によって繰り返し都市の形態や土地利用が変化し続けてきた。そのため今日では必ずしも機能的で合理的な都市の形が形成されているとは言い難い結果が表れている。道路形状や地理的な条件によっては都心に木造密集地が取り残されたり、住宅地のすぐ脇に巨大な事務所ビルが建設されたり、あるいは不健全なまでに緑地や公園のない地帯が生み出されたりしている。
今後ますます進行するであろう高齢化と少子化、そして単身世帯の増加などにより今までの住宅設備の手法では解決できない課題が山積みしている。この課題では、これらの問題に対して、まちづくりデザインと建築デザインのそれぞれの視点を通じた総合的な解答を提示することを目的としている。対象地区は新宿左門町から須賀街にかけての一帯で、古くから残る寺社仏閣と住宅地、オフィスビルなどが混在するエリアである。エリア内には10m以上のレベル差があり、それらの条件を踏まえて新しい住宅とそのコミュニティに必要な都市施設を提案する。

1. 課題の進め方
前半ではまちづくりの調査手法を学びながらサーベイを実施、まちづくり方針の提案を行う。その後、3つのスタジオに分かれて自分の敷地を決め、各スタジオのテーマに沿って2つの課題に取り組む。第一課題と第二課題を通じて最終的に1つの最終提案にまとめる。

2. 設計条件
提案する集合住宅は、対象地区内に敷地を設定し、集合住宅の住民、あるいはその住民と周辺の既存住民にとって必要な「都市施設」を含むものとする。各ユニットの設計課題は授業の始めに説明する。

3. 提案規模
○敷地面積　　1,000～1,500㎡
○容積率　　　300%
○建ぺい率　　60%
○階数　　　　3～6層
○住戸数　　　30戸程度

4. 提出物
○全体配置図1/200
○各階平面図1/100
○立面図1/100（4面）
○断面図1/100（2面以上）
○断面詳細図1/50
○内観透視図（1枚以上）
○外観透視図（1枚以上）
　※提出図面はA1サイズ横使い
○模型1/200以上

工学院大学
Kogakuin University
建築学部 まちづくり学科

1年生／建築設計Ⅰ・第3課題／2018年度

森の中の
小さなキャンパス・ロッジ

出題教員
コメント

八王子キャンパス内の森の中に短期間宿泊するためのロッジを設計する課題です。1年生が最初に取り組む設計課題のため、できるだけ自由度が大きくなるように設定しており、学生は斜面を含む広いエリアの中から建てたい場所を自由に選んで敷地とします。建築を設計するための基礎知識や図面の描き方を学ぶことよりも、まずは設計することを楽しみ、次に建築と自然の関係について自分の頭で考える力を養うことに重点を置いています。（藤木隆明 教授）

工学院大学
建築学部 まちづくり学科 2年
（課題時は1年）

秋田 美空
Akita Miku

Vio Lodge
~Biological × Vitality × Lodge~

設計趣旨 人々は普段、快適な環境の中で生活している。そんな環境からかけ離れた自然あふれる環境で「人間」としての自分ではなく、「ヒト」としての新たな自分を見つける。このキャンパス・ロッジでは普段考えることのない生きることについて考え、自分の人生を考える。自然からの「生命のエネルギー＝Vitality」は人々の心に生命を宿す。そんな宿を提案する。

指導教員
コメント

「建築を設計するとはどういうことなのか」、「森の中に建築をつくるとき建築はどうあるべきなのか」。秋田美空さんのキャンパス・ロッジは、これらの命題をラディカルに（根本的に）考え抜き、到達した作品です。その到達点とは地面だけに手を加えることで場をつくり出した「地形と一体となった建築」、「自然そのものになった建築」です。その構想力と細かな等高線模型をあきらめずに完成させた粘り強さは本当に見事でした。（藤木隆明 教授）

工学院大学 建築学部 まちづくり学科 ─ 秋田 美空

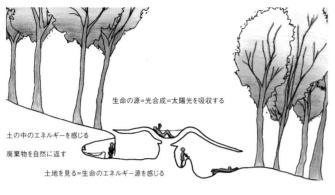

生命の源=光合成=太陽光を吸収する

土の中のエネルギーを感じる

廃棄物を自然に返す

土地を見る=生命のエネルギー源を感じる

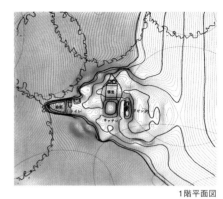

1階平面図

土地を見る=生命のエネルギー源を感じる

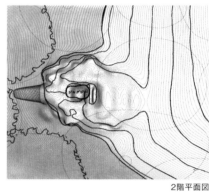

2階平面図

審査員コメント 葉っぱのようなものを窪んだ土地の中に掛けるだけで、身体に非常に近い居場所を提示しています。表現としてはミニマルで自然に近いものをつくっており、それが家的なものになっている。周囲をガラスで囲っているか確認したところ、真冬はシュラフでどうにか過ごすと聞き、建築としての完成度を求めていないという点でも非常に強い意志を感じました。建築の新しい可能性を見せてくれるような案だと思います。（田井幹夫）

I、「人」＝「立つ」、「ヒト」＝「這う」

視線を下げることによって、生命エネルギーの起源を身近に体感。

生命のエネルギーは自然が地中で根付くたくましさ、地表に出る強さであると考える。

Vitalityの起源は地中と地表の境に存在する。

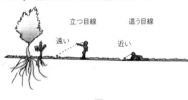

立つ目線　這う目線

遠い　近い

↓

2、掘り下げる

立ったまま這う目線で地面のエネルギーを感じる。

たったまま這う目線

エネルギー（Vitality）を感じる

↓

3、生命のエネルギーが隆起する

生命のエネルギーを360度で感じられる空間に。

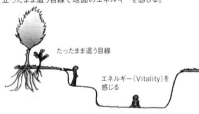

先端までエネルギーが行き渡る

工学院大学 建築学部 まちづくり学科
1年生／建築設計 I・第3課題／ 2018年度

森の中の小さなキャンパス・ロッジ
※住宅の課題ではありません

出題教員：藤木隆明

指導教員：藤木隆明・塩見一郎・今永和利・鈴木崇志・保 清人・都築弘光・原田智章・平井 充・藤田雄介

工学院大学八王子キャンパスは、約215,000㎡もの広さがある。大学の諸施設は校地の南側に集中しているが、キャンパス北側には未利用の豊かな自然が残されており、この自然を有効に活用した校地の使い方が望まれている。そこで、この森の中に、短期間（1〜2泊程度）宿泊できる施設を計画する。宿泊者としては、例えば、地方からオープンキャンパスのために上京し本学を訪れた高校生とその家族を想定しているが、学生が友達同士で泊まるなど、他の設定をしても構わない。

自然を感じ、自然の中でゆったりとした時間を過ごすことのできる「キャンパス・ロッジ」を設計してください。

1. 設計条件

○敷地　　　　大学校地北側の林間（計画範囲の詳細は別途指示）
○階数　　　　平屋または2階建て（地階があってもよい）
○延床面積　　60〜90㎡程度を目安とする。外部のテラスやデッキ等は含まれない
○構造種別　　自由。ただし、自然と調和された建築としてください
○必要な機能　食事は自分たちで自炊できるようにキッチンを設ける。トイレや浴室も必要
○宿泊人数　　3〜4人程度（一度に宿泊できるのは、1家族または1グループのみ）
○管理　　　　管理人は常駐しない。宿泊者は、大学窓口にて入り口の鍵を借り、退出時に返却する
○外部空間　　自然の中で豊かな時間を過ごすには、建物の内部だけでなく、既存の樹木をできるだけ生かした計画としてください。建物までのアプローチもデザインしてください
○駐車スペース　敷地内に設ける必要はない

2. 提出物

○設計主旨（スケッチや概念図を交えて簡潔に表現する。タイトルを明記する）
○配置図1/200（屋根伏せ図を兼ねる。建物までのアプローチを含む、敷地全体の計画を表現する）
○各階平面図1/100（1階平面図は建物まわりの外部空間であるテラス、デッキ、庭、樹木なども表現する）
○立面図1/100（2面。周辺の樹木なども点景として表現する）
○断面図1/100（2面。切断位置を平面図に明記する）
○模型写真または外観パース
○内観パース
※図面はA1サイズ横使い1枚にまとめる。表現方法は自由。過去の優秀作品を参考に美しくレイアウトする
○模型1/50（敷地は全部入りきらなくてもよい。模型の中に人を必ず入れること、人のいない模型は減点とする、周辺道路や樹木も忘れず表現する）

3. 設計の進め方

○敷地調査　何度も敷地に足を運び、敷地の持っている潜在力をどう生かすか考える。暖かい場所、冷たい場所、日の当たり方、風の通り道、眺望、既存樹木の配置や大きさ、種類などをよく調べること。
○事例研究　参考となりそうな良い事例（リゾートホテルのコテージなど）を見つけ、しっかり研究する。
○敷地模型の作製
○構想とスタディ　第1課題（「空間のデザイン」）と同様に、構想を練り、スタディ模型をつくって検討する。早めに自分の設計テーマを見つける。第1課題で考えたことや学んだことを思い出しながら案を作成する。
○基本寸法の理解　自宅（自分の部屋）の家具、厨房器具、扉の大きさ、トイレや浴室の寸法、天井高さ等を実測し、建物の基本寸法を理解する。

国士舘大学
Kokushikan University
理工学部 理工学科 建築学系

湖畔に建つ ＜シェア別荘＞

出題教員コメント 本課題は、近年の空き家の増加や所有概念の変容を視野に入れ、シェア別荘の提案を求めています。ここではセカンドハウスを共有しながら、異なった世帯や利用者がそれをどのように利活用するか、ということが大きなテーマとなっています。また、本課題では場所をあらかじめ特定せず、自ら具体的な湖畔を選んだうえで、敷地を決定するかたちにしています。それにより、敷地選びの段階から、学生たちが自身で考えることを意図しています。（南 泰裕 教授）

国士舘大学
理工学部 理工学科 建築学系 3年
（課題時は2年）

林 大雅
Hayashi Taiga

自然物：人工物 ─湖畔に建つシェア別荘─

設計趣旨 自然物と人工物の対比。自然と一体化させるだけの建物ではなく、コンクリートの建物を崖に埋め込むことでそれが人工物であることを印象付け、自然との対比を図った。それによりインパクトを与え、都会ではなかなか味わうことのできない現実離れ感を演出し、思い出もシェアしやすいようにした。また、アクティビティとしてクライミングをできるようにし、別荘ならではの特別な体験を可能にした。

指導教員コメント 林大雅さんの作品は、あえて切り立った崖を敷地に選び、湖に対峙しながら、住居と自然ががっぷり四つに組み合うような、ダイナミックな設計案となっています。ポイントは、「湖畔のそばの平地に、穏やかに建つ別荘」という既存のイメージから離れて、自然と建築との境界概念を自分なりに読み換えている点です。懸造りをより先鋭化させたようなこの作品は、荒削りですが、新しい建築をつくろうとする挑戦の意欲が評価されました。（南 泰裕 教授）

国士舘大学 理工学部 理工学科 建築学系 ― 林 大雅

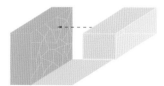

自然物（崖）の中に人工物（建築）を
埋め込む

▼

別荘特有の現実離れした空間が生ま
れる

▼

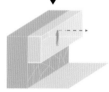

大きなガラス窓を設けて視線の意識
を外に向けさせる

▼

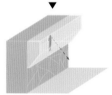

斜めに切断し、水面にも視線を集める

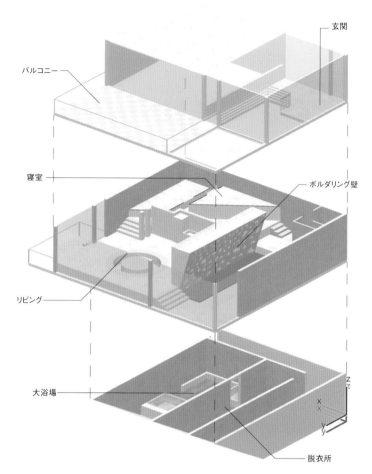

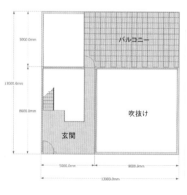

1階平面図

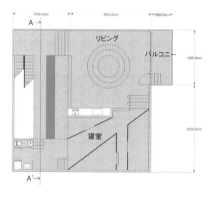

地下1階平面図

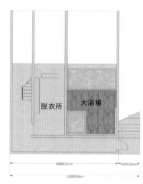

地下2階平面図

| 審査員コメント | 湖畔を敷地にする際に、普通は緩やかな場所を選びそうなところを、本案では崖を敷地に選んでおり、自然と対峙する建築を召喚したということが力強くて良いと思いました。その建築の力強さを表現していくうえで、屋上テラスの千鳥状の床パ | ターン表現や、室内ボルダリング壁の表現の派手さが、若干悪目立ちしている印象です。その他にもやや過剰な部分もあるので、案の本質を語るときのテクニックとして、余計な過剰さを調整するバランス感覚を手に入れるとさらに良くなると思います。（賓神尚史） |

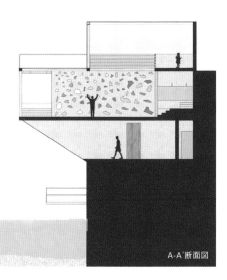

A-A'断面図

国士舘大学 理工学部 理工学科 建築学系
2年生／設計スタジオⅠ・第2課題／ 2018年度

湖畔に建つ＜シェア別荘＞

出題教員：南 泰裕・伊藤潤一・須川哲也・鈴木丈晴・高階澄人・吉本大史

指導教員：南 泰裕・吉本大史

湖のそばに、3つの世帯が共同所有する＜シェア別荘＞を設計せよ。
住宅は、建築の基本形のひとつである。その中でも別荘は、住宅の自由な一形態として、つねに一定の需要がある。一方で、近年は空き家問題や民泊、シェア・ハウスの増加等が社会的なテーマとなっており、そうしたなかで、従来型の別荘の概念も変わりつつあるとも言える。
そこで、異なる3世帯のイメージを自ら組み立てながら、新しい時代に相応しい＜シェア別荘＞をデザインして欲しい。
敷地は、各自で自由に想定してよい。設計条件以外はすべて自由。

1. 設計条件
○異なる3世帯が所有し、利用する＜シェア別荘＞を設計する
○敷地　湖畔を各自で想定する。敷地面積、場所等はすべて自由
○延床面積　200㎡〜300㎡
○所用室　3世帯の家族構成と居室、および使い方について、自由に考える
○自分なりのストーリーをつくること
○駐車場　3台分
○駐車スペース　6台分
○高さおよび規模　10m以下、かつ3階建て以下。屋上・地下などをつくってもよい

2. 提出物
○配置図1/100
○各階平面図1/50
○各階断面図1/50
○立面図1/50（2面）
○内観パース（1箇所）
○説明文（400字以内）
○模型1/50
※図面はすべて手描きとする。配置図、立面図は着彩し、陰影をつける。これらをA2×6枚以内の図面にまとめる

1階バルコニー
景色を一望できる広々としたバルコニー。第2のリビングとして活用することができ、晴れた日には外で食事をする

地下1階階段前
日当たりが良く、外にいるかのような開放感を味わいながら室内でボルダリングをすることができる

地下1階バルコニー
崖を使い、クライミングを行う。バルコニーからその様子をうかがうことができ、外と中のつながりを意識させる

駒沢女子大学
Komazawa Women's University

人文学部 住空間デザイン学科 建築デザインコース

3年生／建築デザインⅠ・課題②／ 2019年度

ダガヤサンドウに住むとしたら

出題教員コメント 人が集まって住む場をつくること、それは地域に新たな関係を生み出すことになります。今回の課題は、多彩な文化施設が点在する住宅地に個性豊かな専門店が次々にオープンして注目を集めている「ダガヤサンドウ」に敷地を設定し、10戸の集合住宅を計画します。周辺環境を読み解く力をつけ、内と外のつながりを意識することをふまえて、集まって住むことにより生まれる価値や魅力を考えることをテーマとしています。（茂木弥生子 准教授）

駒沢女子大学 人文学部
住空間デザイン学科
建築デザインコース 3年 （当年度課題）

大村 香菜子
Ohmura Kanako

くらすテラス

- -

設計趣旨 ダガヤサンドウは住宅街のイメージがある場所だが、近年は個性的な専門店ができるなど、変化のある街だと感じた。では、現代の暮らしの変化とは何か。生活と仕事の境目は曖昧になり、住人同士の距離感は遠くなっていると考えた。ダガヤサンドウでの暮らしの中に開放的なワークスペースを設け、そこから住人同士の生活が垣間見えることで暮らしや街の変化を感じる集合住宅を計画した。

指導教員コメント 敷地は都心のダガヤサンドウエリアです。比較的、高収入の若い世代が住人です。学生の提案した3階建て住居ユニットの特徴は2階が「外部空間」となっています。各ユニットは階段状にした敷地と路地空間に配置され、住人同士の視線の変化を図っています。路地空間や視線の交錯のおもしろさとともに、将来にわたっての2層目の「外部空間」のさまざまな使われ方がこの集住の風景を魅力的にするであろうことが高く評価されました。（太田清一 教授）

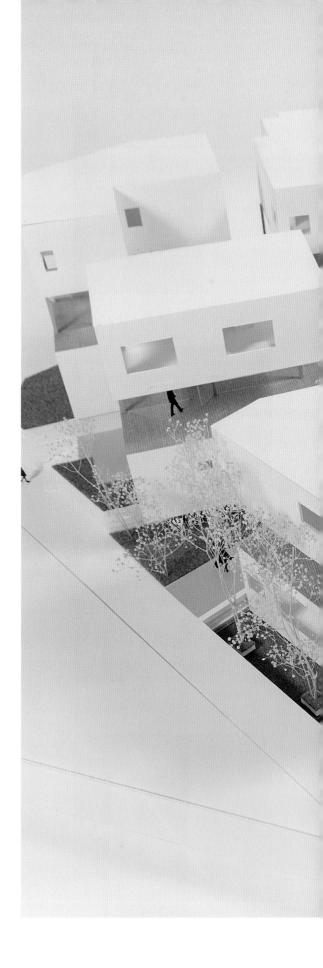

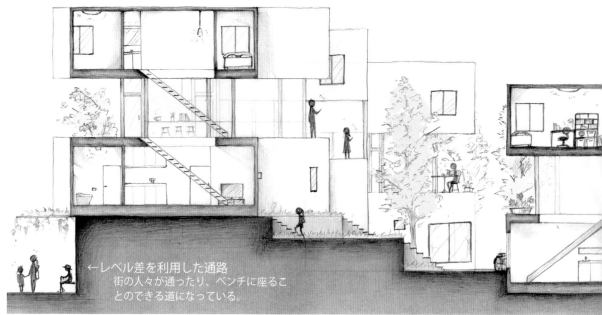

←レベル差を利用した通路
街の人々が通ったり、ベンチに座ることのできる道になっている。

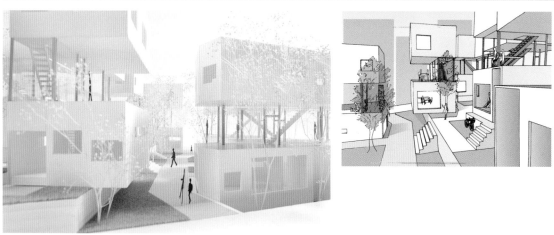

Diagram

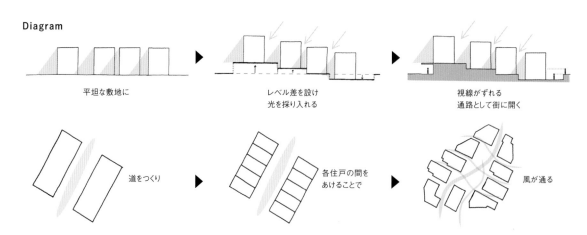

平坦な敷地に

レベル差を設け
光を採り入れる

視線がずれる
通路として街に開く

道をつくり

各住戸の間を
あけることで

風が通る

審査員コメント	通常は画一的になりそうな10戸程度の開発ですが、2階部分を3階に上げてテラス空間を挟み込むという単純な操作だけで、これまでと全く違う新しい風景や場所をつくり出しているおもしろい提案です。さらに、アプローチや庭などの外部のレベルも変化させていくことで、視線や光や風が立体的に交錯する気持ちのよい空間が創出されています。（吉野 弘）

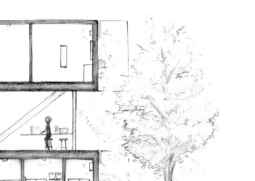

A-A' 断面図

駒沢女子大学 人文学部 住空間デザイン学科 建築デザインコース
3年生／建築デザインⅠ・課題②／2019年度

ダガヤサンドウに住むとしたら

出題教員：太田清一・茂木弥生子

指導教員：太田清一・茂木弥生子

「ダガヤサンドウ」とは渋谷区の千駄ヶ谷と北参道を結ぶエリアのことです。もともとは新宿と原宿・渋谷という巨大な商業エリアに挟まれた静かな住宅地エリアでしたが、最近は個性豊かな専門店が次々にオープンし、若い人から大人たちまで惹きつけています。2020年の東京オリンピックに向け、ますます関心が高まるであろう「ダガヤサンドウ」。「新国立競技場」が完成すると、このエリアはより一層活気の生まれる街になることが想定されます。そこで、今回の課題では「ダガヤサンドウに住むとしたら」を考えます。人が集まって住むことにより新たな価値や関係が生まれ、地域と関わりながら住むことで街の魅力や可能性が広がります。周辺環境に配慮し、内と外とのつながりを考えた10戸の集合住宅を提案してください。ターゲットは外資系やIT企業などで働く高所得者層。このエリアに住むことを選択する人たちがどのような暮らしをするかを考え、集まって住むことの価値を生み出す集合住宅を計画してください。

1. 敷地概要
○東京都渋谷区千駄ヶ谷
○近隣商業地域（建ぺい率：80%、容積率：300%）
○敷地面積　約1,260㎡

2. 設計条件
○外資系やIT企業などで働く高所得層者（家族構成は各自で設定する）をターゲットとする
○住戸数は10戸。各住戸の面積は90〜120㎡前後とすること
○周辺環境に配慮し、内と外とのつながりを考えた計画とすること
○駐車スペースは計画に応じて適宜設定してよい
○駐輪場、ゴミ捨て場を計画すること
○敷地境界より最低50cm以上セットバックすること

3. 最終提出物
○タイトル
○設計主旨（文字とダイアグラム等の図で分かりやすく表現する）
○名前
○配置図（縮尺は各自設定、敷地周辺も表現すること、計画建物は屋根伏図で表現すること）
○平面図1/100（1階平面図には敷地境界線と外構を記載すること）
○立面図1/100（2面以上）
○断面図1/100（1面）
○部分断面図1/50（1面以上）
○スケッチ（2つ以上、手描きでもCGでも可）、
○模型写真
※以上をプレゼンボードA1サイズ2〜3枚にレイアウトする
○模型1/100

2階平面図

1階平面図

芝浦工業大学
Shibaura Institute of Technology
建築学部 建築学科 APコース

2年生／建築スタジオ演習2・課題II ／ 2019年度

シェアのハウス

出題教員コメント
江東区清澄公園と運河に挟まれた、間口が大きく奥行きの浅い敷地に地域に開かれたサービスと14 〜 20名の男女が住むシェアハウスを設計する課題です。「シェア」は現代社会の重要なキーワードのひとつです。居住者同士、あるいは地域の住民や、来訪者と、何をシェアし、何はシェアせずに暮らすのか。プライバシーの確保と、居心地の良さはどのように調整されるべきか。相反する条件を解決することを学んで欲しいと考えています。（山代 悟 教授）

芝浦工業大学
建築学部 建築学科 APコース 2年
（当年度課題）

塚越 果央
Tsukakoshi Kao

ひきこ森

設計趣旨 近年問題となっている中高年層の引きこもり者は、今後一層の社会的・経済的孤立が予想され、その解決には、集団生活を通じ社会への帰属意識の向上が必要である。そこで、中高年層の引きこもり者の段階的な社会復帰を目的とし、職業訓練施設を備えたシェアハウスを提案する。ここでは機能的・空間的不安定の中で初動を与え、自ら選択していくことで社会と接続されてゆく住環境を計画した。

指導教員コメント
この作品は中高年の引きこもりとシェアハウスという、一見相反するテーマですまいの在り方を模索しています。この社会的な問題に対して、共同生活の中で個と他者とのつながりを段階的な領域を拡張できる空間構成とともに、大きなフレームの中に個人の居場所となるスキマを計画しています。提案が単なる空間図式に陥ることなく、リアルな生活の場とは何かを追求する塚越さんの姿勢は大変好ましく、今後の作品にも期待しています。（谷口大造 教授）

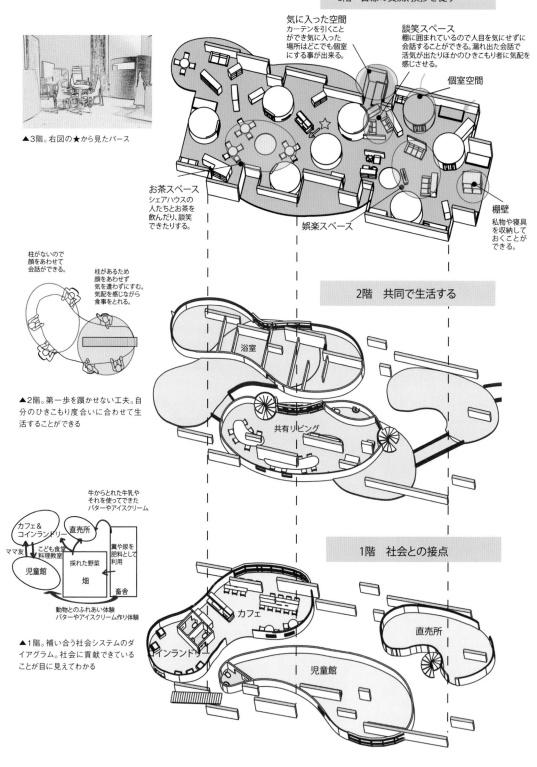

3階　目線の交流、挨拶を促す

気に入った空間
カーテンを引くことができ気に入った場所はどこでも個室にする事が出来る。

談笑スペース
棚に囲まれているので人目を気にせずに会話することができる。漏れ出た会話で活気が出たりほかのひきこもり者に気配を感じさせる。

個室空間

棚壁
私物や寝具を収納しておくことができる。

娯楽スペース

お茶スペース
シェアハウスの人たちとお茶を飲んだり、談笑できたりする。

▲3階。右図の★から見たパース

柱がないので顔をあわせて会話ができる。

柱があるため顔をあわせず気を遣わずにすむ。気配を感じながら食事をとれる。

▲2階。第一歩を躓かせない工夫。自分のひきこもり度合いに合わせて生活することができる

2階　共同で生活する

浴室

共有リビング

牛からとれた牛乳やそれを使ってできたバターやアイスクリーム

カフェ＆コインランドリー
直売所

ママ友
こども食堂料理教室
採れた野菜
糞や尿を肥料として利用

児童館
畑
畜舎

動物とのふれあい体験
バターやアイスクリーム作り体験

▲1階。補い合う社会システムのダイアグラム。社会に貢献できていることが目に見えてわかる

1階　社会との接点

カフェ

直売所

コインランドリー

児童館

審査員コメント

引きこもりがテーマの作品です。大型のフレームがある中にやわらかい曲面が入り込み、カチッとした部分とやわらかい部分が混在しており、社会的問題である中高年の引きこもりという状況に対して、空間的不安定さといっ

た建築の構成で打開策を見つけられるのではないかという意欲的な取り組み。隙間やズレから何かしらが出会うような環境をつくっており、空間構成だけで社会問題の解決は難しいとは思いますが、そこに真面目に取り組んでいます。（加茂紀和子）

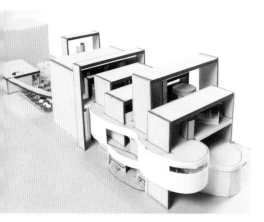

芝浦工業大学 建築学部 建築学科 APコース
2年生／建築スタジオ演習2・課題Ⅱ／2019年度

シェアのハウス

出題教員：山代 悟

指導教員：谷口大造

「シェア」は現代社会のキーワードのひとつである。居住者同士、あるいは地域の住民や、観光客と何をシェアし、何はシェアせずに暮らすのか。プライバシーの確保と、居心地の良さはどのように調整されるべきか。

敷地は、江東区清澄公園と運河に挟まれると同時に、二方は隣接する建物に挟まれている。このような敷地のなかで、どのような人の流れ、視線の交換ができるか、考えてみて欲しい。

1. 設計条件

○敷地：東京都江東区清澄（敷地面積 約663㎡、13m×51m、準工業地域〈第2種特別工業地域〉、建ぺい率60%〈今回は80%で設定〉、容積率300%、第三種高度地区、準防火地域、日影規制あり〈今回は第三種高度地区以降の3項目は考慮しない〉）
○用途 シェアハウス、まちにも開けるラウンジ
○延床面積 450～550㎡程度
○構造 鉄骨造（各自の設定による）、2階もしくは3階建て（地下は不可）
○所要各室（各諸室の床面積は各自で設定すること）
・シェアハウス個室 男女あわせて14～20名の利用。男女の比は自由だが、男女一方のみは不可。ベッド、個人の収納など
・リビング 男女で分ける必要はないが2箇所以上設置。キッチンを備えたものもつくること
・シャワールーム 2箇所以上設置。バスタブのある浴室も可
・トイレ 男女トイレ各2以上
・共用倉庫 備品などを収納
※以上を居住者専用ゾーンに設置

・ラウンジ 居住者外にも開けること。キッチンなどの提案も可
・コインランドリー 居住者外も利用
・駐輪場 屋外でも可。20台
・屋外用倉庫 備品などを収納
・外構計画 建物内外の総合的な利用を考慮し、全体的に計画・デザインし、表現すること
・その他必要な設備・備品・家具（テーブル・いす、家具など）を配置する

2. 提出物

○配置図1/200（1面、敷地周辺の分析、屋根伏せ、建物の陰影、外構計画〈植栽、仕上げなどを表現する〉）
○各階平面図1/100（1階平面図には外構も表現する）
○立面図1/100（各2面）
○断面図1/100（各2面）
○模型写真（1面以上）
○透視図（1面以上）
○設計主旨（タイトル＋200字程度、空間構成をダイアグラムで表現する）
※以上をA2サイズ2枚以上のプレゼンパネルにまとめる。すべての図面は手描きとし、きれいにレイアウトして仕上げること
○模型1/100（敷地全体と周辺を含む）

フラットな世界にする

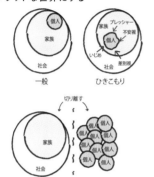

一般 ひきこもり

プレッシャー、ひきこもりという偏見からの解放。一個人としてスタートできる

帰属意識をシェア

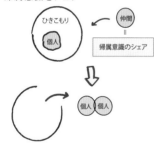

同じような立場の人なので共感しやすく、劣等感をかんじづらい

断面からわかる更生システム

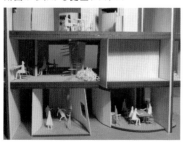

個室空間、共有空間、社会空間と、段階的に自分の空間を広げていけるように積み上げた

※芝浦工業大学 工学部 建築学科（現在は3コースに再編）の課題出題教員インタビューは本書バックナンバー「JUTAKUKADAI06」P.238を参照（郷田修身「様々に変化する生活シーンを考えた住宅」）

芝浦工業大学
Shibaura Institute of Technology
建築学部 建築学科 SAコース

2年生／空間デザイン演習3／2018年度

地域を"あげる"集合住宅
〜コンテクストを質へ転換する〜

出題教員コメント これまで特に商品としての集合住宅は土地の魅力（ブランド）に依存するようにしてその価値を謳ってきました。しかし、それらの多くは既存の魅力に頼るばかりで、それを高めることには寄与してこなかったし、むしろその価値を消費し、結果的に減じる存在であったことは反省すべき事実です。この課題では、存続が危ぶまれながらも捨て難い魅力を持つ「江東区佃」を敷地とし、これまでとは逆に、その価値を「上げる」集合住宅の提案を求めます。（原田真宏 教授）

芝浦工業大学
建築学部 建築学科 SAコース 3年
（課題時は2年）

小竹 隼人
Kotake Hayato

町の場所から町の居場所へ

設計趣旨 佃には道や川の交点に人々が関わる居場所がある。また、かつては空地や玄関先など機能を足したり引いたりすることで居場所となる空間も多く存在してきた。この集合住宅には町にあったような大小の居場所が含まれている。この居場所が触発することで、やがて佃の町全体に小さな居場所が再生されていく。人の多様性を利用し関わりを生むこの建築は最短距離を求める現代において、かつての佃に見られたような集団で暮らす意味を見出す。

指導教員コメント 東京では数少ない、路地にあふれた植木鉢や腰掛けのある生活風景は今も学生を刺激するようです。それを単なるアイコンとしてではなく、魅力を再解釈して空間化しようとする試みであり、佃という都心に残された特異なスケールを持った環境からの発見的提案であることが評価されました。まとわりつく回廊が、風の道や緑地帯になるなど、既存の密集市街地における劣悪環境を改善する提案にも発展できそうです。（羽渕雅己 非常勤講師）

3F

Diagram

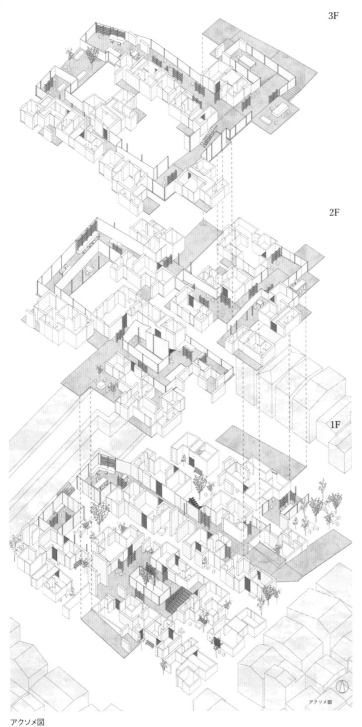

アクソメ図

路地の軸線と川の動線を引き込み、まちとの連続性を持たせ、集合住宅内の居場所がモデルケースのように広がっていく

▼

2F

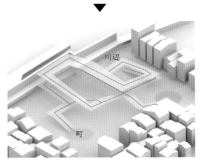

まち、神社、川辺の関わりの場からスロープで集合住宅につなげる。下は路地の軸線に合わせ、スロープを上ると川の軸線へ変化する

▼

1F

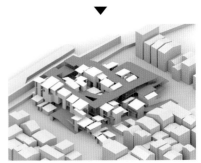

住居を路地の軸線に合わせながら配置する。上下階や左右の住居との間に生まれた空地がまちの新しい居場所となる

審査員コメント　ドローイングが非常にきれいな点は評価すべき点です。コミュニティのために路地をプロジェクトとして構成する人は多いですが、模型を見ると、ほとんどの路地は車が通れそうな幅で肥大化しており、住空間が徐々に小さくなって｜路地のようなものが生活の主体になるのではという想像をさせ、ある種、価値観の反転のようなものがこの作品の中で見られます。ただ、小さな路地も存在し、その小さな路地とのバランスが読みづらいと思いました。（田井幹夫）

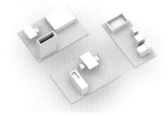

機能ごとに分けて配置する。機能の間には外と同じ「道」が生まれる

▼

機能の間をつなげることで道とフェアな室内の一部となる

▼

道に住居の延長として使える棚を置くことで、室内の行動が外へ滲み出し、道に居場所ができる

芝浦工業大学 建築学部 建築学科 SAコース
2年生／空間デザイン演習3／ 2018年度

地域を"あげる"集合住宅
～コンテクストを質へ転換する～

出題教員：原田真宏

指導教員：羽渕雅己

これまで、特に商品としての集合住宅は土地の魅力（ブランド）に依存するようにして、その価値をうたってきた（例えば「洗練の南青山に生まれる35邸」「歴史文化薫る文京区本郷。品格の85邸」などのマンションポエムに現れるように）。しかし、それらの多くは既存の土地の魅力に頼るばかりで、それを高めることには寄与して来なかったし、むしろ、景観の中に巨大なボリュームとして立ち現れ、コミュニティと未接合な大集団が突如出現するなど、多くの場合において土地の価値や魅力を壊す元凶であったことは改めて指摘するまでもない。地域ブランド依存型の集合住宅が無数に都市に建設されることで、依存すべき魅力的な土地そのものが、東京から駆逐されてしまった感さえある。

そこで今回は土地の魅力に"ぶら下がる"のではなく、反対に土地の魅力を"あげる"集合住宅を提案してもらいたい（自ら土地の魅力をあげる集合住宅は、当然、そのあがった地域力から販売上の恩恵を受けることにもなる）。

敷地は佃。特徴的な路地空間や歴史的な寺社や祭事、隅田川のウォーターフロント、周辺の超高層マンション群など、複雑なコンテクストの入り混じった地域である。これらをよく読み取り、新しい集合住宅、および、それを含めた地域の"質"へと変換してもらいたい。

集合住宅内部での生活はもちろん、外部の都市空間での日常経験までもが豊かになるような設計提案を求める。

1. 設計条件
○敷地　　　　　東京都中央区佃
○敷地面積　　　2,837㎡
○用途地域　　　第2種住居地域（4階以上は住宅）
○建ぺい率　　　80%
○容積率　　　　400%（150%程度の容積率を確保すること）
○住戸数及び規模　36戸以上（住戸規模は、単身者タイプからファミリータイプまで提案者の意図に基づき、自由に設定して良い。賃貸／分譲の別は各自で設定すること）
○駐車場台数　　18台以上
※住機能以外にも、提案者の意図の実現に必要であれば、集会室や共用ラウンジなどの集合住宅の付属機能や、商業や飲食、デイケアセンター、SOHO等の他用途を導入しても良い

2. その他条件・注意
○敷地周辺は複数の都市的なコンテクストが入り交じった地域である
○どのコンテクストを生かし、どれを捨象するかは設計者の意図に任せるが、周囲とのデザイン的な応答は「質」を主題とした場合、重要な設計条件となるだろう
○集合化によって生まれる外部のパブリックスペース、および、住戸ユニット内の環境の質は集合住宅の根本的な目的として認識し、積極的に提案すること
○敷地は現在住んでいる方々が居り、現地調査をする際には、当然、居住者への配慮をすること

3. 提出図面
○配置図1/200～1/500（敷地周辺を描き込むこと）
○各階平面図1/100～1/200（1階平面図は、道路、敷地、外構計画を含むこと）
○代表的な住戸ユニットの平面詳細1/50
○立面図1/100～1/200（東・西・南・北、各面）
○断面図1/100～1/200（長手・短手、最低各一断面）
○外観パースまたは外観模型写真
○内観パースまたは内観模型写真
○コンセプト文（600字以内）
○諸元（階数、構造形式、住戸数、延べ床面積、建築面積、容積率、建ぺい率）
○その他、説明に必要なもの（ダイアグラム、サーベイデータなど）
※以上をA1（W594×H841、片面使い）3枚以上にまとめ、Wクリップで左端を綴じ、提出すること。また表現方法（CAD/CG**/ 手描き/ 模型写真etc）は自由（**CG はワイヤーフレームのみは不可とする）

芝浦工業大学
Shibaura Institute of Technology
建築学部 建築学科 UAコース

3年生／都市建築デザイン演習4／2019年度

辰巳の30戸集合住宅
断面で設計する

出題教員コメント　敷地は緑の豊かな公共空間がある都営辰巳一丁目団地で、基本は1世帯4人、時代の変化を考慮し外国人やカップル、単身世帯など多様な世帯像を想定します。これからの社会において集まって住むことの意味を再考した「つながりをデザインする集合住宅」の課題です。また、集合住宅は都市の景観をつくり出す重要な要素で、それを断面からスタディすることで、これまでの片廊下、バルコニーあるいは高層化による単純な都市景観を見直します。（赤堀 忍 教授）

芝浦工業大学
建築学部 建築学科 UAコース 3年
（当年度課題）

中西 真菜
Nakanishi Mana

間が生み出すつながり

設計趣旨　まず、敷地が辰巳の中心に位置することから、住民以外にとってもシンボル的な住宅にすることで辰巳全体の「集」う場所になり、また、集合住宅において発生するオープンスペースをさまざまな箇所に「散」らすことで公共性を弱め、住民が活用しやすくした。さらに、住民の多様なライフスタイルに合わせ1住戸のかたちをワンパターン化しないことで、自分だけの住宅を「選」ぶことができるようにした。

指導教員コメント　本作品は集合住宅におけるさまざまな領域において、住まう人々が異なる関係性を紡ぎ、集まって住まうことの豊かさを自由に形成していける計画である点が注目に値します。鉛直方向に住戸をつなぐ空中庭園、各住戸への共用アプローチ、コモンの象徴としての基壇といった構成は、住まいにおける社会性がもたらす豊かさを住空間としての豊かさに昇華することに成功しており、これからの都市居住を問い直す力作として高く評価されるものです。（田名後康明 非常勤講師）

Concept

〜集う〜

1階全体を住民以外も利用可能な
コミュニティ施設として開放。

⇩

辰巳という土地にとって集う場所になる。
また、共働きの親も安心して子供を
1階の施設で遊ばせることができる。

〜散らす〜

広大なパブリックスペースは
公共性が強すぎて住民が活用しきれない。

⇩

住戸ブロックをずらすことで、
小さいパブリックスペースを建物内に散らば
せることで専用性が高まり活用できる。

〜選ぶ〜

住民それぞれの多様なライフスタイルに
合った住戸プランを提供したい。

⇩

メゾネットタイプで住戸を重ねることで、
高さ・方角・開口部だけでなく、
間取りの自由度も増す。

Diagram

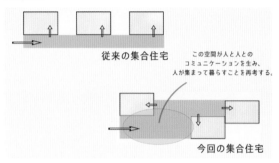

従来の集合住宅

この空間が人と人との
コミュニケーションを生み、
人が集まって暮らすことを再考する。

今回の集合住宅

① 20㎡の正方形ブロック（高さ3m）を
1ユニットとし組み合わせる

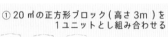

② ユニットによって組み立てられた各住戸を積み重ねる

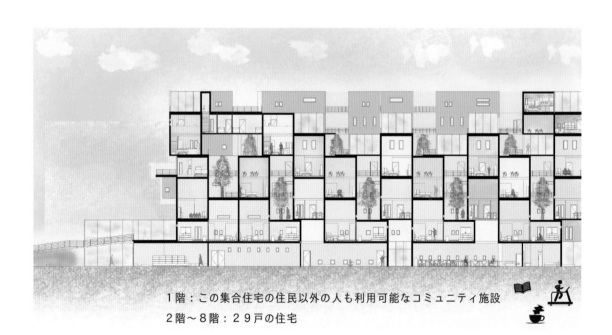

1階：この集合住宅の住民以外の人も利用可能なコミュニティ施設
2階〜8階：29戸の住宅

審査員
コメント

設計趣旨に「住民以外にとってもシンボル的な住宅にする」というコメントがありますが、ここで大切にしたいのは「こと」の部分のシンボル性であるようです。その「こと」とは「集う」「散らす」「選ぶ」という3つの提案に集約されるのだと思いますが、なかでも「散らす」という提案に新鮮な感覚を覚えました。パブリックスペースの公共性を敢えて弱めて、わざと専有性を高めることで、真に使いやすいパブリックスペースを使うという提案であり、そこに大きな可能性を感じました。（實神尚史）

80 ㎡ Room & 16 ㎡ Balcony Plan
～4人用住戸～

7階平面図

6階平面図

上の階が子供部屋
になっており吹き抜け
を介してリビングとつ
ながっている

60 ㎡ Room & 12 ㎡ Balcony Plan
～2人用住戸～

3階平面図

2階平面図

吹き抜けを設けることで
2人用の60㎡に開放的
なリビングが取り入れら
れる

芝浦工業大学 建築学部 建築学科 UAコース
3年生／都市建築デザイン演習4／2019年度

辰巳の30戸集合住宅 断面で設計する

出題教員：赤堀 忍

指導教員：田名後康明

都営辰巳一丁目団地は、東京メトロ有楽町線辰巳駅に近接して立地する総戸数3,326戸の大規模団地である。本団地は、1967～1969年に建設され、築後40余年を経て建物および設備の老朽化が進行している。そのため、15年（2012年度から2027年度）かけて、既存の都営住宅（60棟、2,087戸）を除去した用地に、新たに都営住宅（12棟、2,950戸）を建て替え、併せて付帯施設の整備を行う計画が進行している。

東京都の平均世帯構成人数は1.9人となっており、住まいの在りようは建設当時から変化している。都営辰巳一丁目団地は3K（47sqm）を基本とし、夫婦＋子ども2人で構成される世帯像を想定して計画されたが、本課題では時代の変化を考慮し外国人世帯やカップル世帯、単身世帯など多様な世帯像を想定し、これからの社会において集まって住むことの意味を再考した「つながりをデザインする集合住宅」を設計する。

1. 達成目標
集合住宅の住戸平面を短期間でまとめ、図面で表現することを第一とする。現代の都心型集合住宅の課題を十分に読み取りながら、建築にまとめあげていくことを習得する。

2. 敷地
○東京都江東区辰巳
○敷地面積　2,600㎡
○建ぺい率　60%
○容積　　　300%
○最高高さ　40.5m

3. プログラム
○集合住宅、共有コミュニティ空間（地上4階～14階程度、地下使用不可）
・集合住宅（専用住戸部分および共用部分）
　5人用シェアアパート　100㎡＋20㎡バルコニー　3戸程度
　4人家族用　80㎡＋16㎡バルコニー　15戸程度
　2人用　60㎡＋12㎡バルコニー　12戸程度
・コミュニティ空間（150㎡以上）
　※各所要面積は10%まで増減可能

4. 提出物
○配置図1/200（植栽・外構仕上げなど、周辺環境を表現）
○各階平面図1/100
○住戸プラン1/50
○断面図1/100
○立面図1/100
○外観パース
○内観パース
　※図面はA1サイズにまとめる。縮尺は表現上必要があれば変更可能
○全体模型1/200
○そのほかコンセプトを表すもの

首都大学東京
（現、東京都立大学）
Tokyo Metropolitan University
都市環境学部 都市環境学科 建築都市コース

3年生／建築デザインⅠ／2019年度

名作から考える

出題教員コメント 本課題は、「名作住宅」を一点、学生が自ら選定し、そのエッセンスを取り出し、設計に応用するものです。富士輝さんは、内藤廣自邸を取り上げ、壁がつくる分断と接続を再解釈し、新たな住宅へと昇華させました。壁が縦横無尽に噛み合う構成は、表面的には全く異なるものでありながら、分断と接続を立体的に行ったものです。自分自身でじっくり悩み考えた努力がかたちになっており、大変素晴らしい作品だと思います。（猪熊 純 助教）

首都大学東京（現、東京都立大学）
都市環境学部 都市環境学科
建築都市コース 3年（当年度課題）

富士 輝
Fuji Akira

へだててつながる 〜居室から居場所へ〜

設計趣旨 壁は空間をへだてるためのツールと考えられがちだが、参照した"共生住居"から壁を操作し立てることで空間をへだてつつ、つなげることができるという仮説を抽出した。また、敷地は魅力ある緑道に面する角地だが、完全に開くことはできない。そこで本提案では、空間や周辺環境を壁によって"へだててつながる"住宅を提案する。

指導教員コメント 名作住宅の図面や写真を観察し、そこから自分なりの仮説を抽出して、それをスタートとする設計課題で、壁が空間をつなげることもあるのではという仮説から始めた案です。アーカイブの溢れた世界では、ゴールを想定することは簡単なことかもしれませんが、彼はそれをせず、いつまでも壁と格闘して新しい建築の可能性を探求し続けました。そうして得たものは完成度の評価よりもずっと尊い彼の資産に今後なっていくだろうと思います。（富永大毅 非常勤講師）

首都大学東京（現、東京都立大学）都市環境学部 都市環境学科 建築都市コース ─ 富士 輝

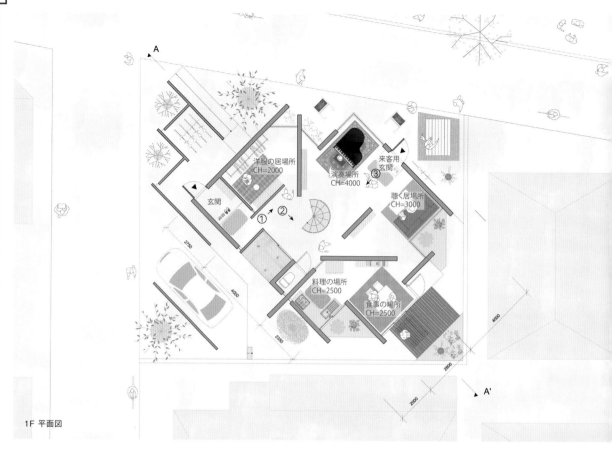

A

A'

料理の場所
CH=2500

食事の場所
CH=2500

洋服の居場所
CH=2000

演奏場所
CH=4000

聴く居場所
CH=3000

来客用
玄関

玄関

① ②

③

1F 平面図

Analysis　壁の性質の再考

△ 結合壁

空間を結合壁で閉じ込めると、壁の方向性が崩れる

○ 独立壁

壁と向かい合う方向は隔てるが、沿う方向にはつなげる性質を持つ

Propose　住宅のあり方の再考

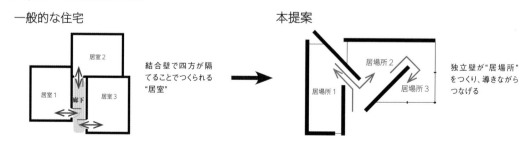

一般的な住宅

居室2

居室1　廊下　居室3

結合壁で四方が隔てることでつくられる"居室"

本提案

居場所2

居場所1

居場所3

独立壁が"居場所"をつくり、導きながらつなげる

審査員コメント　名作から考えるということで、内藤廣さんの住宅をもとに共生住宅を、自分なりに読み解いて再構成した提案です。壁という要素に着目していろいろな場がつくり出されています。壁の角度を振り視線を外に流していくという操作が、内部空間に広がりを生み、また過密な都市的な敷地条件のなかでも、借景や光を享受して、心地の良い抜け感を演出しています。（吉野 弘）

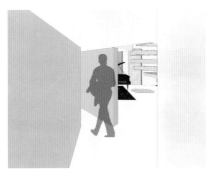

洋服の居場所へと導く壁

食事の場所へと導く壁

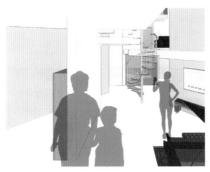

これらの壁は来客用玄関から見ると、隔てる壁となる

首都大学東京（現、東京都立大学）都市環境学部 都市環境学科 建築都市コース
3年生／建築デザインⅠ／2019年度

名作から考える

出題教員：吉田昌平・富永大毅・宮内義孝・猪熊 純

指導教員：富永大毅

建築は、新築であっても、実はゼロからつくるものではありません。構造や
工法や環境は、先人が培った知恵を積み重ねて今の技術が成立しています。
これは、技術に限ったことではありません。人が過ごす空間づくりにおいて、
構成・形・寸法・素材・肌理などの空間を決定するあらゆる要素の扱いに
ついても、私たちは先人たちの取り組みを参照し、学び、改変し、自分たち
の設計に取り入れてゆきます。建築とは、先人たちがつくり上げた歴史に私
たち一人ひとりが接木をするような営みとも言えます。
今回の課題は、こうした視点から設計を試みます。まず行うことは、名作住
宅の読み込みです。図面や写真をできる限り多く集め、その作品から学ぶべ
きことを探してください。作家本人や批評家などによるテキストはなるべく無
視してください。写真や図面をじっくり読み込むことによって見えてくる、そ
の作品における自分が思うエッセンスを見つけてください。大きな構成につ
いてでも、細かな素材の扱いについてでも、推察される設計の手順や手癖
のようなものでもなんでも構いません。あるいはそうしたエッセンスをどう統合
しているのか、ということこそが、最大の学びになるかもしれません。最初
のエスキスの前には各自が観察したことを自分の言葉で発表してもらいます。
設計は、そのうえで行います。敷地や家族設定など、参照作品とは異なる
要素ばかりなので、直接アイデアを盗むことはできません。真似ではない、
ということです。学んだことを、今回の計画ならではのものに転換し、みな
さんの設計として落とし込んでください。結果としては、たくさんの学びを得
ながらも、一見全く違うものに進化することも多いと思います。

1. リサーチ
各々が取り組みたいものを選ぶこと。人数の調整はしなくて良い。写真だけでなく、図面を分析
する。A2用紙横使い数枚に、観察した内容を記載し、自分なりの仮説を発表する。図面そのも
のは雑誌などの拡大コピーでも良いが、注目した点がわかるように色を塗ったり家具や人を書き
加えたりといった工夫を行うこと。配置や構成だけではなく、寸法や面積やディティールなどでも
良い。
<名作10選>
● 坂本一成 HOUSE F ● ル・コルビュジエ ショーダン邸
● アドルフ・ロース ミュラー邸 ● レム・コールハース ダラヴァ邸
● 西沢立衛 森山邸 ● 内藤廣 住居No.1 共生住居（自邸）
● ルイス・バラガン ルイス・バラガン邸 ● ジェフリー・バワ No.11自邸
● H&deM ゲーツギャラリー ● 島田陽 川西の住居

2. 設計条件
○家族想定　両親と子供2人。趣味や仕事などは適宜想定して良い
○計画条件　駐車場を1台分設ける。面積に対する制限は無いが、敷地や周辺環境を生かし
きった設計を心がけること
○住宅を地域に開く、現代の家族の在り方を問うなど、各自テーマを設定しても良い

3. スタディ・エスキスの進め方
○模型はエスキスごとに最低3つつくる。エスキスが終わっても捨てないこと。きちんと自立する
材料でつくること
○カルテノートとしてA4白紙のノートを用意し、考えたこと・スケッチ・図面と、それを書き込んだ日
付を描くこと。エスキス時には、縮尺のわかる図面を描くこと
○図面が大きい場合やトレーシングペーパーなどで描いた場合は、カルテノートに貼ること
○「なぜ、このように設計をしたか」答えられるようにすること
※これらのルールは、「つくる→発見する→考える→つくる……」という設計のプロセスを、課題
を通して身につけ、実践するため。

4. 最終提出物
○配置図1/200
○各階平面図1/50
○断面図1/50（2枚）
○立面図1/50
○矩計図1/20
※以上をプレゼンA1用紙横使い数枚にまとめる（無駄に多すぎないこと。枚数は採点に関係あ
りません）。その他に設計意図を伝えるためのダイヤグラム・図面・パース・模型写真は適宜
○カルテノート
○模型1/50（周囲の敷地もつくる）

昭和女子大学
Showa Women's University

生活科学部 環境デザイン学科
建築・インテリアデザインコース

3年生／設計製図II・課題1／2019年度

「商店長屋」―商店街に暮らす―

出題教員コメント
大学近隣に古くからあり今日でも人通りの絶えない三軒茶屋「栄通り商店街」。暮らしと商いの混在するこの場所の魅力を深く読み込み、「長屋」という課題条件を満たしつつ、新たな建築の形式に再解釈した力強い案となっています。昭和レトロな商店街の角地に投じられた一石は、この場所のさらなる可能性を引き出しさらなる活性化を予感させます。
（杉浦久子 教授）

田井賞

昭和女子大学
生活科学部 環境デザイン学科
建築・インテリアデザインコース 3年
（当年度課題）

鈴木 彩花
Suzuki Ayaka

ぬけのある長屋

設計趣旨 三軒茶屋にある商店街に建つ商店長屋。立地である商店街は、商店街ならではの専門性と人と人とのつながりが少ない印象であった。そのため、現代を生きる人たちに現代的な商店長屋を提案。長屋と商店街の良さである人とのつながりを1階の商店部分で築き、2階の住居部分では現代的なプライバシーが守られる空間へ。商店街の新しいかたちを未来につなげられるような長屋を提案する。

指導教員コメント
長屋と商店を上下階に分節することで、活気ある商店群と落ち着いた住空間の双方を、一気に実現する提案。V字柱で長屋を宙に浮かし、派生したピロティ空間には、商店を自由に配置できるようになっています。（高橋 堅 非常勤講師）

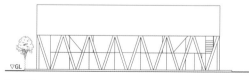

北立面図

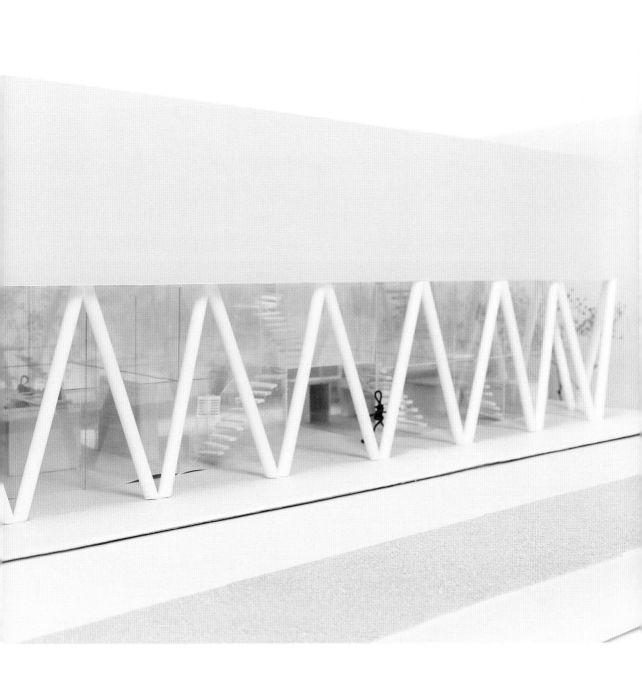

西立面図

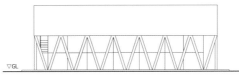
南立面図

東立面図

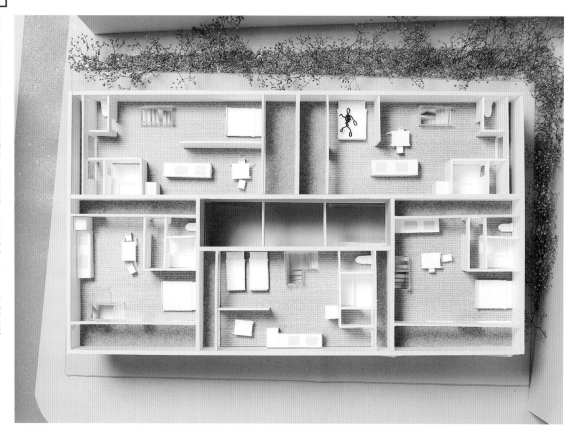

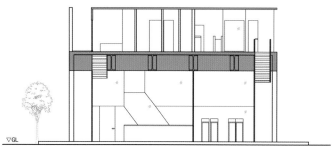

B-B' 断面図

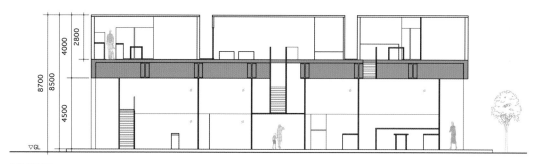

A-A' 断面図

審査員コメント 1階部分がガラス張りの大きな空間に対し、その上の部分は小さな空間の集まりです。外側に対して閉じ、内側に光を持つ集合住宅で、三軒茶屋という敷地の特性を捉えて人が住むかたちを示しています。窓のない外壁は看板になるとのこと。広告収入の裏側に住む、という建築の構成と経済性を一体としたおもしろい提案です。（加茂紀和子）

トラスの下に道ができる

すべての店が見通せる

昭和女子大学 生活科学部 環境デザイン学科 建築・インテリアデザインコース
3年生／設計製図Ⅱ・課題1／ 2019年度

「商店長屋」—商店街に暮らす—

出題教員：高橋 堅・御手洗 龍・森田祥子・杉浦久子

指導教員：高橋 堅

昭和女子大学からすぐ近くにある、栄通り商店街。
三軒茶屋駅近くにあるが、意外に普段は馴染みのないエリアかもしれない
が、古くからの商店街で現在も活性化している。このエリアの一角が今回
の敷地である。あなたが、誰かがここに住むとしたら……商店街という場
所での新たな暮らしを想像し、魅力的な「私たちの長屋」を提案して欲しい。

1. 提出物
○配置図
○平面図
○立面図
○断面図　ほか
※以上をA1サイズにまとめる
○模型（内観、外観の写真かパース）

2. 敷地
栄通り商店街の1ブロック

3. 条件
○長屋（タウンハウス。1区画を長屋形式で設計すること。本人がどこかに入居すること。基本
　的に1棟とする。1戸90㎡程度）
　・長屋：廊下および階段などを共用しないで2戸以上の住宅が、連続または重なっているもの
　・長屋の出入り口：道に面してつくる（ただし、各戸の主要な出入り口から道に通じる敷地内通
　　路幅が2m以上あればよい。この場合、敷地内通路は天空通路とする）
　・長屋の構造：長屋の各戸の界壁の長さは2.7m以上とする
　・長屋の開口：長屋の各戸は、直接外気に接する開口部を2面以上の外壁に設けなければな
　　らない
c.f.　共同住宅：2戸以上の住宅が廊下および階段などを共用しているもの

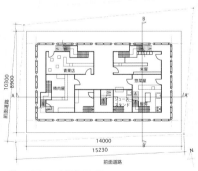

1階平面図および敷地周辺図

2階平面図

※昭和女子大学の課題出題教員インタビューは本書バックナンバー「JUTAKUKADAI05」P.248を
　参照（杉浦久子「私たちの長屋―三宿に暮らす―」）

女子美術大学
Joshibi University of Art and Design
芸術学部 デザイン・工芸学科 環境デザイン専攻

3年生／集合住宅計画・景観デザイン／2018年度

集合住宅計画・景観デザイン

出題教員コメント 当大学の「集合住宅計画」の課題は、3年次最後の実技課題です。11月から12月まで約2ヶ月の期間をかけて実施されており、毎年、30名程度の学生が取り組みます。具体的に現実の敷地を設定し、あらかじめ与えた規模・条件をもとに各自計画を考えます。そして、その成果は、学生有志が自発的に都内などのギャラリーで学外展を開催しており、多くの来場者に講評をいただいております。（飯村和道 教授）

女子美術大学
芸術学部 デザイン・工芸学科
環境デザイン専攻 4年（課題時は3年）

野崎 杏奈
Nozaki Anna

街に編み込まれる集合住宅

設計趣旨 さまざまな世帯が暮らす集合住宅を提案する。敷地中央の通りには図書館や学童・カフェなどの施設を配置し、住民だけでなくまちの人を呼び込むことで、地域で子どもたちを見守り、コミュニティが自然と生まれる場を目指した。施設や住戸を包み広がる帯は屋根や壁となり、プライバシーを保ちつつもつながりを生み、人々の暮らしに関わっていく。時や場合によって多様な表情を見せる集合住宅である。

指導教員コメント 野崎杏奈さんの作品は、敷地全体を意欲的に活用しようとする意図が表現された秀作です。床と屋根を帯状にあたかも編み物のように格子状に連続させることで生まれた内部・半外部・外部空間に、居住のための内部空間や取囲む庭などの外部空間を配置しています。この構成により、敷地全体を連続的に活用しようとする意図が表現されています。居住環境としてのさまざまな機能的課題は未完成な計画ですが、可能性を感じさせる意欲的で魅力的な提案です。
（飯村和道 教授）

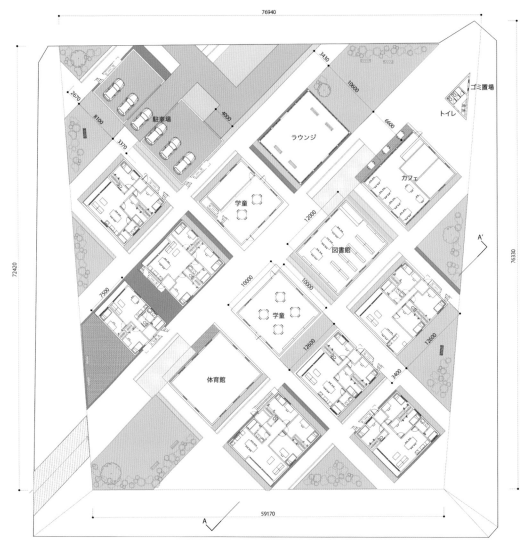

1階平面図

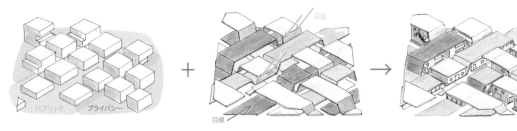

住戸・施設を配置する
中央の通りの両側にはパブリックな施設
通りから奥に入ったところにプライベートな住戸を
配置する

屋根や壁となる帯を配置
東西方向の帯は、プライバシーのために不透明
南北方向の帯は、日光を取り入れるために半透明

帯と帯の間に生まれた空間で暮らす
帯との関係によって玄関やベランダの位置を決定
施設ごとに帯の使い方を工夫する

審査員コメント　住宅街の中で区画に対して対角的に45°振った配置がすごく大胆。この配置自体が、通り抜けやこの区画の違いを促すなど、つまり、集合住宅の全体性を獲得している。この中に学童やコミュニティに役立つ機能を入れ込み、帯状にできている庭や、屋根が延長して屈曲して居場所をつくるなど、大きな配置検討から細かい操作まで、一貫して何かしら手を加えていこうという意欲が感じられ、おもしろい独特の案だと思います。（田井幹夫）

帯の機能

屋根・庇

アプローチ

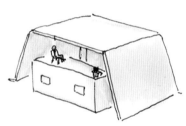

デッキ

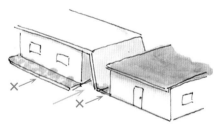

プライベートな外部空間

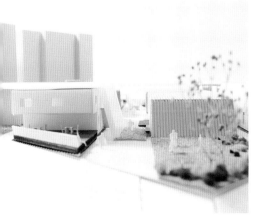

花壇で動線を明確に

女子美術大学 芸術学部 デザイン・工芸学科 環境デザイン専攻
3年生／集合住宅計画・景観デザイン／2018年度

集合住宅計画・景観デザイン

出題教員：飯村和道

指導教員：飯村和道・下田倫子

この課題では、前課題までに習得した居住空間および周辺の外部環境に対する考え方や知識を生かし、街並みおよび建築（集合住宅）として、快適な環境をデザインすることを学びます。

18世紀の江戸は、100万人以上の人々が暮らす大都市でした。一家族当たりの広さ・設備は今日とは比べものにならないですが、そのような中でも、集まって暮らす知恵を持っていました。しかし、20世紀後半の高度成長は、東京などの都市や、郊外の風景を一変させてしまいました。都市では業務・商業が優先され、郊外はスプロール化により山野（里山）・田畑には均質な小住宅や団地が並ぶ住宅地になってしまいました。このような住環境が私たちにどれだけストレスを与えているでしょうか？ ふたたび、家族や友人、地域でのくつろいだ時間が持てる豊かな住環境に改善できないでしょうか？ 個人⇔個人、個人⇔地域、個人⇔家族、家族⇔地域の関係が希薄になっていると言われている現代の状況を振り返りながら、住環境、とりわけ都市に集まって住むことについて意義を考え提案することが課題の主旨です。

都市は、集積性・利便性において大きな魅力を持っているため、そこにはさまざまな世代・家族が暮らしている生活環境があります。このような都市的な環境に、住まい手・家族のライフスタイルなどを想定し、各自個性と魅力ある住環境をデザイン・提案することを目標とします。

集まって住む意義・地域や街並みの形成・コミュニティとプライバシーなどをキーワードに住環境を計画してください。

京都の町屋、エーゲ海都市、モロッコのカスバ、ベトナムのホイアンなど歴史的な古い街並みには、時間をかけて形成された素晴らしい居住空間とそれを囲む外部空間（路地などの都市空間＝ランドスケープデザイン）が存在します。また近年計画された集合住宅やそれを囲むランドスケープデザインにも優れたものが多くあります。それらの事例を参考に、若々しく新しい提案がされることを期待します。

1. 主な設計条件

○敷地A：東京都武蔵野市吉祥寺。関東大震災（1923年）を契機に多くの人が住み着いた歴史のある住宅地。
- ・住戸数　10戸以上、1戸当たりの面積が75㎡、100㎡、120㎡の3タイプの住戸を、それぞれ2戸以上計画すること
- ・階数　2〜3階程度
- ・駐車場　任意
- ・駐輪場、ごみ置き場を設置すること
- ・店舗、集会場、公共施設などと複合させること
- ・構造　鉄筋コンクリート造など
- ・建ぺい率　60％

○敷地B：神奈川県川崎市麻生区新百合ヶ丘。1980年代から1990年代に開発されたニュータウン。
- ・住戸数　15戸以上、1戸当たりの面積が75㎡、100㎡、120㎡の3タイプの住戸を、それぞれ2戸以上計画すること
- ・階数　2〜3階程度
- ・駐車場　任意
- ・駐輪場、ごみ置き場を設置すること
- ・街並みなどを考慮したランドスケープデザインを提案すること
- ・構造　鉄筋コンクリート造など
- ・建ぺい率　60％

2. 提出物

○設計主旨（コンセプト・テーマ：提案内容を表すタイトルを付けること）
○配置図兼1階平面図1/100（敷地に接する道路および広場など外部空間の表現をすること）
○各階平面図1/100（家具を記入すること）
○立面図1/100（2面以上）
○断面図1/100（2面以上）
○模型写真（3カット以上）
　※以上をプレゼンテーションボードA2サイズにまとめる。表現自由
○模型1/100

多摩美術大学
Tama Art University
美術学部 環境デザイン学科 建築デザインコース

1年生／デザイン1・課題No.4／2018年度

《風景の中の住空間》
〜一家がくつろげる週末住宅〜

出題教員コメント

「風景の中の住空間」。これは自然豊かな棚田の残る多摩丘陵（八王子市谷戸地区）から各自約1,000㎡の敷地を選定し、ある建築家とその家族や友人のための週末住宅を設計する課題です。環境デザイン学科1年次の最終実技課題で、地域の自然と住環境を読み解き、インテリア・建築・ランドスケープ相互の関係性を学び、住まうことの基本を考え「場の設計・空間の設計」を通して、自然と共存する建築のあるべき姿と人の生活と環境の関わり方を学ぶことを目標にしています。（田淵 諭 教授）

多摩美術大学
美術学部 環境デザイン学科
建築デザインコース 2年（課題時は1年）

鈴木 あかり
Suzuki Akari

木々のなかの家

設計趣旨 「鑓水の土地を読む」「方角を感じることができる」「光の器としての建築」。これらをテーマに、週末の時間を家族や友人と過ごすための住宅を設計する課題。鑓水の豊かな自然を存分に享受し、日々の都心での生活から離れた特別な体験ができる住宅を提案した。木々の葉が生い茂る高さまで床高を上げ、緑の中で生活をする。陽の光は木々を通してやわらかく取り込まれ、こぼれていく。

指導教員コメント

「風景の中の住空間」と題したこの課題で、作者は多摩の自然を色濃く残した雑木林を敷地に選定し、機能分けされた住空間を樹木の枝葉の高さまで持ち上げ、各住空間を軽やかにつなぎ展開しました。ガラス張りの各室の連続性と風と光を感じる浮遊感漂う爽やかな空間構成、渡り廊下や半屋外から感じる自然との一体感を高く評価しました。（田淵 諭 教授）

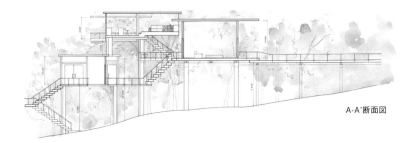

A-A'断面図

森の中に佇む離れの風呂。少し外れたところ
に入口があるので、遊びに来た客も木々に
隠れて気兼ねなく入れる

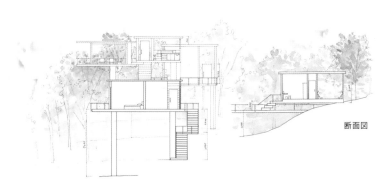

断面図

軽やかで爽やか、そして、水平方向にリズミカ
ルに展開していくような浮遊感のある重心バ
ランスとなるよう配慮した

| 審査員コメント | 課題賞提出に向けてバージョンアップした部分も多くあるかとは思いますが、1年生のときに手がけたとは思えない洗練された案だと思います。木立の中で自然を満喫する暮らしが想像できます。このような案の場合、周囲の恵まれた自然を考えると、室内に壁面を入れる決断はなかなか難しいものですが、居心地やプライバシーを考えながら、柔軟に壁面を配置している部分にも好感を持ちました。（寳神尚史） |

多摩美術大学 美術学部 環境デザイン学科 建築デザインコース
1年生／デザイン1・課題No.4 ／ 2018年度

《風景の中の住空間》
～一家がくつろげる週末住宅～

出題教員： 田淵 諭

指導教員： 田淵 諭・松澤 穣・米谷ひろし・湯澤幸子・田嶋 豊・高橋靖一郎

多摩美の先生が家族で週末過ごすための小さな家とその周辺環境をデザインする。

場所は八王子市鑓水「絹の道資料館」近くの山村。細長い地形の中に、かつて水田としてつくられた美しい棚田や小川や山が広がり、奥にはニュータウンが望める。この環境を積極的に楽しめるようなデザインにする。ランドスケープ、建築、インテリアまで、ひと続きの環境としての在り方を考える。照明デザイナーの内原智史に仮想のクライアントになっていただき、出される条件や希望を考慮して、住空間をデザインする。建築の床面積は150㎡以下とする。

1. 最終提出物

○配置図1/100（樹種などを含む外構、接地階平面図、隣接する周辺環境を記入。各自、自敷地1,000㎡を決定のこと）
○平面図1/50（家具配置を記入）
○立面図1/50（4面）
○断面図1/50（2面）
○敷地全体または敷地外の借景を含む断面図
○外部が見えるアングルの内観パース
○その他、内部と外部の関係、全体構成を説明するために必要な図面
　　※以上を用紙A1サイズにまとめる。表現方法は手描き
○模型1/50

クライアント： 多摩美術大学の内原智史先生。
住宅の条件： 方位を感じられること、光の器としての建築であること。
家族構成： 妻、息子2人との4人暮らし。愛犬が1頭。
好きなこと： 友人を招いて料理をふるまうこと。温泉巡り。アウトドア。無理なく1つの行為や目的に沿って家族が一緒にいられる時間。

一番高いところには南東に向いた開放的なダイニング。内外でつながる低めに設けられた木張りの天井と、無駄な仕切りのないつくりによって景色を水平に切り取り、浮遊感を演出

千葉大学
Chiba University

工学部 総合工学科 都市環境システムコース

2年生／都市環境基礎演習・都市住宅課題／2018年度

MAD City House

出題教員コメント この演習は、設計の与条件をただ解くのではなく、課題となった都市エリアに自ら敷地を選定して、そこの居住者となることを想定し、企画立案から戸建て住宅を発想するところに特徴があります。特に養ってもらいたいのは、小さな住宅で展開するライフスタイルが都市の魅力の一つとなるようなハード・ソフトを提案する力、都市環境を構成する大小のモノのスケール感、住宅設計の基礎的な計画・設計技術です。（森永良丙 准教授）

🏠 **加茂賞**

千葉大学 工学部 総合工学科
都市環境システムコース 3年
（課題時は2年）

渡邉 大祐
Watanabe Daisuke

大屋根の家

設計趣旨 松戸神社の参道沿いに大屋根の住宅を提案する。鳥居の存在を引き立てるゆるやかな大屋根は、通行人からの視線をほどよく調整する公と私の結界であり、東に開かれた屋根裏の住空間は、神社の豊かな緑と水を生活に引き寄せる。木漏れ日が差し込む心地の良い軒下空間は、私が人々と気軽に声を掛け合える居場所となり、この家をきっかけに、道と日常が近づき、参道は生きた空間となっていく。

指導教員コメント 出展作品は、東京のベッドタウンとして発展してきた松戸において、小さな住宅が地域に対してささやかながら良い影響をもたらそうとした計画が特徴的です。神社が立地する敷地周辺の文脈を丁寧に読み取りつつ個人の生活を設定し、道ゆく人に独特なランドマークとして意識されるよう全体がまとめられている点が評価され選ばれました。（森永良丙 准教授）

加茂賞 ― 千葉大学 工学部 総合工学科 都市環境システムコース ― 渡邊 大祐

配置図兼1階平面図

断面図

断面図

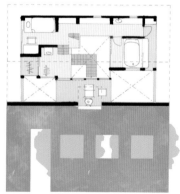

2階平面図

審査員コメント 日本では建築をつくる際の歴史への言及が薄れていると感じるときがあります。今回の提案でも、敷地の歴史について突っ込んだアプローチが少なかったなか、この作品は真っ向から捉えている点にとても好感が持てました。

参道という特有の場所性を、一枚の大屋根を使って、まちと家、人と人の関係性、さらに造形にまで展開しています。そこでできた内部空間は、大らかで気持ちの良さそうな場が広がっています。（吉野 弘）

変化の図

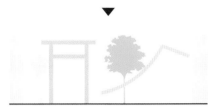

鳥居と建物、緑の距離が近い

▼

ほどよい距離を生み出す大屋根

▼

参道の並木の復活の布石となる

千葉大学 工学部 総合工学科 都市環境システムコース
2年生／都市環境基礎演習・都市住宅課題／2018年度

MAD City House

出題教員：峯田 建・船木幸子・森永良丙

指導教員：峯田 建・船木幸子・森永良丙

もしも今、この町に自分自身が住むとしたら、どのような住まい方を思考するだろうか。

都市に家を建てて住むということは、都市の機能を利用することでもあり、同時に都市に対して何らかの影響力を持つことでもある。そして、それらの「Give & Take」は街区の雰囲気に色濃く現れてくる。

今回の課題で対象とするサイトは「MAD City」。

そこに、この地ならではの住まい方を実現する「自分の住宅」を提案して欲しい。

まずは、その場や状況のポテンシャルを活かし育てる家や、その場の抱える問題の解決に一石を投じるような家をイメージしてみよう。

そして、自分の住宅が都市空間や「MAD City」のヴィジョンとどのような「Give & Take」をするのか、それにはどのような空間が必要なのか、それは自分や他者にとってどのくらい魅力的なことなのか……等々を自問自答しながら住宅の姿を追求して欲しい。

住人や街のスケールに適し、MAD Cityの刺激となるような、魅力ある住空間を提案して欲しい。

1. 敷地
○MAD City (マッドシティー)。千葉県松戸駅西側にある「マッドシティーギャラリー」を中心とする半径500mのエリア。マッドシティーの定義とヴィジョン(https://madcity.jp/concept/)を各自参照のこと
○敷地　エリア内で自由。ただし100㎡以内とする
○住宅　新築一戸建て。建ぺい率、容積率、高さ制限、予算は問わない
○住人　自分(想定年令自由、職業自由)、または、自分を含む複数人居住
○提案にあたって考慮する事項
　・現地でのリアルな情報収集を心がけること(自らの身体感覚やヒアリングを重視すること)
　・提案は目的を達するための必要最小限の規模であること
　・サイトの個性が反映された提案であること(ソフト、ハード共に)
　・計画への自分の想い「何をどうしたいのか」が、他者へ伝わる表現とすること
　・都市環境を構成する大小のモノの寸法・スケールに留意すること

2. 最終提出物
○提案主旨(タイトルを含む)
○提案計画地の現況と周辺環境の説明・現況分析結果
○提案の説明と都市との「Give & Take」の関係が分かる説明図(ダイアグラムやスケッチ)
○A…居住空間の提案:1,000㎡以下の容積をもつ空間を提案する場合
　　　　・概略図面(平面図、断面図)と模型は1/50で表現すること
　　　　・図面・模型ともに周辺部も必ず制作・表現すること(模型素材は自由)
　　　　・「現状写真」と「計画提案の模型写真(スケッチ)」を同じ構図で撮影(表現)すること
○B…物理的空間によらないシステムの提案をする場合
　　　　・その内容が明確に伝わるモデル図やダイアグラムを提示し、インターフェイスを視覚化して提案すること
※以上をA2サイズのボード2〜3枚と模型にてまとめる

千葉工業大学
Chiba Institute of Technology
創造工学部 建築学科

2年生／建築設計2・第2課題／2018年度

集合住宅
多様な住戸の集合による居住環境の設計

出題教員コメント　標準家族のための画一的住戸が反復された集合住宅（マンション）ではなく、多様な家族それぞれに相応しい住戸が用意され、豊かな共有空間とともに「集まって住む楽しさ」のある集合住宅を設計してください。視覚的な魅力（美しさ）だけでなく、快適な光環境・温熱環境・音環境や触覚的な配慮も含んだ、五感に働きかける居住環境の提案を期待します。
（石原健也 教授）

千葉工業大学
創造工学部 建築学科 3年
（課題時は2年）

竹村 寿樹
Takemura Toshiki

奢侈創造

設計趣旨　多様で豊かな暮らしは異なる要素の組み合わせや、その隙間に溢れる生活によって彩られる。煩雑と曖昧さを帯びたコモンズは如何にして創出できるだろうか？ 本提案では、一つのロジックで全体を計画することを否定し、無作為にサンプリングした敷地周辺の住宅に見られる生活拡張の可能性を持った要素を合成することで、予定調和的ではない複雑で多様な集合住宅を目指した。

指導教員コメント　竹村さんの作品は、「多様な家族の生活」を頭の中で仮想（捏造）するのではなく、計画地周囲の住宅街を細部まで観察し、そこに展開している生活の痕跡から想像（創造）的に組み立てることで、リアリティのある細部を獲得しています。そのような「部分」から始めて作者自身も想定できない（予定調和的でない）「全体」へと組み上げるプロセスから、多様な内外空間を生み出したことが最も評価された点です。
（石原健也 教授）

千葉工業大学 創造工学部 建築学科 — 竹村 寿樹

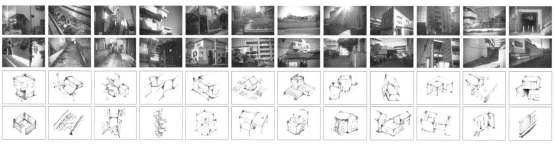

1階平面図

2階平面図

審査員コメント 多様さを計画するという課題に、町中からサンプリングした要素を組み合わせるという難しいことに取り組んでいます。一見雑多に見えるが実は緻密に計算されていて、いろいろな材料や空間を取り混ぜた力作です。生活拡張要素をちりばめて各住戸間の関係をつくり、集合住宅の可能性、おもしろさを表現してくれている。そして、建物の部位や構成が人々のアクティビティに積極的に関与しています。（加茂紀和子）

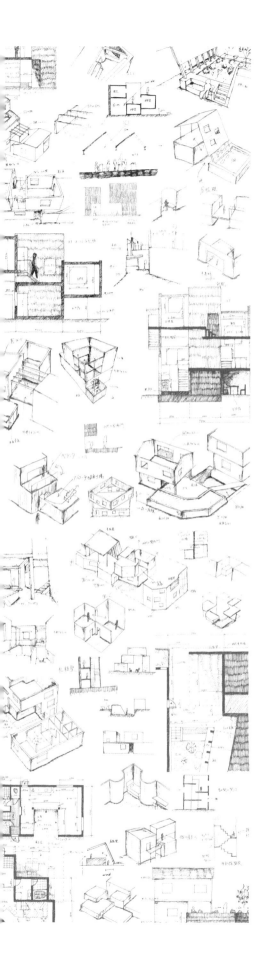

千葉工業大学 創造工学部 建築学科
建築設計2・第2課題／2018年度

集合住宅
多様な住戸の集合による居住環境の設計

出題教員：石原健也

指導教員：佐々木珠穂・河内一泰・中川 純・村田龍馬・多田修二・田島則行・
　　　　　石原健也

標準家族のために画一的住戸が反復された集合住宅（マンション）ではな
く、多様な家族それぞれに相応しい住戸が用意され豊かな共有空間ととも
に「集まって住む楽しさ」のある集合住宅を設計してください。
第1課題同様に、視覚的な魅力（美しさ）だけでなく、快適な光環境・温熱
環境・音環境や触覚的な配慮も含んだ、五感に働きかける居住環境の提
案を期待します。

1. 計画概要
○敷　地　　習志野市津田沼 奏の杜。開発地内街区とする（幼稚園課題の隣接地）
○居住家族の想定　多様な家族（10組）を各自が想定し、各々のライフスタイルを設定する。
　　　　　　　　　例えば30代夫婦＋子ども（2才）、夫は丸の内に通勤するサラリーマン、
　　　　　　　　　妻はホームワークを基本とする編集者、子どもは幼稚園に通う……など
○必要諸室　　各住戸の平均100㎡×10戸＝延床面積1,000㎡以内で設計。
　　　　　　　共用の部屋（集会、パーティができる多目的室など）を設ける場合は
　　　　　　　各戸の専有面積から割り当てること
○構造・階　　2〜4階建を基本とする。RC造を基本とし、部分的に鉄骨造または木造
　　　　　　　は可（担当教員の指導による）

2. 提出物
○配置図（屋根伏図・外構図兼）1/200
○平面図・立面図1/100（4面）
○断面図1/100（2面以上）
○模型写真または外観透視図、および内観透視図
○設計趣旨説明（文章・ダイアグラム・コンセプトスケッチなど）
○構造計画説明（軸組図、断面図、軸組模型などを用いて考え方を解説）
○環境計画説明（断面ダイアグラムなどを用いて、光・熱・風などの流れ方を解説）
　※上記の内容をA2サイズ横使い4枚以内にまとめる
○模型　計画地全体を1/100以上にする

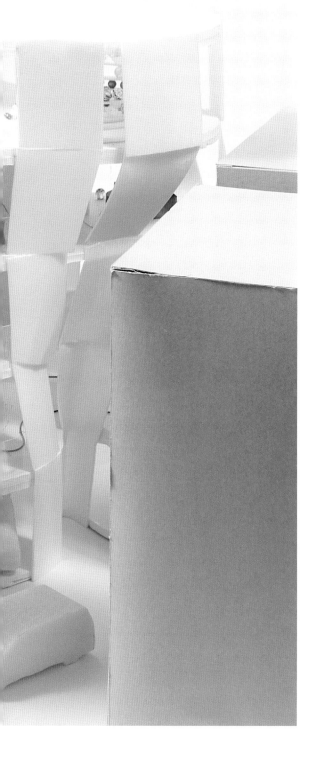

筑波大学
University of Tsukuba
芸術専門学群 デザイン専攻 建築デザイン領域

3年生／環境・建築デザイン演習1／ 2019年度

都心の住宅地に建つ
コンドミニアム

出題教員コメント ここ数年、この敷地（西麻布の25×25mの空き地で高さも25mとする）を出題しています。本学の学生を見ていると、3年生春学期はちょうど建築設計に必要な能力が急伸するときであり、立体的思考を身につけさせるのに、諸条件の揃った場所は他にはなかなか見当たらないのではないでしょうか。
（花里俊廣 教授）

筑波大学 芸術専門学群
デザイン専攻 建築デザイン領域 3年
（当年度課題）

森西 和佳子
Morinishi Wakako

暮らしのショーケース

設計趣旨 定型的な集合住宅であふれている都市に「柔軟なかたち」を用いた集合住宅を提案した。この集合住宅は2棟の居住棟と1棟の階段棟により構成されている。各居住部の平面図の外形を曲線とし、3つの空間に柔らかく分ける。各階でその外形は柔軟に変化し、最上階で2棟は1つになる。居住者は空間と空間の関係性や3つの棟の距離感によって生まれるおもしろさの中で新しい暮らしを始める。

指導教員コメント 森西さんは、ライフスタイルのショーケースというテーマで、有機的な形態の作品をつくりました。森西さんは、一見あまり深く考えていないようですが、答えには熟考の跡が偲ばれ、説明はブレません。作品の未来指向的形態が好評でした。彼女によると、住宅のガラスのファサードは、新しい暮らし方を外部へ発信していく、という役割を果たしているといいます。彼女は、もはや、プライバシーへの配慮が足りない、などと現代の東京は言わせないと主張するのです。
（花里俊廣 教授）

筑波大学 芸術専門学群 デザイン専攻 建築デザイン領域 — 森西 和佳子

定年退職した鉄ちゃんの部屋

2階

プロゲーマー集団の部屋

新しい家具の配置
丸く並ぶ家具、中心に置かれる家具

境界のない部屋
部屋と部屋をつなぐプラレール

ロボットと暮らす部屋

3階

たくさんの猫と暮らす部屋

有機的なかたちの家具
空間に合った大きな丸いソファーベッド

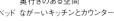

奥行きのある空間
ながーいキッチンとカウンター

現代アーティストの部屋

4階

ボルダリングメダリストの部屋

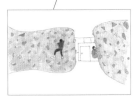

壁を使う暮らし
うねる壁、迫る壁でボルダリング

魅せる暮らし
ガラス壁から漏れる映像や光

女社長の部屋

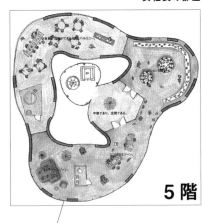

5階

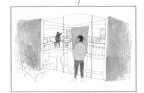

回遊できる空間
感じられる向こう側の気配

> **審査員コメント** 外観は商業ビルのようなつくり方をしているが、ボリュームが下から上へ上がっていくにつれて、それぞれの階で間取りや空間の使い方が変わっていく。これは多様なものを生み出し、都心に住むことの楽しさにつながるのかもしれない。また、この建物は商業ビル的に扱われても良いのかもしれません。毎日の生活で物を売ったり買ったりパーティをしたりということと重なり、生活自体が建築のかたちとなっていくという期待ができるおもしろい作品です。（田井幹夫）

うねるファサード
地面から立ち上がる大きなうねりが住人をエントランスのほう
へ導く。斜めに傾いた壁は空間の内部と外部の両方にダイ
ナミックさを与える

3棟の距離感
柔軟なかたちにより、2棟の居住棟と1棟の距離感に抑揚が
できる

大きくつながった空間
3つのひだによって空間は柔らかく分かれてはいるけれど、大
きくつながっている空間

筑波大学 芸術専門学群 デザイン専攻 建築デザイン領域
3年生／環境・建築デザイン演習1／2019年度

都心の住宅地に建つコンドミニアム

出題教員：花里俊廣

指導教員：花里俊廣、加藤 研

課題：与えられた敷地に集合住宅を設計しなさい。

1. 条件
○敷地は東京都港区西麻布にある。根津美術館の入口北側に接する道を下り美術館に隣接
する木造、レーモンド設計のカニングハム邸のさらに東側の敷地。一辺が約25mのほぼ正方
形の平面をしており、東・南・北の3方向が接道している。現状、駐車場となっている部分と家
が建っている部分よりなる仮想の敷地である。
○このあたりの新築マンションの相場は500万円/坪くらいであり、70平米22坪のマンション
住戸でも1億円を下らないので、利用のされ方を想像することは普通の感覚では難しいかもし
れない。ただ、空間に関しては、無駄使いが許されないので、効率的な設計とすることが要求
される。
○現行法規の遵守を前提とする。この場所の建ぺい率は60%、容積率は160%である。敷地
面積を625平米とすると1,000平米分が専有面積として建築可能であり、100平米ならば
10戸計画でき、70平米ならば14戸程度計画できるということになる。
○共用のサービスや施設を設けてもよいが、現実的なものとすること。

2. 最終提出
○設計趣旨・概要説明
○配置図1/100（1階平面図を兼ねてよい）
○各階平面図1/100
○主要立面図1/100（2面）
○断面図1/100（2面）
○模型またはパース
　※以上をA1用紙数枚にまとめること

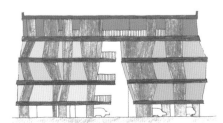

立面図

東海大学
Tokai University

工学部 建築学科

2年生／建築デザイン4演習・第3課題／ 2018年度

生活の距離を考える

出題教員
コメント　非血縁関係である複数の居住者が暮らす住宅を、「物理的距離」と「心理的距離」という異なる2つの距離を用いて解く課題です。距離を考える2つの対象は、居住者同士でも、居住者と周辺住民との距離としても捉えることができますが、鎌倉の江ノ電の線路沿いという特徴のある敷地を設定したことから、まちに開きながらもプライベート性を保ちつつ、多様で豊かな生活を提案して欲しいと考えています。
（山口紗由 非常勤講師）

東海大学
工学部 建築学科 3年
（課題時は2年）

栄 杏奈
Sakae Anna

雲に棲む

- -

設計趣旨 ここの住人は非血縁関係の男女2人であるため、生活の中でのお互いの「距離感」と、鎌倉のまちとつながりがありながらも、住人のプライバシーをきちんと確保できるまちとの「距離感」の2つの距離感を考えて提案した。開口部を失くし部屋全体をつなげ、窮屈にならないようにしているが、壁柱や床を上手くずらすことで住人やまちとの距離感を程よく保っている。

指導教員
コメント　課題のテーマの「距離」という感覚は、近さや遠さを感じられるつながりが必要であり、完全に分割された場所同士には発生しません。この建築は、ランダムな壁柱と床によって緩やかにつながる空間で、住人と住人、もしくは住人とまちの距離を感じることができます。地上レベルは鎌倉のまちとつながるパブリックな場所があり、その上空に漂う雲の中に棲むような住宅というイメージが、形式や空間の質に展開できたことが評価を受けました。（河内一泰 特任准教授）

東海大学 工学部 建築学科 — 栄 杏奈

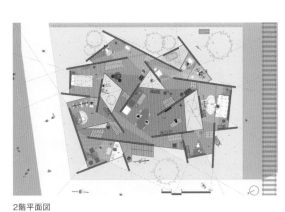

2階平面図

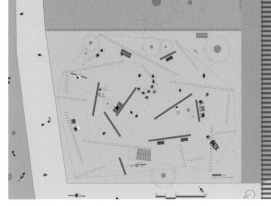

1階平面図

審査員
コメント 全体を通じて壁柱を用いた案に多く出合いましたが、こ
こでの壁柱の使い方は非常にユニークです。1階から
上にいくほど壁柱が増えていくという、通常の構造体と
は違った造りとなっています。軽やかな仕切り感覚で壁柱を用い
ており、従来の構造壁イメージから解き放された使われ方をしてい
るのが魅力です。結果として地面のレベルが大変開かれたスペー
スとなっているのですが、まちとの関係づくりをもっと積極的に仕
掛けていくと、より魅力的になると思います。（寳神尚史）

敷地北側に公園、南側に江ノ電が走っている。南北からの視線が行き交う敷地であり、この敷地の二面は道路に面していることで、近道として横断するまちの人も少なくはない

Diagram

[0] まちに浮かぶ雲に棲む。空高く行くほど雲で視線が遮られるように、この住宅もレベルが上がるほどまちの人からの視線が遮られる

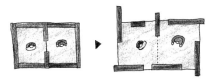

[1] 壁の横の操作で外と内との距離をつくる。壁を横に伸ばしたり締めたりすることで、「内と内」「内と外」との距離をつくる

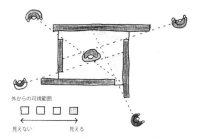

[2] 壁で見える範囲を操作する。壁を伸ばしたり締めたりすることで、外からの可視線を操作する

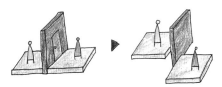

[3] 床の上下の操作で外と内との距離をつくる。床を上下に、壁を横に操作することで開口部がなくても隣の部屋とのつながりをつくることができる

東海大学 工学部 建築学科
2年生／建築デザイン4演習・第3課題／ 2018年度

生活の距離を考える

出題教員：山口紗由

指導教員：渡邉研司・山崎俊裕・古見演良・河内一泰・納谷 新・白子秀隆・
　　　　　山下貴成・山口紗由・佐屋香織

建築の設計行為は、人と人、または人と物との関係をつくることであり、距離を設定することでもある。例えば、あなたがまちのベンチに座るときやカフェで席を選ぶときなどは、他人との距離を考えながらどの席に座るか考えるだろう。2人だけで内緒話をするとき部室の隅に行った経験があるだろう。見知らぬ2人であっても壁が1枚あれば背中合わせでも気にならない。お屋敷の門に強い結界を感じたことはないだろうか。物理的な距離は一定であっても、その間にどのような「かたち、素材」でつくられた「壁、床、天井」のようなモノが介在することで心理的な距離が変化する。

住まいは、人の最低限のテリトリーを確保しながら外部とつながる拠点である。他者と空間を共有しながら住まう場所では、お互いの距離の取り方が重要なコミュニケーションとなる。

今回の課題では、このような物理的距離と心理的距離をテーマにしながら住宅を設計して欲しい。また、居住者同士の距離だけでなく、生活のさまざまなシーンを想定しながら周辺環境との距離や周辺住民との距離についても考えても良い。

1．敷地条件
鎌倉市内の江ノ電線路沿いの架空の敷地

2、設計条件
○敷地面積　225㎡
○延床面積　100㎡（20%の増減まで認める）
○絶対高さ　12m
○構造　　　自由とする
○階数　　　2層以上とする
○居住者　　2～4人の中で自由に設定すること。ただし、居住者同士は非血縁関係とする
　　　　　　※敷地内のアプローチ・ランドスケープなどを必ず提案する

3、提出物
○タイトル
○設計趣旨　400字程度
○ダイアグラム　設計趣旨や設計手法などを説明するときにダイアグラム（図解）を用いて分かりやすく表現すること
○配置図　縮尺は自由。1階平面図と兼ねてもよいが、縮尺は1/50とする
○各階平面図1/50
○断面図1/50（2面以上）
○パース　模型写真、スケッチなど表現方法は自由とする
※以上の内容をプレゼンボードにレイアウトすること。A2サイズケント紙。枚数は自由
○模型1/30

東京大学
The University of Tokyo
工学部 建築学科

3年生／建築設計製図第4・集合住宅課題／2019年度

多摩NT
A・B団地一部再生計画

出題教員コメント 多摩ニュータウンのUR大団地の団地再生提案の課題。賃貸と分譲の集合住宅が錯綜しながら連担する2つの団地の中で、隣接する任意の賃貸集合住宅を選び出し、2住棟とその外部空間を計画し直すことにより、当該団地、さらには多摩ニュータウン全体の再生を促すモデルとなる提案を期待しました。南北に走る山と谷が交互に繰り返す地形をどう生かすかがポイントでしたが、本提案は画期的な山と谷の生かし方にたどり着いています。（大月敏雄 教授）

東京大学
工学部 建築学科 3年
（当年度課題）

西本 清里
Nishimoto Seri

団地のいりぐち

設計趣旨 東京郊外団地の再生計画。住棟と住戸、それぞれのアプローチ空間を操作することで全体の住環境を向上させる。周辺道路と住棟の高低差により生じていた団地内外の隔絶を、住棟間を道路レベルまで掘り込むことで解消する。そこを団地の新たなアプローチとし、多様なアクティビティを誘発する広場をつくる。さらに階段室を改良し玄関位置を変える等、住戸へのアプローチを改善する。

指導教員コメント 南北に伸びる谷筋の幹線道路と尾根筋の住宅用地という基盤計画は、歩車分離の名目の下、道路空間と生活空間を分断してきましたが、居住者の超高齢化は2つの空間をつなぐ新たな装置を必要としています。本提案は、住棟間を道路レベルまで掘り下げて「入り江」状の結節空間を創出し、車と人をシームレスにつなぐことで見事にこれに答えました。さらに、「入り江」の入口の橋上には集会所が設置され、コミュニティの象徴性を獲得しています。（大月敏雄 教授）

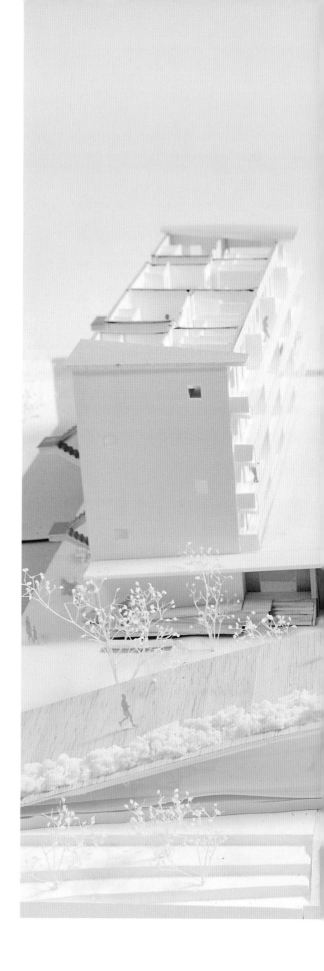

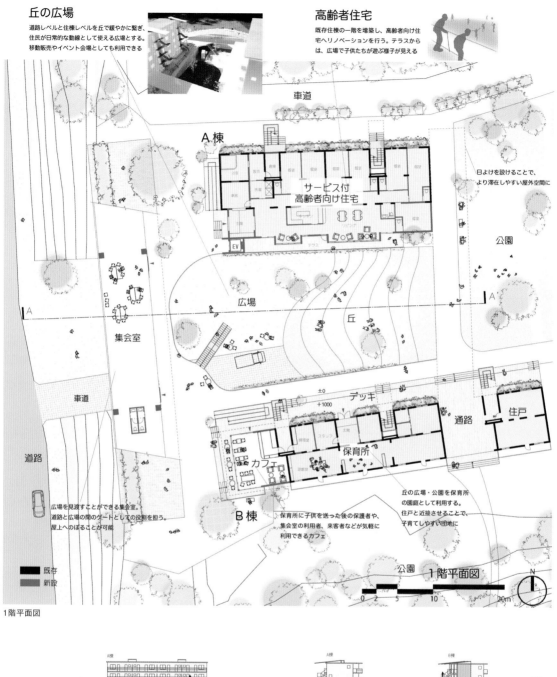

丘の広場

道路レベルと住棟レベルを丘で緩やかに繋ぎ、住民が日常的な動線として使える広場とする。移動販売やイベント会場としても利用できる

高齢者住宅

既存住棟の一階を増築し、高齢者向け住宅へリノベーションを行う。テラスからは、広場で子供たちが遊ぶ様子が見える

A棟

サービス付
高齢者向け住宅

日よけを設けることで、より滞在しやすい屋外空間に

公園

広場

集会室

丘

車道

道路

広場を見渡すことができる集会室。道路と広場の間のゲートとしての役割を担う。屋上へのぼることが可能

±0

+1000

デッキ

通路

住戸

保育所

カフェ

B棟

丘の広場・公園を保育所の園庭として利用する。住戸と近接させることで、子育てしやすい団地に

保育所に子供を送った後の保護者や、集会室の利用者、来客者などが気軽に利用できるカフェ

公園

1階平面図

■ 既存
■ 新設

0 2 5 10 20m

N

1階平面図

A-A'断面図

立面図

建築ストックに対する社会的な解決方法の構築が急務のなかで、断面の少しだけの操作で人の視線や息遣いが楽しく交錯する場をつくりだしていることに好感を持ちました。課題自体は団地を再生するというものですが、この提案では外部のエントランス部分に特に着目して、人が集まる接点としてデザインしなおしてあげることで、エリア全体が明るい住居群へと再生されるストーリーにも、とても共感を覚えます。

（吉野 弘）

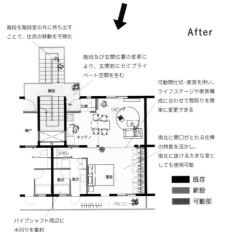

階段室踊り場で向かい合い、公・私の中間領域のない既存住棟の玄関

細かい室に分けられた平面構成

Before

↓

After

階段を階段室の外に持ち出すことで、住民の移動を可視化

階段及び玄関位置の変更により、玄関前にセミプライベート空間を生む

可動間仕切・家具を用い、ライフステージや家族構成に合わせて間取りを簡単に変更できる

南北に開口がとれる住棟の特長を活かし、南北に抜ける大きな室としても使用可能

■ 既存
■ 新設
■ 可動部

パイプシャフト周辺に水回りを集約

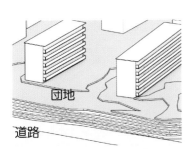

団地内外が高低差により隔絶された現状

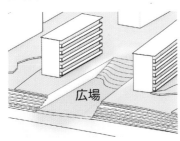

住棟間を入り江状に掘り込み、道路側と団地の領域内を緩やかにつなぐ広場をつくる

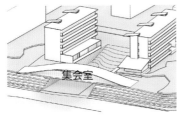

入り口にはゲート性を持つ集会所空間を設け、団地内外双方に働きかける

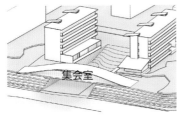

課題

東京大学 工学部 建築学科
3年生／建築設計製図第4・集合住宅課題／2019年度

多摩NT　A・B団地一部再生計画

出題教員：大月敏雄

指導教員：大月敏雄・松田雄二・佐藤 淳・李鎔根・金野千恵・武井 誠・原田麻魚・松島潤平

1955年に出発した日本住宅公団は、日本の大都市圏の中堅所得層に、団地タイプの分譲・賃貸の集合住宅を供給し続け、現在も、UR都市機構としてその役割を果たしつつある。

最初期の公団住宅は、都市の近郊外に4階までの中層集合住宅3タイプ（テラスハウス、階段室型中層、スターハウスなどのポイント住宅）を混ぜて、敷地にレイアウトすることが主流であったが、1960年より、強まる住宅需要を背景に、次第に高層高密度の住宅供給を強いられ、5階建ての階段室型集合住宅が定番となっていった。一方で、1966年から多摩ニュータウンの開発事業が始まり、こうした遠郊外部でも高層集合住宅を中心とした集合住宅団地が建設されるようになった。

1970年代後半に供給されたA団地（1976-80年）及びB団地（1976-78年）の両団地は、板状中層棟と高層のポイント棟をミックスさせながら、開発された丘陵地帯上部のスカイラインを新たに創造しようとした、多摩ニュータウンにおける典型的な大団地で、その中に現在もURが賃貸住宅として管理する住宅を、A団地では5階建4棟、8階建6棟、11階建8棟の合計897戸、B団地では5階建15棟、合計434戸となっている。両団地は南北に走る幹線道路の東西に配置され、それぞれ賃貸住宅用地、分譲住宅用地と、商業業務施設がミックスした配置計画となっている。

本課題では、A団地とB団地の中から、隣接する2住棟を選定し、それらの住棟を建替えたりリノベーションしたり、さらに住棟間の外部環境を改善することによって、少子高齢化に伴って進行しつつある当該団地内外の再生に寄与するモデル的な団地再生計画を提案して欲しい。

2. 計画条件

○計画敷地は、両団地内の賃貸住宅エリアとする。
○対象とする隣接した住棟を2棟選ぶこととするが、既存の住棟を利用してリノベーションしてもいいし、全面建て替えでもよい。ただし、当該住棟周辺の外部環境の改善も試みること。また、2棟の選定理由を地域計画的観点から合理的に説明できるようにしておくこと。また、2棟の選び方は計画者に任せられるが、その計画意図も説明できるようにしておくこと。
○合理的な理由があれば、2棟を超えて対象住棟を選定することもできるし、選定しないその他の住棟には「現在の居住者が引っ越さないでよい程度」の改変を加えることができるものとする。
○選定した住棟については、2棟中の戸数の半数以上の住戸数を、2棟中に確保することを、計画上の条件とする。なお、1世帯の家族構成は、単身世帯から子育て世代、片親世帯、高齢世帯、3世代同居まで、さまざまに設定してよいが、現実味のある世帯構成員の提案が望まれる。特に、この団地や周辺地域にとって、今後望まれる世帯状況が、どういう人々から構成されるべきかを説明して欲しい。
○再生される住棟の形式は、戸建て、長屋建て、共同住宅、のいずれでも、その混合でも良い。
○集合の形式は、ワンルームでも、シェアハウスでも、グループリビングでも、その混合でも良い。
○住宅以外に、集会施設や店舗、その他、この団地や地域にとって貢献できると思われる機能を挿入することを必須とする。
○この計画が30年後、どのような住宅となっているのかの説明も必須とする。
○その他、駐車場、駐輪場、ゴミ集積場を、適量、忘れずに配置する。

3. 提出物

○全体配置計画 縮尺任意（両団地の全体配置図の中に、当該2住棟を示し、その位置づけがわかるような解説図とする）
○配置計画1/200（2棟と周辺街区の様子が分かるように記入。配置図には、1階平面図を書き込む）
○各階平面図1/200以上
○2住棟ごとに断面図1/200以上（1面以上）
○2住棟ごとに立面図1/200以上（1面以上）
○売りとする住戸（最低1住戸分）とその周辺を含む平面1/50
○パースまたは模型写真（1枚以上）
　※以上の図面をA1用紙にレイアウトして提出
○模型1/200～1/100程度（周辺のコンタもつくり込む）

※東京大学の課題出題教員インタビューは本書バックナンバー「JUTAKUKADAI07」P.272を参照（大月敏雄「百草団地職員住宅改築計画」）

東京家政学院大学
Tokyo Kasei Gakuin University
現代生活学部 生活デザイン学科

3年生／建築デザイン演習A・第2課題／ 2019年度

シェアハウス／
○○が集まって棲む家

出題教員コメント 　3年生の春期後半の設計課題です。家族や血縁に関わらず、同じ趣味や目的を持った人が集まり、都心で共同生活するシェアハウスを提案する課題です。敷地は表参道近辺を想定していますが、敷地以外の設計条件は学生各自で想定します。学生には空間のデザイン力に加えて、発想力と企画力が求められます。課題を通してこれからの集合住宅のスタイル、空間デザインの可能性を考えることがテーマです。
（瀬川康秀 非常勤講師）

東京家政学院大学
現代生活学部 生活デザイン学科 3年
（当年度課題）

山本 麻
Yamamoto Asa

Transparent H

設計趣旨 南青山は文化施設やブティック、ブランド店などの有名建築や高級住宅街として日本でも有名なエリアである。建築家のたまごである女子学生が感性を磨くには充分であろう。また、周囲をガラスで囲み、パブリックスペースをスケルトンにすることで、他者との暮らし方や外界からの視線を意識し、整った生活空間を演出する。

指導教員コメント 　原宿の住宅地に建つ建築家向けシェアハウスという課題において、スクリーン状のメッシュで囲い、内側に動線、個室という層状の空間構成と巧みなプレゼンテーションが評価されました。1階は作業や作品を見せる透明な空間、2階、3階の各室は壁で囲ってガラス側に通路を設けた縁側的な構成です。メッシュ、ガラス、壁による入れ子状の囲みにより、透明性が各階の機能に応じて制御され、まちに対する優れた提案となっています。（原口秀昭 教授）

東京家政学院大学 現代生活学部 生活デザイン学科 ｜ 山本 麻

メッシュ、ガラス、コアの3層で構成し、コアにはプライベートゾーンをまとめた

面積表
建築面積　134.64㎡
延床面積　363.64㎡
各階床面積　1階130.64㎡
　　　　　　2階102.36㎡
　　　　　　3階130.64㎡
建ぺい率　56.57%＜70%
容積率　　270.08%＜300%

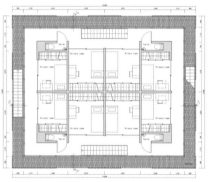

3階平面図

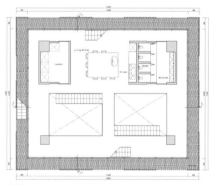

2階平面図

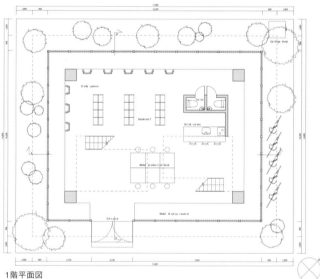

1階平面図

審査員コメント　シェアハウスが一般解となってきた現代において、プライバシーよりも表現することを重視した人達が多くなっていると思います。住むことが表現というような現代感覚が住まいのかたちを変えてゆくのかもしれないと思いました。3階にプライベートスペース、1階はオープンスペースと分離させていますが、2階、あるいはその間をつなぐ空間の提案が欲しかったところです。（加茂紀和子）

2階リビング内観パース

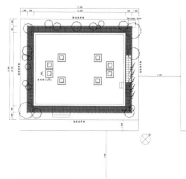
1階作業室内観パース

配置図・屋根伏せ図

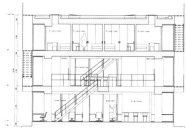
B-B'断面図

A-A'断面図

東京家政学院大学 現代生活学部 生活デザイン学科
3年生／建築デザイン演習A・第2課題／2019年度

シェアハウス／○○が集まって棲む家

出題教員：瀬川康秀

指導教員：原口秀昭

○○は各自で設定する。デザイナー、芸術家、起業家など、具体的に棲む人たちを決めて、血縁関係のない他人同士が都心で共同生活する集合住宅／シェアハウスを提案する。従来のファミリータイプやワンルームなどのマンションではなく、リビング、キッチン、水廻りなどの共有スペースと各居住者の個室で構成する。住まい手を特定することで、新しい共同生活のライフスタイル、空間デザインを考えるのがテーマである。

1. 設計条件

○敷地　　　　東京都港区南青山(隈研吾氏設計による地上2階地下1階の店舗建物／SunnyHills at Aoyama)

○敷地面積　　238㎡(形状、面積は実際の敷地と異なります)

○用途地域　　第2種中高層住居専用地域 準防火地域

○容積率　　　300%

○建ぺい率　　70%(角地緩和適用)

○規模・構造　●建築面積は166.60㎡以内、延べ床面積は714.00㎡以内とする
　　　　　　　●建物の階数は地上3階以下とし、地下を設ける場合は1階までとする
　　　　　　　●構造はRC造とする(一部鉄骨造可)

○その他　　　●共用空間、個室の形式、収容人数などは各自の設定に応じて決める
　　　　　　　●エレベーターは適宜設ける
　　　　　　　●駐車スペースは設けなくてよい(敷地外にあると想定)
　　　　　　　●駐輪スペースを設ける(0.6m×2.0m。1台で居住者数の1/2以上とする)
　　　　　　　●ゴミ置き場を道路(東側)に面して1箇所設ける(1㎡程度)

2. 提出物

○コンセプトボード
　●必ず敷地調査をして周囲の環境を確認すること
　●○○を想定して共同生活のイメージを、文章、スケッチ、写真を使って表現する
　●空間イメージの説明に、手描きのスケッチや建築雑誌の実施例の写真や図面を用いる
　●表現は自由とし、想定したテーマごとにA3の紙1枚にまとめる(2案以上提案する)
　●パソコンでスキャンやソフトの使い方を練習する

○ポスターセッション
　●設計主旨　ダイアグラムやスケッチなどを使ってコンセプトを簡潔に表現する
　●配置図1/100(屋根伏、道路を表記)
　●各階平面図1/50(1階平面図に敷地を表記)
　●立面図1/50(道路側2面)
　●断面図1/50(主要2面、展開図を兼ねる)
　●インテリア表現としてパース、アイソメ、アクソメの図面(彩色する)または模型写真
　●全体模型1/50および模型写真
　●面積表(建築面積、延べ床面積、各階床面積、建ぺい率、容積率、居住者数を表記)
　●表現は自由とし、A1×3枚以内にまとめる

5階平面図

4階平面図

3階平面図

2階平面図

1階平面図

東京藝術大学
Tokyo University of the Arts
美術学部 建築科

2年生／設計製図Ⅱ-Ⅱ 集合住宅／2018年度

地域コミュニティーの核となる、「住む／憩う／働く」ための多機能集合住宅

出題教員コメント 住むことと働くことの境界は長い間曖昧でした。それを明確に分けようとしたのは近代主義そのものでした。時間や土地を切り分け、目的や用途を定め、それらが混ざらないようにさまざまなルールや制限を定めたのです。ここでは、住み、憩い、働くことが連続し、日常と非日常が選択可能な状態で隣り合わせ、さらに、地域コミュニティ活動の受け皿となり核となる、多重化した機能をもつ集合住宅を構想してみましょう。（ヨコミゾマコト 教授）

🏆 寶神賞

東京藝術大学
美術学部 建築科 3年
（課題時は2年）

髙橋 一仁
Takahashi Kazuhito

垂直路地の集合住宅

設計趣旨 この集合住宅では、ボリュームの中を階段室が貫くことで各住戸を充填している。住戸がなくボリュームが抉られたところにはワークスペース、共有リビング、庭などのパブリックスペースが配置されており、それらは全て階段室に面している。この階段室は路地のような存在として集合住宅内部のプライベート性を担保しつつも街の連続として各住戸、共有スペースをつないでいく。

指導教員コメント コンテクストの掴みづらい周辺環境であるにもかかわらず、髙橋一仁さんは、まちの印象に少なからぬ影響を及ぼす建物壁面の素材に目をつけました。自己主張することを諦めてしまったかのように無表情なグレーの壁と、レンガのイミテーションであることを忘れて開き直っているかのようなレンガタイルの茶色い壁。それらを修辞的に使い分け、空間構成しながら、角地であることを生かした2つの卍型プランからなる提案をしています。（ヨコミゾマコト 教授）

審査員コメント　非常に面白い角度から取り組んでいます。レンガタイルを用いた建物が周りに多く、それが一つの街のコンテクストとしてある。その街のコンテクストを「人の馴染み」というものに変換させ、人が集まるところにまとわりつかせる。昔は高級なものとして扱われていたレンガタイルが、今はチープさを感じるかもしれない。チープさを軽さなどといってポジティブに変換し、その軽さゆえに人と人がつながりやすくなるのではという独特な思考のもとに構成されていて魅力的です。（田井幹夫）

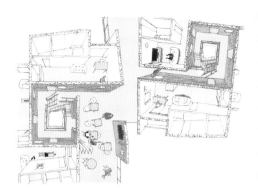

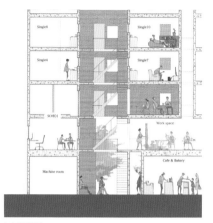

b-b'断面図

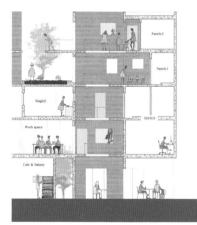

a-a'断面図

課題

東京藝術大学 美術学部 建築科
2年生／設計製図Ⅱ-Ⅱ 集合住宅／2018年度

地域コミュニティーの核となる、「住む／憩う／働く」ための多機能集合住宅

出題教員：飯田善彦・ヨコミゾマコト

指導教員：ヨコミゾマコト

住むことと働くことの境界は長い間曖昧であった。それを明確に切り分けようとしたのは、近代主義そのものである。時間や土地を切り分け、目的や用途を定め、その区分けや色分けが混ざらないようにさまざまなルールや制限を定めた。しかし我々は、曖昧さを好むし多様性に惹かれる。住空間についても、繰り返しパターンに埋没するよりは、自身の気分や趣味が表出し、唯一無二の自分らしいものを求める。

ここでは、住み、憩い、働くことが穏やかに連続し、まるでチャンネルを切り替えるように日常と非日常が選択可能な状態で隣り合わせ、さらに地域コミュニティのさまざまな活動の受け皿となり核となる多機能な集合住宅を構想する。

1. 敷地
○東京都江戸川区西葛西（現、西葛西アパートメントⅠおよび西葛西アパートメントⅡの敷地）
○第一種住居地域、建ぺい率60%、容積率300%

2. 必要諸室

	室名	特記事項	面積
レジデンス共有部	カフェ・ベーカリー		160 ㎡
	ワークショップスタジオ		40 ㎡
レジデンス専有部	Room A	・ファミリー用住戸とする。 ・2戸設ける。	1戸 100 ㎡
	Room B	・SOHOとする。 ・4戸設ける。	1戸 70 ㎡
	Room C	・単身用住戸とする。 ・11戸設ける。	1戸 35 ㎡
機械室			40 ㎡
		計	1105 ㎡

東京電機大学
Tokyo Denki University
未来科学部 建築学科

2年生／設計・パフォーマンスIV・第1課題／2018年度

集合住宅の設計

出題教員コメント 6,000㎡超の敷地に3人の設計者が共同で3つの分割敷地とコモンスペースを配置計画し、各敷地に各々が30戸程度の集合住宅を設計する課題です。概ね3〜5階のボリュームとなり、周辺環境との関わり、住棟間の関係、コモンスペース、敷地の外構、住棟、住戸の計画と大小のスケールを縦断してトータルにデザインすることが求められる課題です。住生活とそれを支える環境の重層性と、その中での生活の豊かさをじっくりと考えてもらいたいと期待しています。
（山田あすか 教授）

東京電機大学
未来科学部 建築学科 3年
（課題時は2年）

赤羽 紗也加
Akahane Sayaka

森の食卓にあつまれば

設計趣旨 共に食卓を囲むことで生まれるつながりは、隣人や地域住民という関係を超え、家族のような温かな帰る場所を生み出すと考え、失われつつある住人同士や地域住民のコミュニティを構築する集合住宅を提案する。一本の木に人々が集い生活する、ツリーハウスのように設計したことで同じ木で暮らす住人たちが、食卓を囲み、家族のような温かな関係を築くことのできる空間を生み出した。

指導教員コメント 複数の世帯が入居している住宅の形態である「集合住宅」の定義を原則としながら、「食卓が人を集める」というテーマのもと、近代において希薄となった住民同士のコミュニケーションが生まれる「ひとつの大きな家」として立体的につなげたこと、画一的な住戸形態とせず、各階で共用廊下に変化を持たせたことを高く評価しました。また、建物周囲のランドスケープとエントランスホールのつながりにも配慮された好感が持てる作品です。（中山 薫 非常勤講師）

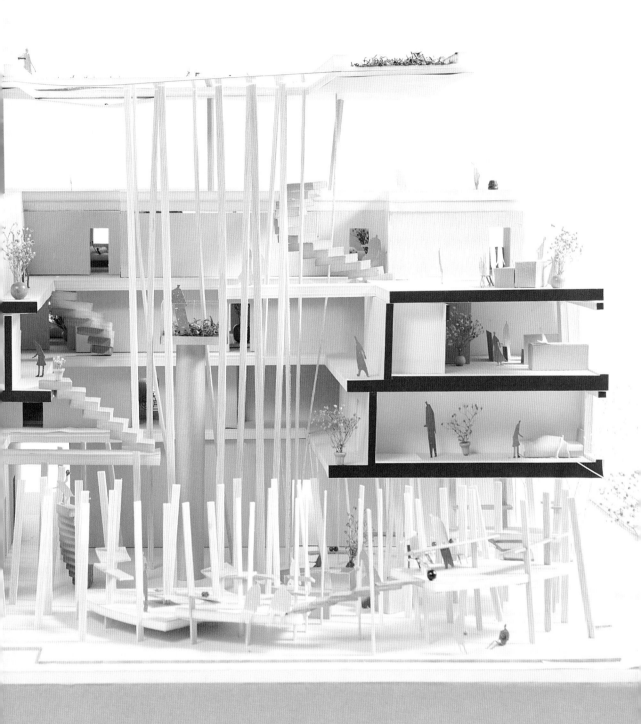

東京電機大学 未来科学部 建築学科 ― 赤羽 紗也加

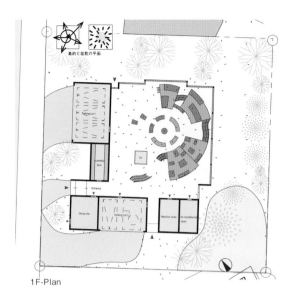

集約と拡散の平面

1F-Plan

2F-Plan

3F-Plan

4F-Plan

▶ 1階エントランスの交差する動線から
生まれた渦の中心を幹の中心とした

審査員コメント　エントランスホールに相当する部分に、大胆にキッチンとダイニングを設けているのが大きな特徴です。中央に木立が現れたかのような、曖昧な、森のような空気感をつくったところが評価できます。これにより、広かった場所が親密なスケール感になり、誰かと関係を持てるようなセルフスペースをつくっていると思います。林立している柱を、屋上の屋根を支える以外にも、建物全体の構造につなげていくことで、構造的な役割をしっかりともたせてあげると、物語全体の説得力がさらに増したと思います。（實神尚史）

柱を縫うようにして設けた階段は、木の中を水や養分が運ばれるように、住人をツリーハウスのさまざまな所に運んでいく

階段は生活動線となるだけでなく子供たちの恰好の遊び場になる。エントランスを抜ければ子供たちの賑やかな声が聞こえてくる

3棟をつなげるキーワード"食"

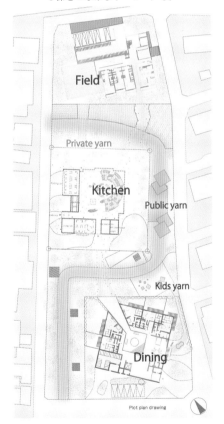

Plot plan drawing

Field
屋上階に畑を設けた。食材をつくる体験から、
人と人をつなげる棟。

Kitchen
Fieldで採れた野菜を調理できる。
つくった料理を食べることもできる。

Dining
中央広場で食事をしたり、
近くの保育園の子どもたちと交流ができたりする。

東京電機大学 未来科学部 建築学科
2年生／設計・パフォーマンスIV・第1課題／2018年度

集合住宅の設計

出題教員：山田あすか

指導教員：中山 薫

東京都内の敷地に30戸程度の集合住宅を設計する。都市環境の中で、人々が【ともに住まう】ためにどのような空間がふさわしいか、また必要とされる機能や性能は何か。周辺環境との関係を捉えながら、「住居」と「住居の集合」をデザインし、快適で魅力ある住空間を提案して欲しい。

1. 敷地条件
○所在地　　　　東京都港区北青山、都営北青山アパート（集合住宅団地）の一角
○個人敷地面積　約1,600㎡（＋10%程度まで）
○敷地形状　　　敷地周辺の高低差は各自現地目測による
○用途地域等　　第1種住居地域とする（実際は第1種中高層住居専用地域）、
　　　　　　　　高度地区指定なし（実際は22m第2種高度地区）
○建ぺい率　　　60%とする
○容積率　　　　最大200%とする（実際は300%）
○日影規制　　　なしとするが、グループ内では互いに配慮すること
○スタジオ内で3人ずつのグループに別れる
○グループごとに話し合い、グループ敷地をコモンスペース（共有庭）と3つの個人敷地に分割して設計する。コモンスペースはどの個人敷地にも接するように計画すること。また、個人敷地は原則として周囲の道路からの直接の出入りが可能であるように計画すること。不可能である場合、コモンスペースを通過する必要性をなるべく低くする。また、他者の敷地を通ってアプローチすることはできない
○コモンスペースはグループで設計する

2. 設計条件
○規模　　　　・延床面積（住戸面積）2,000㎡程度、住戸数30戸程度（±10%）
　　　　　　　・住戸タイプ（面積、室数等）は3種類以上あることが望ましい
　　　　　　　・廊下等の共用部分は延床面積に含まない
○構造　　　　鉄筋コンクリート造
○階数　　　　3階以上。原則として地階は設けない
○駐車場　　　各個人敷地に5台（うち1台以上は身障者用）
○駐輪場　　　住戸数の2倍以上の台数を確保。個人敷地内に限らず、グループ敷地内に設ければよいものとするが、利便性に配慮すること
○共有施設　　居住者のコミュニティ形成に寄与するスペース。設置場所は屋内外を問わない。また内容は適宜提案してよいが、各個人敷地内に少なくとも一部が配置されていること
○設備等　　　エレベーターを1基以上、適切な数を設ける。エレベーターのサイズは住戸配置等により選択して良い。ただし小型の場合はトランク付とし大きな荷の搬送が必要に応じて可能となるよう配慮すること。ゴミ置き場、設備機械室を設ける。これら設備には、ゴミ収集車・資源収集車の周回やメンテナンスが付帯的に発生することに留意する
○その他法規制は遵守する
○グループごとにエスキスを受け、敷地全体としての整合性がとれるよう努力すること（最終的にはスタジオ担当の教員の判断にゆだねる）
○スタジオ内の他のグループのエスキスも聞き、参考とすること

3. 外構計画・ランドスケープデザイン
○グループでテーマを設定し、グループワークでコモンスペースの設計を行う。各人の集合住宅へのアクセス等に留意し、整合を図ること
○敷地内の外構は、コモンスペースのデザインに対応させて、各人で設計する
○「居住者のコミュニティ形成に寄与するスペース（屋内外を問わない）」との関係に留意し、整合を図ること
○1層分掘り込む・盛るなど、過分な地形の変更を伴わないデザインとすること。デッキの設置等はかまわない
○コモンスペースのランドスケープデザインのテーマ設定にあたっては、対象（だれが）、機能（なにをする）、そのための具体的な環境構成要素（なにによって）などフェーズの異なるデザイン提案が重層的に必要になることに留意されたい

4. 最終提出物
○ 設計主旨・コンセプト図
　　敷地や周辺の状況で、設計に関係すると思われる点を調査し、図面、スケッチ、ダイヤグラムを用いて説明する。設計主旨について、文章、図面、ダイヤグラムを用いて説明する。
○配置図兼1階平面図1/100
　　道路、隣地、敷地内の外構計画を表記する。コモンスペース部分を入れること（レイアウト上、コモンスペースを含む配置図を置くことが難しい場合は、縮尺を小さくしても良い）
○各階平面図1/100　寸法、室名、家具を記載する。住戸タイプの違いが分かるように示す
○断面図1/100（2面以上）
○立面図1/100（2面以上）
○面積表（住戸タイプごとの面積と戸数、住戸部分合計面積、コミュニティ施設面積、その他諸室面積として記載する）
　　※上記をA1用紙（トレーシングペーパーは不可）にレイアウトしたプレゼンボードを提出（単に必要図面を並べたものではプレゼンボードとみなさない）。彩色自由
○全体模型1/100

※東京電機大学の課題出題教員インタビューは本書バックナンバー「JUTAKUKADAI05」P.250を参照（山田あすか・呉鴻逸・荻原雅史「集合住宅の設計」）

東京都市大学
Tokyo City University
工学部 建築学科

2年生／設計（2）／ 2018年度

本に住まう

出題教員コメント　本という、消え行くと言われていたメディアが消えない。むしろ復権している。雑誌はインターネットにとって変わられたが、紙媒体小説の出版は伸びている。これは建築設計という職能が未だに人工知能にとって変わることができない現象と根を同じくしている。時代の変化を経ても変わらず生き残る要素とは何か？ 建築の存在本質を問う課題です。（手塚貴晴 教授）

東京都市大学
工学部 建築学科 3年
（課題時は2年）

藤原 好海
Fujiwara Konomi

本がつくる居場所のある家

設計趣旨　本がある場所に存在し、読む、使うという行為が起こることによってその空間は特有の空気を持ち、居場所を生み出す。それにより、人とのコミュニティも生まれる。そんな誰もが必ず自分の居場所を見つけることのできる集合住宅を提案する。

指導教員コメント　人と本の間に存在する深い絆をみごとに表現した作品であると言えます。絵本の世界が現実に抜き出て、共に住むというテーマをみごとに表現した作品。無数のスケッチや模型を駆使してスタディを重ねた結果の結論。全ての壁の角度や窓がしっかりとした意味を持っている。そのプロセスもできれば展示して欲しかったです。（手塚貴晴 教授）

東京都市大学 工学部 建築学科 — 藤原 好海

課題条件により選んだ本は『ぐりとぐら』（福音館書店）。普段は森に住んでいる動物たちが、かすてらの甘い匂いにつられてやってきて、種族関係なく仲良く食べる。こういった心地良い空間をつくりたいと考え、この場面を建築に落とし込んでいく

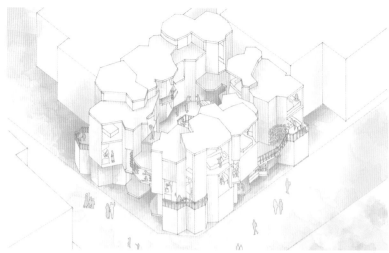

全体構成

◻︎ 4人家族の住戸　◻︎ 2人暮らしのカップル住戸　◼︎ public space

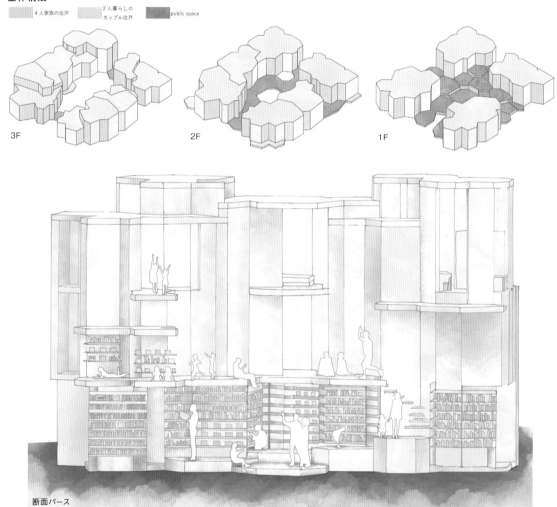

3F　　2F　　1F

断面パース

審査員コメント

本を集合住宅の住民をつなぐツールとして使うアイデアがとても良いです。最近では図書館の役割も昔と変わり、単純に人が本を借りる場所から、本と出会う場所、人と出会う場所に変換されてきています。そのような時代の流れをくみ、本を集合住宅の内部へと引き入れるストーリーを美しくまとめ上げています。人の居場所を丁寧に設計していった集合体が、独特な全体像をつくっている点も好感を持ちました。

（吉野 弘）

子どもの書架。高さが1,600mmの子どものための書架

空の書架。窓を開ければ外部空間になり、風が通る

プライベートの書架。本棚で区切られた、1人のための書架

エントランスの先にある奥の書架。落ち着いて読書ができる

エントランス。最も広くみんなで集まることができる

課題

東京都市大学 工学部 建築学科
2年生／設計(2)／2018年度

本に住まう

出題教員：手塚貴晴

指導教員：手塚貴晴・冨川浩史

敷地がTSUTAYAのそばであることは分かっている。欲しいのは新しい本との付き合い方である。

電子書籍が普及したせいで出版物が減っていると言われている。

1995年をピークに4割程も減った。

ところがよく見てみると減っているのは雑誌のほうであって、書籍の出版量はそれ程落ちていない。さらに掘り下げれば電子書籍が登場したのは1995年ではない。Kindleの第一世代が発売されたのは2007年。12年後である。1997年はアップルに追放されていたスティーブ・ジョブズが漸く復帰した年である。iPhoneが発売されたのは2007年。この時点で出版物は20％減っている。ちなみにこの時点から10％程度しか減少していない。結論から言えば、電子書籍が紙媒体書籍減少の主因でないことが分かる。情報伝達を目的としていた媒体が、ネットの普及の打撃を受け、そこに電子書籍が追い打ちをかけたというのが真相であろうと思う。加えて米国では紙媒体書籍の出版量は横ばいになっている。デジタルカメラが登場しフィルムはもはや絶滅の危機にある。ところが本はそうなっていない。写真が生まれたとき、絵はなくなると言われた。しかし絵は無くならなかった。同様に本は無くならないかもしれないのである。本の価値とはなんであるか建築を通して考え直して欲しい。

近年ブックカフェあるいはブックホテルなるものが現れている。一説として本は単独でもう売れないので、環境として提供してなんとか売ろうとしているという考えもある。しかし、もし本そのものに価値が無いのであれば、本の商売そのものを辞めれば良いのである。そうならないのは、本に人に魂を揺さぶる演出力があるからに違いない。活字が打ち込まれたとき、紙は紙であることをやめ魂を持ち始める。それは自然、それを包み込む背表紙にも滲み出てくる。その本が本棚として並ぶと、人の心を落ち着かせ場の世界観を放ち始めるのは紛うことのない事実である。

今回は一万冊の本がある賃貸住宅をつくってもらいたい。滞在期間は短くても良い。海外からの訪問者も受け入れる。ただしその本のテーマを決めるのは諸君である。例えばクラシック音楽というテーマを選べば、その音楽に因んだ小説から楽譜まで並べることになる。勢いLPレコードも並べて良い。するとそこには多少の楽器の演奏空間も欲しくなる。敷地に入れる住戸は計6戸とする。4人家族が住める住戸が4戸。子供のいないカップルが住める住戸を2戸である。高さ制限は10mとする。駐車場は必要ない。

東京理科大学
Tokyo University of Science
工学部 建築学科

2年生／設計製図1・第2課題／2019年度

根津に住む

出題教員コメント 木造住宅地である根津はその歴史、文化、ヒューマンスケールの魅力を残しながら、近年はまちに開いた新しい住宅や店舗、スペースも生まれてきています。このエリアの中に特徴の異なる3つの敷地を設定し、学生が1つを選択して住宅をつくる課題です。まちに対する関わりの持ち方、周囲の街並みや歴史性への配慮、光や風の取り入れ方、核家族に捉われない多世代の複数人が住む新しい根津の住まいを考えてもらう課題です。（熊谷亮平 准教授）

東京理科大学
工学部 建築学科 2年
（当年度課題）

橋口 真緒
Hashiguchi Mao

道の縁

設計趣旨 根津は道端で交流をする住民が頻繁に見られる地域だが、住宅が密集し道が細いへび道では人が行き交うだけで地域のつながりが希薄になっている。そこで内外に三角縁がある家を置くことで道の縁となり、人が集まる場をつくり、道と家、人と人のつながりを生み出すような空間を提案する。三角縁から入ることのできる1階は、昼は地域に開放し、夜は住人が使うというセミコモンスペースになっている。

指導教員コメント 不整形の小さな敷地において、敷地境界に呼応した中間領域を立体的につくり出し、まちに対して個人空間と共用空間を巧みに調和させた提案です。内外の三角縁側が「へび道」固有の街並みの連続感を引き立てている点も評価できます。場所の可能性を読む力、それを生かせる住人設定と空間利用のアイデア、シンプルで柔軟な造形操作を導けるセンスが、課題で求めた「住むことの楽しさを生み出す空間」を高いレベルで具現化しています。（峯田 建 非常勤講師）

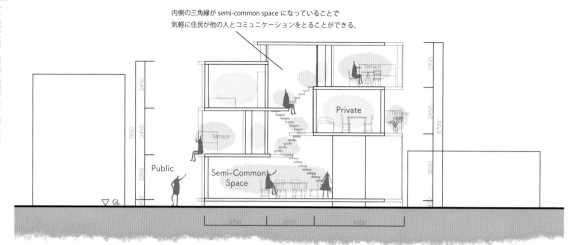

内側の三角縁が semi-common space になっていることで
気軽に住民が他の人とコミュニケーションをとることができる。

断面Diagram

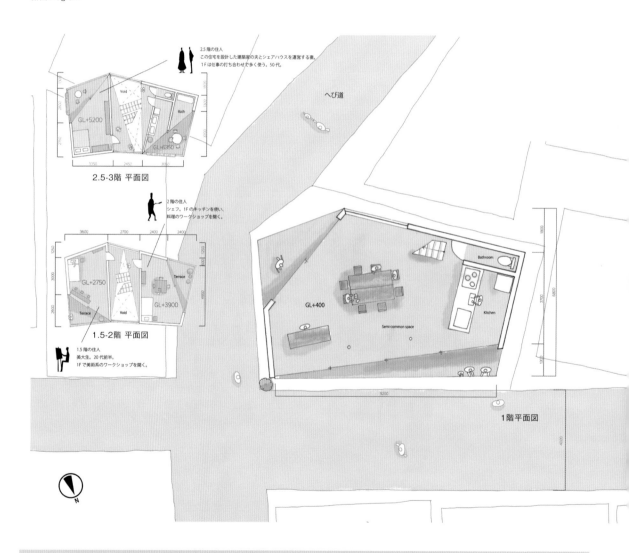

2.5 階の住人
この住宅を設計した建築家の夫とシェアハウスを運営する妻。
1F は仕事の打ち合わせで多く使う。50 代。

2.5-3階 平面図

2 階の住人
シェフ。1F のキッチンを使い、
料理のワークショップを開く。

1.5-2階 平面図

1.5 階の住人
美大生。20 代前半。
1F で美術系のワークショップを開く。

1階平面図

審査員コメント　住宅に斜めに入る非常にスケール感の小さな道「へび道」は、人が行き交うだけで人がとどまる場所ではないというところから、この「三角縁」というアイデアになったとのこと。"押し込む"という表現が独特で、敷地を押し込んでできた凹みが人のたまりをつくり、それが内部空間にも展開され、内部の人とのつながりも三角という縁でつながっていく。へび道のスケールが内部にも入り込み、それを空間で上手く構成していると思います。（加茂紀和子）

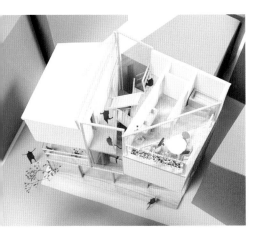

東京理科大学 工学部 建築学科
2年生／設計製図1・第2課題／2019年度

根津に住む

出題教員：池田雪絵・石橋敦之・伊藤孝仁・船木幸子・細矢 仁・
　　　　峯田 建・熊谷亮平

指導教員：峯田 建

根津の一角に、まちとの関わりが生まれる住空間を提案する。多様な価値観やライフスタイルが存在する現代において、住む事の楽しさを生みだす空間であることが望まれる。

1. 計画要件
○対象エリア内に3ヶ所の候補地を挙げる。各自1つを選択し設計対象敷地とする
○地上10m、地下2mまでを建築可能範囲とする
○隣地境界線から500mm以上後退した範囲を建築可能とする
○住人は多世代で3人以上とし、そのうちの誰かが根津の地域と日常的に関わるものとする
○光と風の取り入れ方を工夫した空間とする

2. 最終提出物
○配置図1/200
○平面図1/50（各階）
○断面図1/50（2面）
○立面図1/50（主要1面以上）
○タイトル、計画説明（コンセプト）
○模型写真、イメージスケッチ・パース等
　※上記をA1用紙（枚数自由）に表現してレイアウトする。地上階平面図と断面図、模型には敷地境界と周辺環境を表現すること
○建築模型1/50（敷地環境を表現し、人形をいれること。着彩の有無、材料などは自由）
○ボリューム模型1/200（敷地周辺模型に提案物ボリューム模型を入れること）

Diagram

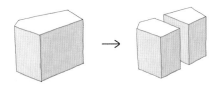

根津の小さいスケールの住宅敷地に合うように二分化する

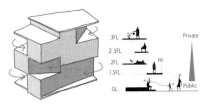

角を押し込むことで雨風をしのげるような居場所をつくる。階高が上がるごとに個性のある居場所をつくっている

1階の大きいスペースを地域に開放し、通り抜けられる道や、へび道のリビングとして利用する

夜間は、1階を家の住人の共有リビングとして私的に使う

※東京理科大学 工学部 建築学科の課題出題教員インタビューは本書バックナンバー「JUTAKUKADAI06」P.240を参照（熊谷亮平「根津に住む」）

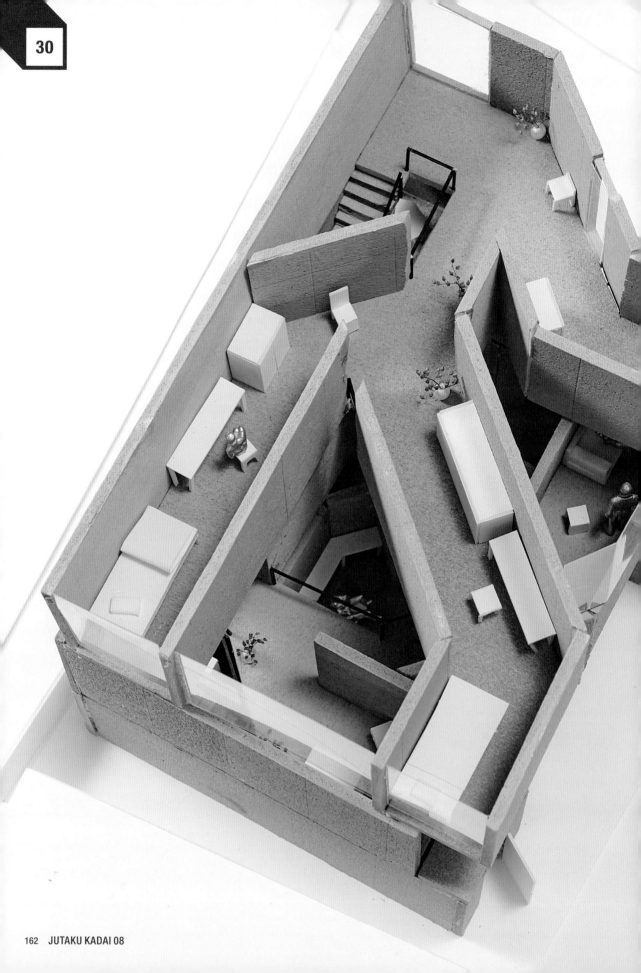

東京理科大学
Tokyo University of Science

理工学部 建築学科

2年生／設計製図Ⅰ・第2課題／2019年度

谷中の事務所つき住宅

出題教員コメント 近年高密な都市部に建てられた住宅は、相互に関心がなく関連性がないように見える。敷地面積・延床面積も限られ、場合によっては窓から太陽光を望めないこともある。しかし、このように高密に集まっていることで、都市の日常生活が特徴ある風景へと変換され、どこにも無い不思議な様態が生み出されています。この課題では、台東区谷中において、建築事務所を営むという都市との接点を持ちながらどのように街と関係を結ぶかに主眼を置きました。

（垣野義典 准教授）

東京理科大学
理工学部 建築学科 2年
（当年度課題）

松浦 開
Matsuura Kai

行き止まりの家　谷中の事務所兼住宅

設計趣旨 一般的にマイナスイメージを持たれている「行き止まり」。谷中にはそんな行き止まりが多く存在しているが、その評価は正しいのだろうか。実は行き止まりにも魅力があるのではないか。実際にそこに暮らすことでそんな魅力を感じ取ることができるはずだ。また谷中特有の地形に魅力を見出すことが建築家である自分と地域のつながりになっていく。

指導教員コメント 「行き止まりの家」は、Y字路を見立てた廊下を持つ住宅です。袋小路となった部分に従来の居室部分が展開されます。この廊下はところどころ分岐点を直線的な動線として捉えられ、廊下自体も居住行為を包含しています。R・エヴァンスは、住居内廊下の有無がモダニズムの住宅と19世紀の住宅を分ける点に着目しましたが、この提案は、両者を総合するようなかたちで住居内廊下の可能性を提示しています。

（片桐悠自 助教）

a-a' cross section plan

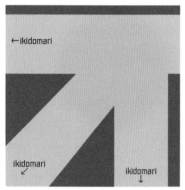

緩やかな空間のつながりにより、交点で個性が交わる　　奥に進むほど落ち着いた空間となり、使用者の個性が展開されやすくなる

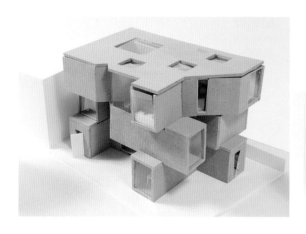

審査員コメント	路地の行き止まりに注目して、行き止まりを家の中に展開した案。2mくらいの幅しかないチューブ状のものを3層に重ねて、あちこちに行き止まりをつくったり交差点をつくったりと、まちの中にある経験を家の中に持ち込み、まち	と連続した住まい方を独自に開発しています。路地だけだと住めないと思ってしまうところを、ボイドを使ったり突き当りに窓を設けたりなど、光の入り方を巧みに操作し、非常に魅力的な空間が生まれています。（田井幹夫）

入り組んだ路地と行き止まりから着想を得た空間により、つながっていなそうで実はつながっている空間が続き、進むほどに空間の存在に気付かされる

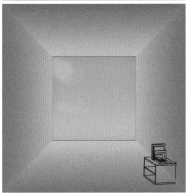

上下空間も緩くつながる。他の階の様子もちらりと見える

見回したとき、さまざまな景色が目に留まる

見回したとき、さまざまな景色が目に留まる

東京理科大学 理工学部 建築学科
2年生／設計製図Ⅰ・第2課題／2019年度

谷中の事務所つき住宅

出題教員：垣野義典

指導教員：片桐悠自

都市部には高密度に住宅が建ち並ぶエリアがあります。近年建てられた住宅は、それぞれ相互に関心がなく関連性もないように見えます。各敷地面積はそれほど大きくなく、延床面積も限られ、場合によっては窓から太陽光を望めないこともあります。

しかし、このように肩を寄せ合うように高密に集まっているからこそ、都市の日常生活が特徴ある風景へと変換され、どこにでもあるような、どこにも無い不思議な様態を生み出しているとも見えます。

この課題では、都市の高密に住宅が建ち並ぶ敷地において、あなた自身が建築事務所を営みながらどのように街と関係を結び生活を送るかを思考し設計してください。

1. 課題の与条件と設計要件
〇所在地　　東京都台東区谷中（HAGISOというカフェが建っています）
〇用途地域　第一種住居地域
※谷中は、近年観光客が激増し、飲食店や商店が増えるなど、活況を見せています。今でも谷根千（谷中・根津・千駄木）エリアは、住むうえで人気のエリアです
〇依頼主　　4人家族。40才の自分（建築家）、結婚相手（職業：自由に設定）、
　　　　　　女の子（中学3年）、男の子（小学5年）
〇敷地面積　177㎡
〇延床面積　住宅部分、建築事務所部分あわせて250㎡まで（許容容積率300%）
〇建ぺい率　60%
〇構造　　　自由
〇階数　　　自由

2. 最終提出物
〇タイトル　設計主旨を表すキャッチコピーをつける
〇設計主旨　簡潔な文章、概念図、写真、スケッチなどで設計意図を表現すること
〇配置図1/100（屋根伏図を兼ねる。方位、前面道路、外構も必ず記入すること）
〇平面図1/50（各階、家具等も記入。1階平面図には外構も含める）
〇立面図1/100（2面以上。外構も含める）
〇断面図1/100（前面道路を含めた2面以上）
〇面積表　　各階床面積、建築面積、延床面積、建ぺい率、容積率
〇パース　　内観または外観パース。着彩は自由
〇模型写真　提出図面にレイアウト
　　　　　　※上記をA2サイズのケント紙、インキング仕上げ（手描き）枚数自由でまとめる
〇模型1/50

※東京理科大学 理工学部 建築学科の課題出題教員インタビューは本書バックナンバー「JUTAKUKADAI05」P.252を参照（垣野義典「『週末住宅＝もうひとつのイエ』を設計する」）

東洋大学
Toyo University
理工学部 建築学科

不純な住宅

出題教員コメント 家族形態・ライフスタイルの多様化、住以外の機能との複合、空間や物のシェア、地域連携の深化など住宅をめぐる状況は大きく動いており、住宅もより広い役割を果たすように変わらざるを得ません。この課題は、親族6人が相矛盾する要求を持ちながら同居する設定を通して、このような社会的課題に応える建築を設計・提案するトレーニングです。また、モダニズムに対して今一度真摯に考えるきっかけとなることを期待しています。（篠崎正彦 准教授）

東洋大学
理工学部 建築学科 3年
（課題時は2年）

林 奈々緒
Hayashi Nanao

むすび 〜街とヒト、ヒトと人〜

設計趣旨 複雑な家族構成や生活形態が多様化している現代には、人と人の関わり方が豊かな住宅が必要である。この住宅は1階のパブリック空間から3階のプライベート空間へと徐々に性格を変え、壁柱のズレが部屋と部屋を緩やかにつなぐことによって、人と人の関わりが距離を保ちながら豊かになる。まちや他人、家族に開きつつも閉じられた住宅である。

指導教員コメント 核家族という単位により内部で完結していた住宅は、「不純な」家族を想定することで社会という外部へ接続せざるを得ません。そこでは個人から社会へ、ダイレクトに接続するのではなく、段階的に関係を調整できる必要があります。平面と断面構成、架構を統合し、プライベートからパブリックへとグラデーショナルに切り替わる空間を実現した本作品は、この家族にとってふさわしい住宅の提案となっていると思います。
（塚田修大 非常勤講師）

オープンスペース

まちの小さな公園として開かれている。
飲食店のテラス席や近所の人の憩いの場になる。また広いスペースは駐車場や、小さな子供の遊び場にもなる。

飲食店裏から

飲食店裏側からも前の通りや、人々の活動が見える。
裏側のライブラリーは静かな空間として、通り沿いのライブラリーは交流しながら楽しめる場所になっている。

通り沿いのライブラリー

にぎやかなライブラリーとして利用できる。
1階のオープンスペースでイベントが開かれているときはここもオープンなライブラリーとなる。

1階平面図

リビングからテラス

リビングはテラスからの光と天窓の光が差し込む。
テラスの様子や外の景色を楽しむことができる。
リビングからはBCDの部屋、Eの部屋へとそれぞれにつながる階段がある。

2階平面図

A 居室前

BCDの部屋とつながる階段がある。
正面にはキッチンとダイニング、
右手には日の光が入る大きな窓がある。

BC 寝室前テラス

通りの裏に面した静かなテラス。
夫婦の書斎や、落ち着く場所となる。
住人の増減により部屋が必要なときは
収納部屋やこの書斎などが居室になる。

3階平面図

審査員コメント

とても良い作品です。下階の壁面数が少なく、上階に多いのは、下階ではパブリック性を確保し、上に行くほどプライベート性を多く確保しているからだそうです。そして、下から上まで貫通している壁は鉛直荷重を受けていますが、上部にだけ存在する壁は、天井から垂れてきており、引張荷重を受けているとのこと。つまり、この案では機能、空間構成、そして構造が一貫して論理的な相関関係を身に纏っており、読み解けるストーリー下に配されているのです。その透明感がこの案の魅力です。（寳神尚史）

Diagram

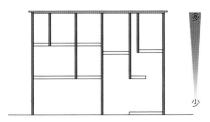

壁柱の増加
徐々に増えていく壁柱は個室の増加とプライバシーを守る壁になる。壁柱の少ない1階は開けた空間になる

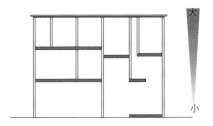

床の増加
床スラブの増加は内部空間と生活空間の増加となる。1階は外部が多くまちに開けた空間になっている

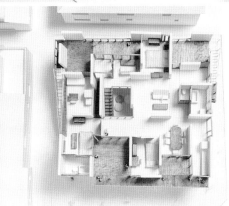

課 題

東洋大学 理工学部 建築学科
2年生／建築設計製図II・課題3／2018年度

不純な住宅

出題教員：篠崎正彦

指導教員：塚田修大

社会の変化を反映して建築の在り方も変化する。住宅についても今までは一般的でなかった居住者構成や住まい方が現れてきている。本課題では、以下に示すやや風変わりな家族が生活する場としての住宅を設計する。
本文で挙げた以外の詳細は各自で設定し、対応する建築的なプログラムとそれにもとづく建築の姿を提案することを要求する。生活の具体的な場面を想定しながら設計を進めていくことを期待する。また、前課題でも取り上げた構造や環境についても十分配慮すること。

1. 居住者およびその要求
亡父から相続した土地（現況は駐車場）を売却や分割をせずに、相続した人たちおよびその血縁である以下の6人が住みながら活用することとなった。
A:男性(73)、無職
B:Aの息子(43)、会社員(理系専門職)
C:Bの妻(41)、会社員(介護職)
D:BとCの娘(16)、高校生
E:Aの娘(41)、和食料理人
F:Aの孫(24)、会社員(営業職)、父はAの長男だが既に死亡
各居住者からは以下の要求が出ている。矛盾するものもあるが、すべて叶えるようにする。表中の記号の意味は次の通り。
○:実現したいと強く思う、△:できれば実現したい、無印:希望なし。

	A	B	C	D	E	F
居住者が集まる	○	△	△		△	
仕事・趣味のための自分専用の場所		○	○	○	○ (店を開きたい)	○
コレクションの展示または収納	○ (リトグラフ、全紙大30枚)		○ (子供向け絵本、300冊)		○ (食器、和食膳40脚など)	△ (楽器、ギター10本)
一人でくつろぐ	○	○	○	○	○	○
思いっきり音を出したい				○		○
家事を楽に	△	△	○		○	○
老後の介護	○					
四季の変化を楽しむ	○	△	△		○	
家庭菜園	○			△	○	
近隣とのつきあい	△				△	
友人を連れてくる	○			○	○	
住み続けたい	○		○			
車・自転車	普通自動車1台、自転車3台(いずれも居住者全体で共用)					

日常生活に必要な機能は備えること。各自が必要だと考える機能を付け加えても良い。延床面積は300㎡を上限の目安とするが、各自の設定により異なっても良い。

2. 敷地
駅前の商業地が閑静な住宅地に移り変わる場所にある。周囲の雰囲気や建築の建ち方にも配慮すること。
面積323.79㎡、第1種低層住居専用地域、最高高さ10m、建ぺい率60%(角地緩和により→70%)、容積率150%、構造・階数:自由。
※その他にも多くの法的規制があるが、本課題では考慮しないこととする

3. 提出物
○題名
○学籍番号、氏名
○想定した生活像と設計趣旨
○ダイアグラム
○面積表
○主要構造形式
○配置図兼屋根伏図1/300
○各階平面図1/100(1階平面図には外構も表現すること)
○断面図1/100(2面)
○立面図1/100(1面以上)
○室内パース(1枚以上、模型写真で代用しても良いが、インテリアの様子がわかるようにすること)
※以上をA1縦づかい×2枚にレイアウトする
○模型1/50(敷地模型はスタジオごとに作成する)

東洋大学
Toyo University
ライフデザイン学部 人間環境デザイン学科

2年生／人間環境デザイン基礎演習III／ 2019年度

「5人の閉じた家」から
「2人の開いた家」へ

出題教員コメント 本課題は、デザインを総合的に学ぶことを到達目標として、3つの小課題で構成しています。第1課題で住宅を設計し、第2課題でその住宅に設置する照明器具をデザインし、第3課題でその住宅の30年後を想定して、社会状況や家族構成の変化を踏まえた改修を行います。この一連の課題を通して、プロダクトから建築、さらに地域を視野に入れたデザインを学びます。併せて、時間軸を取り込んだ設計を行うことを意図しています。（仲 綾子 准教授）

🏠 植田賞

**東洋大学 ライフデザイン学部
人間環境デザイン学科 2年**
（当年度課題）

日向野 秋穂
Higano Akiho

死なない住宅

設計趣旨 性別、年齢、精神状態などさまざまな違いを持つ5人が暮らす1つの家。外形の派手さよりも、内側に散りばめられた空間が、住み手に疑問を与えて、その住み手が応えるかたちで住宅を変えていく。そんな一軒家を目指した。また、高い天井に対して比較的狭い幅を要所要所に設けることで、非日常的な空間をつくり、「平野邸」という特別感が住み手に生まれるように意識した。

指導教員コメント 本作品は、第1課題（祖母、夫婦、子どもの5人家族のための住宅の設計）で、2階のインナーテラスを中心に内外をつなげつつ光を取り入れている点で卓越していました。さらに第3課題（30年後を想定した夫婦2人のための改修）で、「人生の終わりに向かう夫婦に必要なことは何か」という根源的な問いからはじめ、「映画」を導入してアールの屋根を架けることにより都市住宅としての強度を増している点で優れた作品と評価されました。（仲 綾子 准教授）

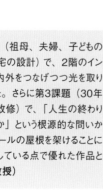

スクリーン

映画から始まる関係

向き合うとは?つながるとは?
人生の終わりに向かう夫婦に必要なのは、共に過ごし、共に向き合うこと。地域が一致団結するために必要なことは、同じ立場で同じ状況を過ごすこと。相手を理解するのではなく、知ること、そして許容することが最も大切なこと。巨大スクリーンを通して、同じ方向を向き、同じ時を過ごす。開かれた家でありながら、秘匿性の高い空間を持つ。しかし一度映画が上映されると、皆が注目する。スクリーンから始まる関係。地主の死後も使われ続ける家。

座位の空間

起居動作の中でも、座位はより人間的な動作。死後、何が起こるか分からないからこそ、人間としての生物的本能に従った行動を惜しみなく体感できる。何に、どう座り、何をするかは自由。こうするものであると縛られない空間が夫婦の幸せにつながる。

空虚の空間

意味を常に求める世間から一歩離れた、という意味を持つ空間。そこにあるべきなのか、そこにあってどうなるのか、それは住む人が知っている答えであり、私たち設計者は知ることがない。

2F

臥位の空間

寝て・起きて・立つ。臥位はそれ単体でもストーリー性を持つ。夫婦には、たとえ30年以上の付き合いだとしても、共に朝夜を過ごしてほしい。臥位の間で忘れゆく記憶を温めなおしてほしい。当たり前を尊重する空間こそが、臥位の空間である。

1F

公共の入り口

公共とは、皆のものでもあり、しかし誰のものでもない。私有地の中に公共性を持つ空間を作ることで、地域への関与のきっかけを作る。映画を通して、誰が来るのか分からない、そわそわした気分を過ごすための空間。誰かの空間ではあるが、空間に生まれる空気は誰のものでもなく、皆のものである。誰かを知る第1歩がこの空間にはある。

おかえりの空間

仕事も辞め、毎日がゆったりと流れる夫婦には、今まで当たり前だったことが消え薄れるかもしれない。「おかえりなさい」と言うには同じ玄関から、入ること。入って、たとえそこに誰もいなくても、おかえりなさいという空気は感じ取れる。いつもの情景が1日1日重要になる。

審査員コメント　この作品は、まずその課題のプロセスがおもしろく興味を持ちました。以前設計した住宅の課題を、30年後に改修するという段階を経たものです。最初の住宅課題では、外部に開かれた矩形の設計でしたが、改修では大胆にもそれにヴォールトのスクリーンをかけるというものです。外に向かっていた30代から、自身の人生に向かい合う60代の住宅という時間軸が力強く表現されていて驚きました。（吉野 弘）

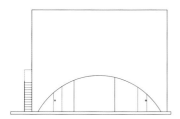

南北側面図

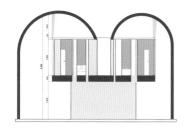

断面図

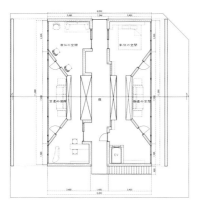

2階平面図

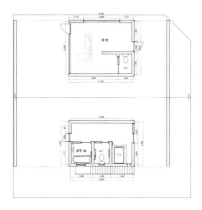

1階平面図

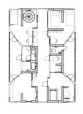

改修前1・2階平面図

東洋大学 ライフデザイン学部 人間環境デザイン学科
2年生／人間環境デザイン基礎演習III／ 2019年度

「5人の閉じた家」から 「2人の開いた家」へ

出題教員：内田祥士・柏樹 良・仲 綾子

指導教員：内田祥士・名取 発・柏樹 良・仲 綾子・小林進一・井上晃良・
　　　　　窪川勝哉・佐々木龍郎・船木幸子

自宅を新築してから30年。歩は66歳、五月は64歳になった。当時小学校4年生だった息子と小学校1年生だった娘は、それぞれ40歳と36歳になり、郊外に自分たちの家庭を築いている。歩の母は、3年前に亡くなった。今、この家に住むのは歩と五月の2人である。使われなくなったスペースは、子どもたちが盆暮れ正月に孫を連れてくるので、しばらくそのままにしていたが、2人きりの生活はあまりにさみしい。そこで、今後の相談をするため、歩と五月は、30年前に自宅を設計した建築家であるあなたと打合せを行った。

打合せした結果、以下の3パターンを設定した。これらのうち、自分が最も関心があるものを選び、その内容に基づき改修案を提案すること。なお、3パターン以外にオリジナルのストーリーをつくってもよい。

1)地域に住んでいる人の溜まり場
　　（コミュニティカフェ、放課後の学童、乳幼児とママのサロンなど）
2)2人の趣味を生かしたスペース
　　（料理、書斎、映画、音楽、模型、ガーデニングなど）
3)他人を受け入れる空間（Airbnb、ゲストハウスなど）
4)その他（オリジナル提案）

●各コースに共通する設定

・駐車場を1台分確保する（歩も五月も運転免許を返納し、車は売却した。息子や娘が訪れるときのために駐車場を1台分確保しておく）
・住居と街とをつなぐ敷地内の屋外または半屋外の空間を積極的にデザインすること
・建ぺい率は70％とする
・容積率は100％とする

●条件

・室名だけの変更は不可
・不要な室を残さないこと。減築を推奨する

1. 最終成果品

○作品タイトル（必ずつけること）
○設計主旨（ストーリーと対応する改修計画を簡潔に記すこと）
○配置図兼改修後1階平面図1/50（周辺環境＜前面道路＞を記入すること）
○改修後2階平面図1/50
○改修後断面図1/50
○改修前1階平面図、2階平面図（空間課題での提出図面を持参のこと）
　※プレゼンボードA2横に上記の内容を記載のうえ、美しくレイアウトすること。適宜、パースや模型写真を加えてもよい
○模型1/50（空間課題の模型に手を加えてスタディする。生活環境課題の提出模型は、新たにつくる）

日本大学
Nihon University
芸術学部 デザイン学科

2年生／アーキテクチュアデザインⅢ／ 2018年度

これからの住まい

出題教員コメント　キャンパス近くの敷地を出題しました。まず実際に敷地を体感し周辺環境を五感で感じながら住宅のイメージをふくらませて欲しかったのです。モニターの世界から学生を飛び出させるためです。マニュアルでも手順でもない思考に触れながら、空間の身体性と創造性を実感させること。ドキドキ、ワクワクしながら空間をデザインする＜楽しさ＞をともに共有する課題でもあります。（熊谷廣己 教授）

日本大学
芸術学部 デザイン学科 3年
（課題時は2年）

菊谷 あこ
Kikuya Ako

間の家

設計趣旨　「間」という言葉には、物と物の隙間という意味以外にも、のどか、ゆとり、ひそかに、などの意味がある。時間に追われながら働く現代人にとって、働く場所のそばには、「間」を楽しめる空間が必要である。木と木の間、公園と家の間、段差と段差の間など、「間」の空間に着目し、仕事場（アトリエ）兼住宅を設計した。

指導教員コメント　敷地の内側だけを意識するのではなく、大きく鳥瞰的に環境を捉えようとしていたようです。
　目の前の成果を求めるのではなく、学生なりに生活者としての思考を体現させようとして努力していました。学園祭、授業、制作と飄々とこなす姿勢が見事であり、自己との限りない会話の中で、どうやら建築的初源と出会えたようです。今後も＜伸び伸びと、そして大胆に！自由に！＞（熊谷廣己 教授）

日本大学 芸術学部 デザイン学科 — 菊谷 あこ

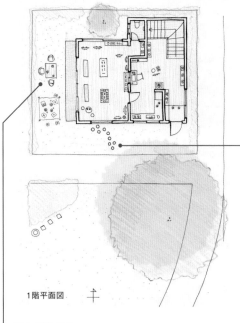

1階平面図

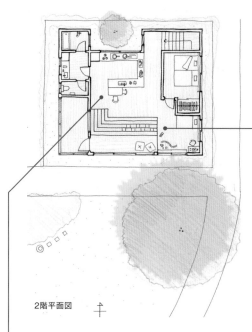

2階平面図

家と公園の間

庭に窓が大きく開くギャラリー。公園と家の中間のような庭が、公園との境を曖昧にしている

丸い窓からギャラリーを覗き込む。飛び石が、公園で遊ぶ子どもとギャラリーの距離を近づける

木と木の間

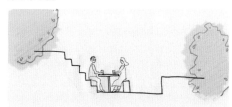

家具のような建築の中で、木と木の間の空間を楽しむ

自由な場所で食卓を囲む

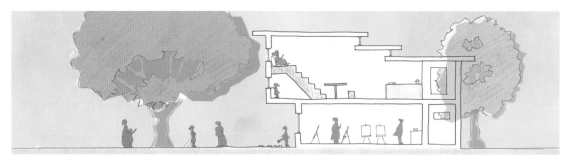

審査員コメント ○○と○○の間、○○と○○の隙間に居心地を発見し、設えてゆく。都市と家との間、外側と内側との間にある中間領域。インテリアでも、リビングルームや階段の裏、上のちょっとしたスペースなどの隙間を細やかに分析し、組み上げていった住宅だと思います。各々に設計のこだわりを感じました。（加茂紀和子）

段差と段差の間

お気に入りの食器を段差と段差の間に飾る

木漏れ日を感じる

子ども部屋になる

日本大学 芸術学部 デザイン学科
2年生／アーキテクチュアデザインIII／ 2018年度

これからの住まい

出題教員：熊谷廣己

指導教員：熊谷廣己

夜間人口の低下―職住分離―そんな都市状況の中で、通勤時間は往復3〜4時間なんて、あたり前の昨今である。住まいは、寝るために帰るだけのネグラとなってしまい、エネルギーを蓄える場所となってしまったようだ。少し昔のことを顧みると、家は地域や人々と結びつきながら働く場所として重要な役割を果たしていたようだ。製造業や店舗を営む町屋でも、光庭を介した奥のスペースや2階の住空間を上手く利用した空間構成が創出されているし、古い農家などでは土間スペースが、働く場所と生活する場所を上手く融合させている実例も多く見られる。現代ではPCなどによるホームオフィス化も進んでおり、技術革新により自立できる職種も多くなり、新しいプログラムを思考する可能性は多いにあるようだ。

<これからの君たちの時代の住まい>の在り方として、もう一度働くことと生活することを融合させる魅力的な住まいをデザインしてもらいたい。

1．提案概要および条件
○住まいと住まいの周辺についての提案
○原則として戸建ての住宅とし、敷地周辺についても考慮すること
○指定された宅地を見学・調査し、植栽や公園などの周辺環境に応答させること
○家族構成、所要室なども各自の提案にしたがって、それぞれ設定すること
○構造、階数など自由とするが、建築的イメージを十分に展開しスタディすること
○法規制は、斜線制限、面積容積制限程度は最低限順守すること

2．提出内容
○設計概要　設計および提案の主旨を600字程度にまとめる
○タイトル　提案内容にふさわしい作品タイトルをつけること
○配置図兼1階平面図　配置図には周辺との関係、外構計画を表現する
○各階平面図　平面図には室名・寸法・家具などを記入する
○断面図（1面以上）
○立面図（2面以上）
○空間表現（外観および内観透視図、図法自由）
○模型（模型制作のこと。模型写真提出）
○その他　各自の提案内容を表現するために必要な説明図やスケッチ
※図面縮尺1/50、提出図面サイズ自由、CAD図面自由

日本大学
Nihon University
生産工学部 建築工学科 建築総合コース

3年生／建築設計Ⅴ・第2課題／ 2019年度

集住体のデザイン
街に開く集住体 ― 神楽坂の集合住宅

出題教員コメント 集住体のデザイン＝集まり住む暮らしのデザイン、その意味を考え、都市生活者の多様な志向、ライフスタイル・ライフサイクルに対応する、次世代に向けた持続的な集住体について考えます。計画場所は神楽坂駅のすぐ前に位置し、周辺には商業施設が立ち並び、緩やかな高低差のある敷地です。この環境と調和し「街に開く」をテーマとした集住体、物理的環境要素と社会的環境要素を含み込む集まり住む、ともに住む暮らしのかたち（人・活動・空間・時間の相互浸透）の提案を求めています。（北野幸樹 教授）

日本大学 生産工学部
建築工学科 建築総合コース 3年
（当年度課題）

下田 ことみ
Shimoda Kotomi

2人の自分がいる住処

設計趣旨 画家から音楽家、建築家、作品を持つ子どもまで、さまざまなジャンルのアーティストが集まる、アーティストのための集合住宅である。神楽坂に訪れた人へ作品を展示、発信しまちへ開いていく。また、アーティストたちにとって集合住宅全体が大きなキャンバスとなり作業から展示、生活までがアートの一部となる。そして、シンボルとなる棟は作品の保存棟であり、アーティストの軌跡を残していく。

指導教員コメント 子どもから高齢者まで、ここに暮らすすべての人が何らかの表現者＝アーティストであり、それぞれの作品を発信する場＝キャンバスを集住体と一体化し、時間の流れの中で培われてきた神楽坂固有のこの場のあり方として、アートによるまちの持続可能性を示した意欲的な作品です。まちに暮らす、暮らし続ける意味を神楽坂の場所性から紐解き、生活そのものがアートであるかのように、まちとまちに暮らす人の相互浸透関係を具現化しようと試みています。
（山田祥裕 非常勤講師）

建物の裏面を感じさせない、まちに開いた展示空間

展示空間と個人の展示空間

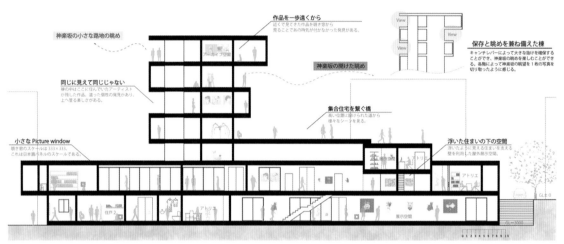

2階平面図

3階平面図

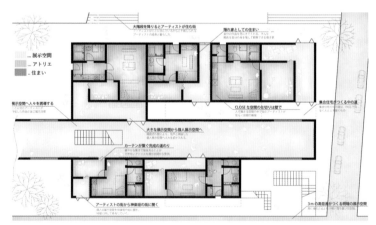

1階展示部分詳細図。住戸ごとに個人の展示空間が隣接しており、自分の作品のタイミングに応じて展示をすることができる。展示空間と住戸が取り囲むように配置されているため、訪れた人は生活の全体をアートとして感じることができる

審査員コメント　非常に複雑な構成で、集合住宅というよりある種の複合施設のように見えます。とてもスタイリッシュでセンスがある。神楽坂の路地性がリニアな2棟の間にあったり、直交するボリュームが上に載っていたりと、すごく緻密に練られたプログラムに対し、真摯に対応してボリュームを組み立てており、良くできています。ただ、操作の過程で路地性が少し失われて少し分かりづらい状態が生まれている。そこに明快さが見えるとさらに良くなると思います。（田井幹夫）

CLOSE

Dwelling

プライベート空間を壁で区切り、個人の空間
をつくる。
EX)風呂、トイレ、寝室

Dwelling & **E**xhibition

リビングから覗き窓で個人の展示空間を観察
する。開閉式の壁で人を招き入れる。
EX)作品の完成したタイミングで壁を開く。

Atelier & **E**xhibition

アトリエから展示空間へカーテンによって緩や
かに繋ぐ。大きなガラスによって開放的に人と
展示空間を繋ぎ招き入れる。
EX)作業空間と作品を見ることができる。

OPEN

28歳／女性
画家 3年目
アクリル画の
作品を作成

20歳／男性
漫画家 1年目
白黒のポップな
漫画を作成

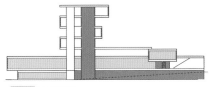

▨・・・Archive

▨・・・Dwelling&Exhibition

シンボルの棟はarchive空間である。この集合住宅で過ごし
たアーテイストの軌跡を残していく。
archiveされた作品は外から覗き窓を通じて鑑賞し各階の
作品を楽しむことができる。

課題

日本大学 生産工学部 建築工学科 建築総合コース
3年生／建築設計 V・第2課題／2019年度

集住体のデザイン 街に開く集住体 −神楽坂の集合住宅

出題教員：北野幸樹

指導教員：山田祥裕

―都市は常にその大半を住居によって特徴づけられている。住居は都市を
構成する基本的要素である。（「都市の建築」アルド・ロッシ）―その集合
体である集合住宅は都市の構成要素として最も重要な役割を担っていると
言っても過言ではありません。

そこで、集まって住むということの意味をよく考えてみてください。東日本
大震災の後、地域のコミュニティや人とのつながりの大切さが見直されてい
ます。また個人の時間や家族、友人との豊かな時間を持つことと、仕事を
充実させることが反目しない生活スタイルを求める人が増えてきているので
はないでしょうか。加えて、少子高齢化や核家族化が著しく進行し、高齢
者・単身者の増加、子育てへの不安、孤独死などが社会問題となり、従
来の集合住宅の空間形式では対応できていない課題も多くあります。その
ようななか、リノベーション物件を中心に、シェアハウス、シェアオフィス、
小規模多機能空間などの家族や会社の単位ではない集住の在り方や空間
の使い方も社会化されつつあります。

そのような時代の変化、人々の多様化、社会的問題点などについて考慮しな
がら、これからの集合住宅としてどうあるべきか提案をしてください。

今回の敷地は神楽坂の駅前にある、もと新潮社の倉庫があった場所です。現
在は隈研吾氏により「la kagu」という商業施設にリノベーションされていま
す。敷地と道路の高低差を巧みに利用して自然と人の流れが施設へとつながる
動線をつくり出しています。話題性も伴い、このあたりが活性化して来たと
言ってもよいでしょう。

そこで、今回の課題では「街に開く」集合住宅を設計してもらいたいのです。
まちに開くとは一様ではなく、商業施設の設置のみならず、居住者による
「住み開き」ということを提案してもよいでしょう。住まうことの楽しさは建
物の内部空間からのみ得られるのではなく、外部空間や周辺環境と関わり
を持つことで生まれます。この敷地の特徴を最大限に生かした、魅力的な
提案を期待します。

※「住み開き」とは
「日常編集家」アサダワタル氏によって提唱された言葉。
お店でもなく、公共施設でもなく。無理せず自分のできる範囲で好きなことをきっかけに、ちょっ
とだけ自宅を開いてみる。そこから生まれるコミュニティは、金の縁ではなく、血縁も地縁も会社
の縁をも超えたゆるやかな「第三の縁」を紡いでくれるはず。

1. 設計条件
〇敷地　東京都新宿区矢来町
・敷地面積　約1,500㎡
・用途地域　商業地域、建ぺい率80%、容積率500%（近隣商業地域　建ぺい率80%、
　容積率400%）
・その他　北西側道路との高低差、約3m
〇計画内容
・延床面積　1,000㎡～1,500㎡（提案内容による）
・階数　地上2階建以上
・住戸数　20戸程度（提案内容による。単身者、夫婦、夫婦＋子ども1程度の家族を想定す
　るが、集合の在り方によって想定すること）
・住戸規模　30～90㎡程度（提案内容による。上記家族サイズや集合の在り方にふさわし
　い規模であること）
・駐車場　3台（居住者用）
・駐輪場　世帯分
・共用部分　エントランスホール、廊下、階段、エレベータ等、必要に応じ適宜設置。集合の
　在り方によって提案をすること
・その他　提案内容により、店舗、事務所等、適宜設置。独立した戸建住宅の集合体は不可

2. 提出物
〇配置図1/200（周辺を含むこと）　〇各階平面図1/100　〇立面図1/100（1面以上）
〇断面図1/100（1面以上）　〇住戸平面図1/50（代表的ユニット1戸のみ）
〇外観透視図（模型写真可）　〇内観透視図（模型写真可）
　※A1サイズ用紙に、以上の内容を美しくまとめること

〇模型1/50～1/100程度（敷地の高低差や周辺環境も含めて制作すること）

日本大学
Nihon University
生産工学部 建築工学科 建築デザインコース

2年生／建築設計演習Ⅲ・設計課題1／ 2018年度

8m CUBE
8m立方の一つの秩序を持った
住宅空間を設計する

出題教員コメント　建築はコンテクストとの関わりの中でつくられるものであると同時に、建築自体は独自の、自立的な秩序を持つものです。2年の最初に行われるこの課題では、その建築の秩序を徹底的に意識することを指導します。8m立方の中に建築の部位を使ってさまざまな秩序を、模型をつくりながら考えます。最終的にその中から一つを選び、住宅として使えるように調整するというものです。（泉 幸甫 客員教授）

日本大学 生産工学部
建築工学科 建築デザインコース 3年
（課題時は2年）

内野 佳音
Uchino Kanon

Composition Links

設計趣旨　3つの面を直角に規則的に組み合わせることで、さまざまな大きさの空間や機能、人のいる場所をつくり出すことができることを発見した。身体スケールや人の行為を想像して、3つの面の基本ピースを立体に組み合わせると魅力的な空間になることも発見した。そのおかげで建築空間を設計するということが理解でき、設計することが楽しくなり好きなことになった。

指導教員コメント　ひとそれぞれに違うだろうが、初めて建築の設計をおもしろいと感じたときのことを思い出せるでしょうか。計画を言葉で明瞭に説明できることは、それはそれで良いことですが、そうでない力を養うことは大切です。この部分の教育はより意識的にやらなければできません。敷地、環境これは周辺環境という意味での環境、ファンクションなどの条件を捨象すれば、建築の空間と唯一存在する身体の関係しか構想の源とならない。彼女はそれを楽しんだのです。（篠崎健一 准教授）

日本大学 生産工学部 建築工学科 建築デザインコース ― 内野 佳音

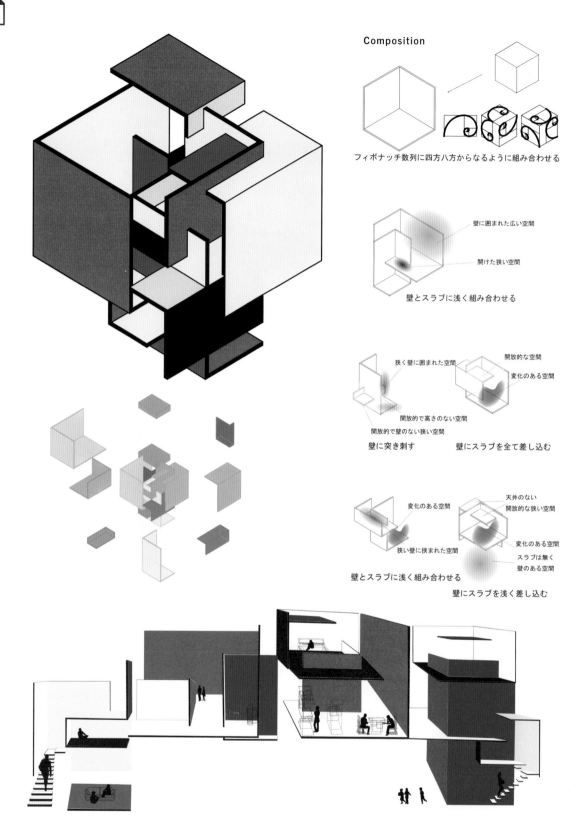

Composition

フィボナッチ数列に四方八方からなるように組み合わせる

壁に囲まれた広い空間

開けた狭い空間

壁とスラブに浅く組み合わせる

狭く壁に囲まれた空間

開放的な空間

変化のある空間

開放的で高さのない空間

開放的で壁のない狭い空間

壁に突き刺す　　　　　壁にスラブを全て差し込む

変化のある空間

天井のない
開放的な狭い空間

狭い壁に挟まれた空間

変化のある空間

スラブは無く
壁のある空間

壁とスラブに浅く組み合わせる

壁にスラブを浅く差し込む

審査員コメント	教員推薦コメントを拝見したところ、「飽くことのない試行錯誤の末に自分のかたちを見つけていった過程が素晴らしかった」など学びの過程について評価されていたので、どのように思索が発展したのか興味を持ちました。本人に確認したとこ	ろ、まずは構成に対する検討を行い、その後に色彩のデザインが登場したそうです。色というものは強い印象を与えます。ですので、色を決めた後でもう一度構成に戻るというように、もう一段階、色と構成の相互検証を行うとさらに良くなると思います。（寶神尚史）

Links

閉じない空間を繋ぐ

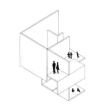

閉じた空間と開けた空間の共存

人との繋がりを保つ

Furniture

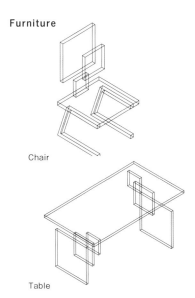

Chair

Table

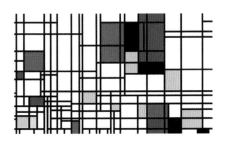

課題

日本大学 生産工学部 建築工学科 建築デザインコース
2年生／建築設計演習III・設計課題1／ 2018年度

8m CUBE
8m立方の一つの秩序を持った住宅空間を設計する

出題教員：篠崎健一・種田元晴・泉 幸甫

指導教員：篠崎健一・種田元晴

設計課題 I では全9週にわたり、毎週毎週課題を出します。通常課題出題後5〜6週の中間指導を経て、課題提出といったケースが多いのですが、この課題では建築の基本であるスケールや光、身体寸法、プロポーションなどなど、建築設計の基本的メソッドについて毎週課題を出します。
最終的に住宅の設計として課題を提出してもらいますが、最終的な成果物の提出に至る過程がこの授業では重要です。ですから毎週要求された課題をきっちりとやり、少しずつ建築のメソッドを身につけてください。

※日本大学 生産工学部 建築工学科の課題出題教員インタビューは本書バックナンバー
「JUTAKUKADAI07」P.274を参照
（泉幸甫・篠崎健一「8mCUBE－8m立方の、ある一つの秩序を持った住宅空間を設計する」）

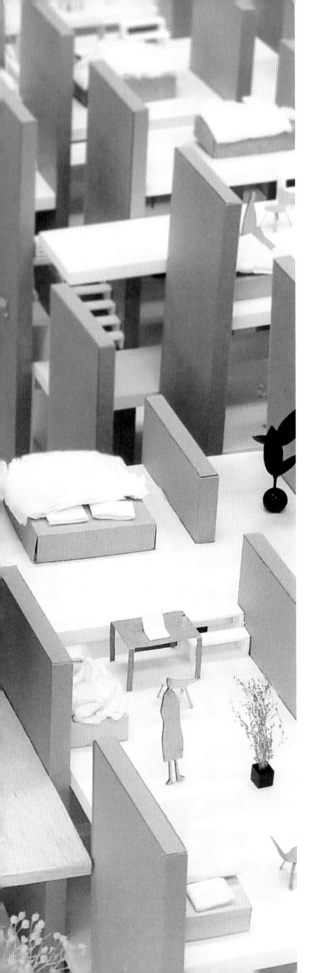

日本大学
Nihon University
生産工学部 建築工学科 居住空間デザインコース

3年生／建築設計Ⅴ・第1課題／2019年度

SKELETON & INFILL

出題教員コメント　人と人が集って住むときの居住空間の計画手法を、2世帯住宅や集合住宅の形式を題材として、構造と機能の補完関係から学ぶ「スケルトン・インフィル」の課題です。国内外の事例を調査し、スケルトンのコンセプトモデルの作成を通じて、学生それぞれが発想したシステムの有効性を検証します。さらに生活動線やコミュニティの在り方を生活者の視点から具体化しつつ、インフィルの計画事例として落とし込み、構造と機能の関係性を学びます。
（鍋島千恵 非常勤講師、山中祐一郎 非常勤講師）

日本大学 生産工学部 建築工学科
居住空間デザインコース 3年
（当年度課題）

新井 菜緒
Arai Nao

棲みつく森

設計趣旨　東京都品川区、設計地の隣にある林試の森公園。かつて植物の試験場として多種多様な木が植えられたが、木々は共存し成長を続け、今では地域の憩いの場となった。この森のように暮らし方の異なる人々が住まう集合住宅の在り方を考える。自由な暮らし方を実現し、コモンに開いた空間を設けることでつながりを生む。助け合いや楽しみの共有から住民たちの関係が構成されていく。

指導教員コメント　人を自然と導き誘うように配置されたシンプルな壁柱の反復の中にランダムな床版を設定し、同時に庭や光の吹抜けをつくりながら高さ方向に多様な視線の抜けをつくる、可変性のある豊かな住空間の構想です。平面的、立体的なつながりに奥行きを持たせ、暮らしに必要とされる多くの居場所を配置し、生活にもたらされる多様な距離感をつくっています。庭を介し「集まって住む」ことの魅力を最大限に生かした新たな都市の住まいを提示し得ると評価しました。
（鍋島千恵 非常勤講師、山中祐一郎 非常勤講師）

日本大学 生産工学部 建築工学科 居住空間デザインコース ─ 新井 菜緒

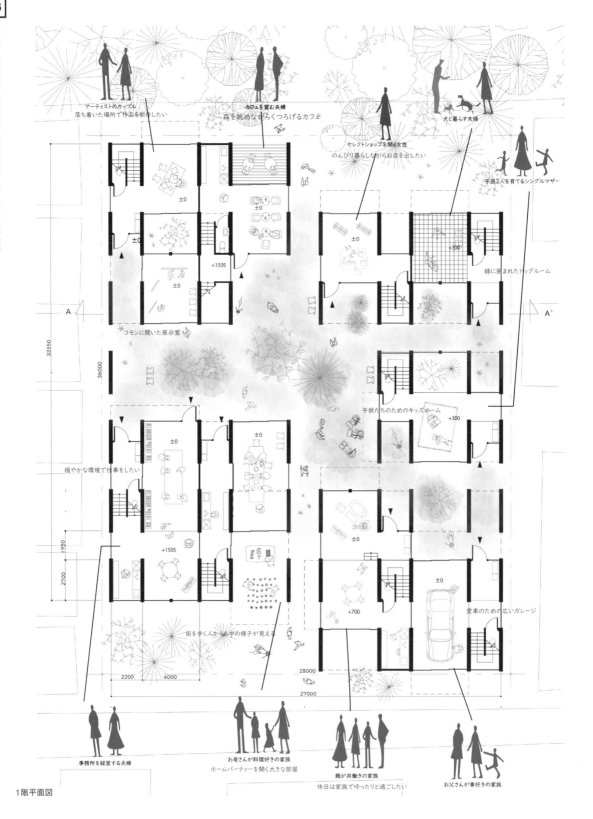

アーティストのカップル
落ち着いた場所で作品を制作したい

カフェを営む夫婦
森を眺めながらくつろげるカフェ

セレクトショップを開く女性
のんびり暮らしながらお店を出したい

犬と暮らす夫婦

子供2人を育てるシングルマザー

緑に囲まれたドッグルーム

A

A'

コモンに開いた展示室

32550

36000

±0

±0

+1505

±0

±0

±0

+300

子供たちのためのキッズルーム

+300

穏やかな環境で仕事をしたい

±0

±0

1950

2700

+1505

±0

+700

愛車のための広いガレージ

街を歩く人から家中の様子が見える

2200　4000

28000

27000

事務所を経営する夫婦

お母さんが料理好きの家族
ホームパーティーを開く大きな部屋

親が共働きの家族
休日は家族でゆったりと過ごしたい

お父さんが車好きの家族

1階平面図

審査員コメント 規則的な壁柱を意識的に間引き、集合住宅の内部に緑をうまく引き込んでいます。住民と周囲に住む人たちに開かれたグランドレベルに呼応しながら、上階ではさまざまな人々の暮らしのための場が展開されていきます。ランダムに架けられた屋根からの光が、森の中にいるような心地良さを生み出しています。構造体としての建築と、房のようにまとわりつく個々の生活がバランスよくミックスされた理知的な提案です。（吉野 弘）

街に溶け込む

森と住宅地は塀によって隔てられ、住宅地からは森の存在をあまり感じられない

森と住宅地をつなぐ道を通す。森の自然を引き込むことで環境をより豊かにする

9戸を分散して配置し隙間をつくる。できた間の空間が共用部となり、それぞれの住戸をつなぐ

変わりゆく住まい

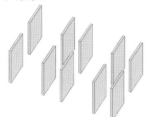

構造体となるスケルトン-PC壁

＋

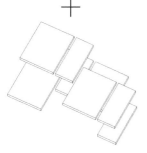

自由なかたちを生むインフィル-床スラブ

＋

階段・トイレ

キッチン　　風呂

SIを支える3つのコア

↓

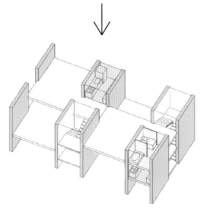

SI＋コアにより住戸の組み換えが容易になる

課題

日本大学 生産工学部 建築工学科 居住空間デザインコース
3年生／建築設計Ⅴ・第1課題／2019年度

SKELETON & INFILL

出題教員：鍋島千恵・山中祐一郎

指導教員：鍋島千恵・山中祐一郎

スケルトン・インフィルの住宅は頭文字をとって「SI住宅」とも言われています。「スケルトン」は建物を支える構造躯体=骨組みのことです。「インフィル」はその中身つまり住居の「間取り」や「内装」のことを指します。

これまでのマンションのスケルトンはインフィルの可変性を考慮していなかったため、家族構成の変化、住み方の多様化に対応できませんでした。また、構造躯体がまだしっかりしていても、設備配管が経年劣化した際に交換できなかったり、新しい設備への更新が難しい構造になっていたりして、住み続けることが困難になり、解体され建て直されていました。

その結果、莫大な資源と建設の労力を無駄にし、大量の産業廃棄物を出していたのです。「つくっては壊し、壊してはつくる」いわゆる「スクラップ&ビルド」を繰り返してきたわけです。

現在、建築行為は、いかにエネルギー消費量を削減するかが一つの大きなテーマになってきています。エネルギーの無駄遣いから脱却するために、100年、200年の歳月に耐えられるしっかりしたスケルトンをつくっておいて、将来、多様化すると想定される生活スタイルや家族の変化にフレキシブルに対応するインフィルを提案してください。

1. 課題について

インフィルを念頭に置きながら、まずスケルトンを計画してください。続いてインフィルを計画しますが、スケルトンが合理的で機能的、かつ魅力的に計画されていれば、インフィルの可能性は高く、多種多様な住空間を創り出すことができるでしょう。しかし、スケルトンとインフィルは同時に考えなければなりません。なぜなら、スケルトンの設計はその後のインフィルの設計にとても大きな影響を及ぼすからです。

また、日照・通風などの居住性や快適性はもちろんのこと、家族が快適かつ居心地良く暮らせる住宅である必要があります。住まい方、暮らし方に対する新しい提案も今後は必要になってくることでしょう。建物はスケルトンの中だけでなく、敷地周辺の環境にまで影響を及ぼすことも忘れないでください。そして「住宅設計の基本」をしっかり押さえたインフィルの設計を心がけてください。

2. 設計条件

住戸数は9戸とする。家族像は各自設定する。各住戸面積はおおむね80〜120㎡とする。与えられた敷地（品川区小山台）に計画すること。

3. 提出物

○設計趣旨
○ダイアグラム（スケルトンの考え方を表すものとユニット概略図）
○街区図（道路や周辺環境を含む）＋敷地内外構図＋1階平面図1/100
○各階平面図1/100
○立面図1/100(2面)
○断面図1/100(2面以上)
○パース又は模型写真（模型写真にはレイアウトが分かる什器や家具を配置すること）
　※A1パネル（枚数自由）に上記をまとめる
○スケルトン模型1/100（スタディ模型で良い。構造躯体の他、9戸のユニット配置と共用部が分かるように表現すること）
○模型1/100（模型写真にはレイアウトが分かる什器や家具を配置すること）

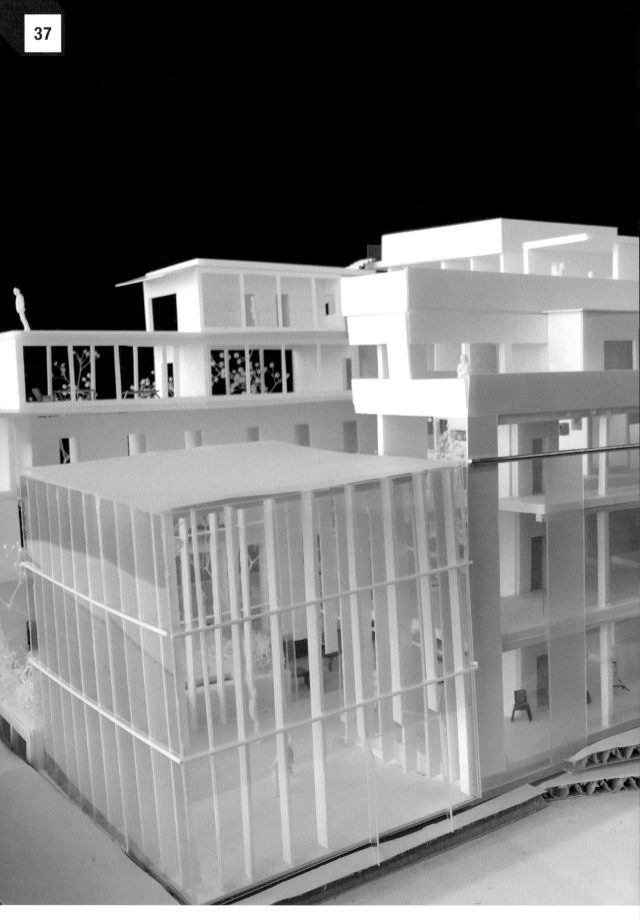

日本大学
Nihon University
理工学部 建築学科

3年生／建築設計Ⅳ・第3課題／ 2019年度

代官山コンプレックス

出題教員コメント　これまで取り組んできたさまざまなビルディングタイプでの学びを統合し、複数の機能が複合・積層された建築について、ゾーニング、動線計画、プランニング、構造計画などを調整・デザインし、1つの建築としてまとめ上げることを修得します。対象敷地は代官山であることから「ヒルサイドテラス」（槇文彦）などの優れた先例も参考にしながら、豊かな都市生活の舞台となる複合建築を設計することを目的とします。（佐藤光彦 教授）

優秀賞 3等

日本大学
理工学部 建築学科 3年
（当年度課題）

森野 和泉
Morino Izumi

代官山 KAMIHITOE

設計趣旨　今日において家族とは何であるか。いるのは個人であり、その群れが社会というバンドで括られているだけだ。ならば戸境をもっと薄くする、むしろ、なくても成り立つのではないか。nLDKを開くために闇を取り入れ、家に閉じ込められた機能をコミュニティに預けた、個室単位の集合住宅の在り方を提案する。

指導教員コメント　集合住宅を中心とした商業施設との複合建築という課題に対し、森野さんは個人の単位から家族や集まって住むことを再考し、単位空間の所有形態のあり方とその組み合わせによる居住の提案を構想し、それを具体的な建築計画と設計のデザインとして高いレベルで統合しています。さらに、その構成を商業施設のプログラムにも敷衍して、複合施設全体のあり方までをデザインしきっており、大変優秀で卒業設計レベルの作品となっています。（佐藤光彦 教授）

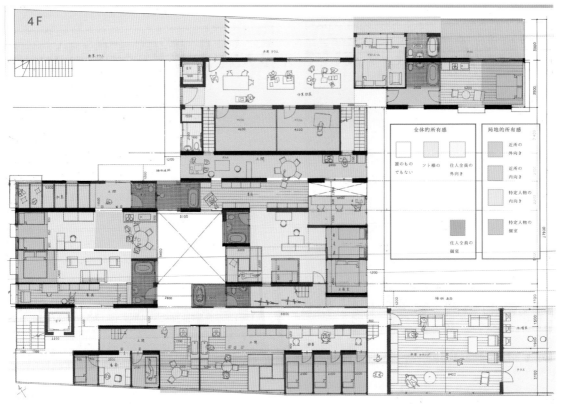

4階詳細図

1階は最もパブリックな層。2階はクラスターガーデンを囲むような生活をテーマとする。3階はnLDKに則った居住形態であるが、家族は並行レイヤーを縦断するように分布する

審査員コメント　代官山ヒルサイドテラスの構成を読み解きながら、回遊性や襞、奥、輪郭などを私的要素として空間の中に組み込んでいるのだと思います。並行レイヤーなどの言葉が示すように、2階にある共有のコモンスペースなど、いろいろな機能が混ざり込んで建物の中を巡り、上の階では単身者の個室の並びに、家族世帯の共有スペースがあるなど、住むこと自体がコンプレックスになるという新しい考え方で衝撃的でした。（加茂紀和子）

外部の視点　敷地の内部に街が続く

商業をつなぐ

日本のまちには町屋の形式が根付いている。住戸には商業が併設されており、家の中の店は内部と外部をつなぐ中間領域としてコミュニティの基盤となっていた。商業と集合住宅のコンプレックスにおいても、町屋の形式を拡張することで、まちと関わり合いながら住まう在り方を考えられるのではないか

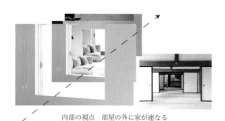

内部の視点　部屋の外に家が連なる

家の間をつなぐ

nLDKを開くために閾を取り入れる。公と私の間に中間領域をもたらすことで両者が共存する空間をつくり出す。「閾」→「コモン」→「個室」の単位を層状に繰り返すことでさらにグラデーションができるのではないか

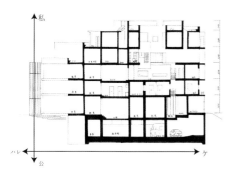

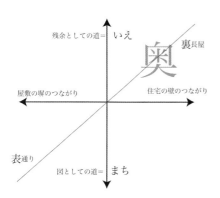

日本大学 理工学部 建築学科
3年生／建築設計IV・第3課題／2019年度

代官山コンプレックス

出題教員：佐藤光彦・古澤大輔・山中新太郎

指導教員：佐藤光彦

設計の必修科目最後の課題として、半期をかけて複合建築の設計を行う。これまで取り組んできたさまざまなビルディングタイプでの学びを統合し、複数の機能が複合・積層された建築について、ゾーニング、動線計画、プランニング、構造計画などを調整・デザインし、1つの建築としてまとめ上げることを修得する。

設計対象敷地のある代官山は、1967年から30年以上にわたって建設されてきた「ヒルサイドテラス」（槇文彦）により、住居と商業が混在する新たな都市文化の場として、まちの性格が形成されてきた。優れた先例から学び、豊かな都市生活の舞台となる複合建築を設計することを目的とする。またこれまでの課題で扱ってこなかった「集合住宅」部分の設計についても重視する。

1. 設計条件

〇敷地　　　　東京都渋谷区猿楽町・目黒区青葉台
〇敷地面積　　1,540㎡
〇用途地域　　第二種中高層住居専用地域
〇建ぺい率　　70%（60%＋角地緩和10%）
〇容積率　　　300%
〇準防火地域／第三種高度地区
〇最高高さ　　20m
〇延床面積　　床面積を容積率250%以上確保すること
　　　　　　　（共用部は面積に含めるが、駐車場は含めない）
〇構造・階数　自由
〇用途　　　　集合住宅、店舗（展示やイベントなどを開催できる100人程度が集まるスペースも計画する）
〇住戸数　　　20〜30戸（3タイプ以上）
〇住戸面積　　70㎡〜100㎡（1LDKから3LDKまで）
〇住戸総面積　2,000㎡以上（共有部は含めない）
〇駐車場台数　6台程度（搬入車両用と身障者専用を含む）

2. 第1課題（リサーチと企画）提出物
※用紙はA3サイズ6枚以上（フォーマットを指示する）

3. 第2課題（計画と設計）提出物
※用紙はA1サイズ3〜4枚（フォーマットを指示する）
〇設計主旨（提案内容を表すタイトルを付ける）
〇面積表（各階、用途毎）
〇配置図1/400（屋根伏図を描き、敷地周辺を含めて表現する）
〇1階平面図1/200（外構デザイン、隣地の一部、歩道などを表現する）
〇各階平面図1/200（家具などを記入する）
〇立面図1/200（2面。サッシュ割などを記入する）
〇断面図1/200（2面）
〇住戸のユニットプラン1/100（1戸以上）
〇模型写真（2面以上。設計を表現するアングルとする）
〇模型1/200

4. 第3課題（詳細設計とプレゼンテーション）提出物
※用紙はA1サイズ4枚以上（表現自由、リサーチの内容も含める）
〇図面、模型（縮尺などは第2課題を基本とする）
〇住居階の部分平面図1/50（複数の住戸を含む。間仕切壁などの寸法を記入する）

課題出題教員インタビュー

日本大学 理工学部 建築学科

佐藤 光彦 教授

課題名 『代官山コンプレックス』
3年生／2019年度／建築設計Ⅳ

佐藤 光彦／Sato Mitsuhiko
1962年神奈川県生まれ。1986年日本大学理工学部建築学科卒業、1986 - 92年伊東豊雄建築設計事務所、1993年佐藤光彦建築設計事務所設立。1998 - 2003年日本大学理工学部建築学科非常勤講師、2002年 - 広島工業大学非常勤講師、2003年 - 日本大学大学院理工学研究科非常勤講師、2004 - 06年名古屋市立大学大学院助教授、2006年 - 日本大学理工学部建築学科准教授、2011年 - 同大学教授。

＋建築学科の設計カリキュラムを教えてください。

　1年生後期から4年生前期まで設計課題を設けており、必修は3年生前期までとなっています。1年生前期にデザイン基礎という授業で基本的な製図法やその表現を学び、後期の建築設計Ⅰでは小規模で機能をあまり限定しないような条件の課題に取り組みます。2年次は、規模とビルディングタイプの異なる課題を出題します。前期の建築設計Ⅱでは「住宅」「幼稚園」、後期の建築設計Ⅲでは「サテライトキャンパス」「地域センター」を出題し、最後の必修科目となる3年生前期の建築設計Ⅳで「複合建築」が出題されます。それまでは各期で2課題ずつに分けていましたが、建築設計Ⅳでは前期をまるごと使って1課題に取り組みます。最後の必修科目ということで、それまでの設計科目における学修内容を統合することと、一級建築士の製図試験に相当するくらいの規模とプログラムであることを目指しています。各科目の習得目標としては、建築設計Ⅰが「デザインの方法を理解する」、建築設計Ⅱが「ビルディングタイプを理解する」、建築設計Ⅲが「ビルディングタイプを取り扱う」、そして建築設計Ⅳが「複数の機能を統合する」となっています。3年生後期以降の選択科目では、教員それぞれで異なる課題を設けたスタジオ制のようなシステムになります。ここからは与えられたプログラムだけではなく、自分なりに仮説を立て、それを検証するという段階に入ります。卒業設計に向けて、より創造的な思考で建築を設計するということですね。

＋設計カリキュラムにおいて、
住宅課題はどのように位置づけられていますか？

　初めての住宅課題となる2年生前期の建築設計Ⅱでは、谷中の木造アパート『萩荘』が建っている敷地を対象にしています。萩荘は現在、『HAGISO』としてカフェやギャラリー、レンタルスペースなど地域に開放するような機能を持っていますが、その敷地で、HAGISOのように、単なる専用住宅だけではない、これからの住まい方も提案できるような課題内容にしています。かつては戸建住宅と集合住宅の両方が課題にありましたが、今は集合住宅を単体で課題にしていません。3年生前期の「複合建築」に、集合住宅を取り込んでいます。建築を学ぶうえで、さまざまなビルディングタイプや規模の設計を習得することを目標とすると、集合住宅を単体で課題に加えるのは難しいのです。ただ、住宅は一番身近なビルディングタイプですから、それについて考えることはもちろん重要ですし、基本的な寸法体系を知るためにも良い対象だと思います。加えて、今までとは異なるかたちで人々は住み暮らしていくであろうという状況の中で、住宅のあり方を考えることも重要だと思います。

　一方で、理工学部建築学科の学生は1学年約280人と人数が多いので、どこに習得目標を定めるのかが難しいところです。授業は、1学年を2組に分けて異なる曜日に実施しています。マス教育において、全体のモチベーションを保ちながら設計することの実力を身につけ自信を持ってもらうことと、さらに設計に取り組みたい人たちをどのように伸ばしていくか、ということを意識して課題設定と指導を行っています。

＋課題の評価はどのように行っていますか？

　指導教員によって評価に偏りが出ないように、班ごとにS・A・B・Cのランクをいったん決めたうえで、教員全員で作品を見ながらその境界線をどこに置くか調整します。そして共有された評価軸をもとに各班で採点をするようにしています。また、特徴的であるのは、非常勤の先生は担当する学年や課題を固定せ

ず、2年程度で担当を変える点です。他の大学では、任期中は同じ学年、同じ課題を担当することが多いようですね。日本大学の場合は、前年度に教えた学生について、次年度も直接担当はしなくても学生の成長を確認できたりします。これだけの人数がいる大学でありながら、非常勤の先生と学生が親密な関係を築けているようで、卒業設計の賞審査会が大変盛り上がります。学生は、担当が外れても前任の先生へ相談に行くことがありますし、非常勤の先生も1、2年生のときに教えた学生の卒業設計を見ることを楽しみにされています。

+ 今回の出題課題である
「代官山コンプレックス」について教えてください。

3年生前期の最後の必修課題ということで、それまで学んできたさまざまなビルディングタイプや構造を統合して、複合建築を設計します。下が商業施設、上が集合住宅という複合施設は都内でよく見られる構成ですので、それに倣って課題を設定しています。敷地は、代官山の前は青山を対象にしていました。集合住宅は、実際に住むとなると相当な高級物件になってしまいますが、いわゆる下駄履き型の複合施設は、郊外ではなくある程度都心の敷地でないと商業部分が豊かになりません。だから、あえて都心の敷地を選んでいます。授業で、全員揃って敷地見学に行くことは難しいですが、やはり敷地のサーベイは必要ですので、周囲に見学できる建築がある敷地かどうかも選ぶ時に意識しています。今回の代官山の敷地も、『代官山ヒルサイドテラス』や『T-SITE』などがあり、現地見学は設計の勉強になるでしょう。

また、先ほど申し上げたように、3年生の前期課題はその学期全体をかけて取り組みますが、単なるスタディとエスキスの繰り返しではなく、実質的には3つの課題に分けてそれぞれ成果物を要求しています。第1課題は「リサーチと企画」で、集合住宅や商業施設の参考事例からの学びと、敷地および敷地周辺のリサーチをまとめて企画書をつくります。成果物のボリュームはさまざまですが、A3サイズ10枚ほどです。第2課題は「計画と設計」です。A3の用紙にモノクロで平立断の基本図を所定のフォーマットで描いて、提

出してもらいます。プレゼンテーションの巧拙ではなく、計画から設計までの妥当性と的確な図面表現の完成度が求められます。第3課題は「詳細設計とプレゼンテーション」として、集合住宅の部分について密度を上げて設計するとともに、第1課題のリサーチから設計までのプロセスも含め、A1サイズのボードに自由なレイアウトで、他者にアピールするための成果物として仕上げます。このように課題を設計のプロセスごとに分けて、企画書、設計図書、プレゼンテーションボードとそれぞれ成果物の内容や体裁を変えることで、多方面からの学びを得られるよう考慮していると同時に、必修設計科目の集大成となる成果物を目指しています。

実際の学生たちの提案を見ると、やはり下駄履きタイプの設計が多いです。それはそれで、要求され

講評会の様子

た設計条件をきちんと解いてあれば問題はありません。ただ、今回出展した森野和泉さんの提案は、「住む」ことからアプローチをして、現代の都市で人はどのように住まうのかを、家族構成など与えられた基本条件を超えた提案を、建築的な回答としてしっかりと設計に落とし込んでいます。そして、集合住宅での解法が商業建築にも適用できるようになっており、複合建築の新しい設計方法にまで踏み込んで提案している点が高く評価されました。学内でも1位になりました。住宅課題は、今後も教育において重要であることに変わりはないと思いますが、一家族が一住宅に住むというスタイルは世界的に見ても崩れてきています。森野さんの提案のように、これからの住まい方をどのように考えるか、それにどのようなカタチを与えるかが、より重要になってくるでしょう。

日本大学
Nihon University
理工学部 海洋建築工学科

2年生／デザイン演習II・第2課題／2018年度

親水公園と美術館に
隣接する都市型集合住宅

出題教員コメント　都市型集合住宅の出題意図は、現在の都市における人と社会のコミュニティ誘発の在り方を投げかけています。住まいの集合体として何を所有かつ専有し何を共有するのか、さらには暮らしの中でどのようなつながりを必要とするのか、これからの都市において集まって住まうという真に求められることは何かを問う課題です。新しい集合住宅の配置計画が、共有エリアにおいて多様なコミュニティを誘発できる空間であることが評価されました。（小林直明 教授）

日本大学
理工学部 海洋建築工学科 3年
（課題時は2年）

神林 慶彦
Kanbayashi Yoshihiko

設えと共に住まう

設計趣旨　「家」のイメージを表象するかたちである切妻屋根の10棟ほどが軒を連ねるその下に、20戸のフラットタイプとメゾネットタイプの住戸を高密度に組み合わせた低層集合住宅である。外部空間のスキマが各住戸のプライバシーを確保しながらも、相互の干渉を生む。路地空間の先にある広場、庭が、光と風を採り入れ豊かな生活を生む。

指導教員コメント　「家」のイメージを表象する切妻屋根が軒を連ねるその下に、20戸が屋根を共有し、路地が立体的につながっています。高密度ながら内部と外部のボリュームがバランスして光と風を呼び込み、共用部に向けて開かれた窓が専有部のプライバシーを確保しながらも、相互に干渉しあうコミュニティの醸成を促す仕掛けとなっていて、隣地へこのまま増殖していける可能性も備える魅力的な都市型住居の連続体となっていることが評価されました。（水野吉樹 非常勤講師）

日本大学 理工学部 海洋建築工学科 — 神林 慶彦

1階平面図 昼　　昼間は飲食店や花屋などの小店舗が広くソトを使う

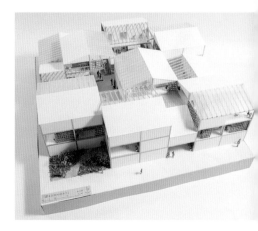

奥行きのある立面の間からのぞく空

奥に仄かに賑わいが見える

1階平面図 夜　　夜は住人が生活をウチにしまっていく

屋根の間から光が届く

審査員コメント　きれいな木造グリッドをつくりながら、切妻にして半スパンずらすことで複雑なルーフラインをつくり、本人曰く「余白を生み出す」ということをしています。その半スパンずれている部分が、地面だと路地になったり広場になったり、2階・3階だとテラスになったりします。テラス部分も切妻の半分にガラスの屋根が架かっているところと架かっていないところがあり、シンプルな幾何学の在り方から豊かな3次元的な空間のつくり方ができています。（田井幹夫）

各住戸に居住空間と同じだけの広さの余白を「設え」た。この余白空間が多様な使われ方を許容し、「余白の設え」が周辺住民とつながるきっかけを生む

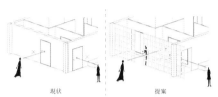

ウチとソトとの境界線に格子戸とガラス戸を「設え」た。「戸の設え」は視線の抜けによってウチとソトを緩やかにつなぐ。可動式の戸により、住み手は自由にソトへの開き方を選べる

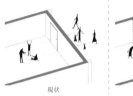

玄関とプライベート空間の先にセミパブリックな空間として土間を「設え」る。土間は戸の操作によってプライベート性が変化し、隣接するパブリックスペースとシームレスにつながる

「商」が展開される

「住」がにじみだす

日本大学 理工学部 海洋建築工学科
2年生／デザイン演習II・第2課題／2018年度

親水公園と美術館に隣接する都市型集合住宅

出題教員：小林直明・水野吉樹

指導教員：水野吉樹

本課題は、古石場川親水公園沿いの敷地に集合住宅を、隣接する公園および美術館との関係性を配慮して計画するものである。

敷地は門前仲町駅から徒歩2、3分程の住宅エリアに位置する。門前仲町は、深川不動尊や富岡八幡宮の門前町として古くから賑わいある街として発展をしてきたエリアである。さらに広域の視点でみると、北側の清澄白河エリアは、アートギャラリーや話題のコーヒーショップに人々が集まり、新たな文化圏が形成されつつある。南側の越中島エリアは、東京海洋大学越中島キャンパスが広がり、重要文化財である明治丸の展示施設や、近代建築として価値ある大学施設群が歴史的エリアを形成している。敷地北側に隣接する古石場川親水公園には、牡丹町公園と共にすでにアクティブな親水公園の公共空間が形成されている。

本設計課題において、下町情緒ある都心の住宅エリアにおいて、そこで暮らす人々が快適に過ごせる魅力的な都市型の集合住宅の提案を求める。

計画に当たっては、特に以下のことに配慮すること。

1)第1課題「街のアートミュージアム」と本計画敷地が、古石場川親水公園を挟んで一体的な環境を形成することをイメージして計画を行うこと。例えば、住戸と親水公園との関係性、共用部と親水公園との関係性をそれぞれ考慮すること。美術館との関係においても、美術館のパブリックスペースとのつながりに配慮すること。　2）各住戸のターゲットは、ファミリー層、単身者など自由に想定してよいものとするが、住まい手のイメージを具体的に想定し、ライフスタイルに合わせた住戸計画を行うこと。　3）都市における「集まって住むこと」の形式をリサーチし、住戸の独立性とコミュニティの関係、これからの住まいにおける共有の在り方を提案すること。　4）居住者間の交流、地域コミュニティを高める共用空間の利用を提案すること。

1. 計画敷地および周辺条件
○東京都江東区古石場
○計画地面積　1,482 ㎡
○敷地の形状・接道・周辺状況等は、別紙敷地図参照のこと。
○敷地条件は準工業地域（建ぺい率60%・容積率300%）。防火地域。
○電気・ガス・上下水道などは整備されている。また、地盤は良好である。
○敷地内は現在、区立古石場児童館・福祉会館が建っているが、設計においては更地として計画する。

2. 計画建物設計条件
○鉄筋コンクリート造（一部鉄骨可）、地上3階建て以上5階建て程度までの中層集合住宅とする。
○総戸数は20戸以上、1戸の床面積は50〜75㎡程度とするが、入居者の設定によって適切な床面積と間取りの提案は可である。
○住戸形式はフラットタイプ（1層住戸）のほか、メゾネットタイプ（2層住戸）、トリプレットタイプ（3層住戸）等、立体的な住戸形式としても良い。（住戸内に吹抜けなどを設けることも可）
○住空間の魅力を高める「地域開放施設」（100㎡程度）を設け、入居者同士の交流や、広く地域に開放できる利用方法を提案すること。親水公園との一体的な利用に配慮することが望ましい。
○共用エントランスには、メールコーナー（集合郵便受け、宅配ロッカー）を設ける。
○共用部として、管理員室・ゴミ保管庫・ポンプ室などを設ける（それぞれ、10㎡程度とする）。
○設備として、空気調和設備（バルコニーなどにエアコン室外機を設置）、エレベーターを必ず設置する。
○延床面積を算定すること。外気に有効に開放され、屋内的用途に供しないピロティ・バルコニー・吹きさらしの共用廊下・屋外階段などは延床面積に算入しなくて良い。

3. 屋外施設
○駐車場は平面駐車とし、来客用兼搬入用1台分（3.5m以上×6m以上）を必ず設ける。その他台数は適宜とする。
○駐輪場を20台分以上設ける。
○親水公園との関係性を生かした外構計画をする。つながりを高めるための擁壁形状の変更や、敷地内へ公共空間を引き込むことは可とする。ただし、敷地内のアクセス動線、用途との関連性、地盤高低差、セキュリティラインに配慮すること。
○広場、テラス、中庭、水盤、東屋、屋上庭園などは、適宜自由に設けて良い。

日本工業大学
Nippon Institute of Technology

建築学部 建築学科 建築コース

2年生／建築設計Ⅱ・大課題／2019年度

賄い付き下宿・再考／
地域で暮らす場を設計する

出題教員
コメント　課題名は「賄い付き下宿・再考」です。長年賄い付き下宿を経営しながら、地域に根差した活動を行ってきた仕出し弁当屋さんの、建て替え計画を課題としました。とかくバラバラになりがちな学生の集団生活の場を対象として、共同で生活することの楽しさや難しさ、また自分の生活が孤立したものではなく他者との関わりの中で成り立っていることを意識し、空間化してもらいたいと考え、出題しました。（小川次郎 教授）

日本工業大学
建築学部 建築学科 建築コース 2年
（当年度課題）

野口 颯希

Noguchi Soura

繋がる3つの家

設計趣旨 2階の居住空間のすべての個室にロフト階を設け、共用スペース側の壁をルーバーに、その他をガラスにすることで、個室が共用スペースや外などとさまざまな空間へとつながっていく。また、2階の入口側をガラスにし、向き合わせることで3つの共用スペースにつながりを持たせる。これらの空間が、学生16人の個人空間を守りつつ、自然な会話や交流を生むことを期待している。

指導教員
コメント　既存建築群とほぼ同様の規模やプログラムによる下宿の建て替え計画です。その上で、居住する学生間の交流や、地域で暮らすことの楽しさを引き出すことを求めました。この計画では、1階に大家さんの住居、厨房と店舗・食堂が、2階に学生の個室と共用スペースが設けられています。居室のロフトは半透明のガラスやルーバー等により柔らかく仕切られており、住人同士の緩やかなつながりが期待できる点が高く評価されました。（小川次郎 教授）

日本工業大学 建築学部 建築学科 建築コース ― 野口 颯希

小さな段差
段差によってグループとの間に小さな境界が生まれる。これが家のような空間をつくり、メンバー同士が家族のような繋がりをもつ。

繋がる場
グループの人が集まる中心の場となる。ロフト階の壁がルーバーであることによって声が聞こえ、繋がりが生まれる。

繋がる個室
ロフト階はガラスやルーバーなどに囲われ、隣の部屋、共用スペース、他のグループと繋がりをもてる空間となる。

2階平面図

	男子
	女子
	共用

（図中のラベル：シャワ室 洗面所、ベランダ、個室10、個室9、個室8、シャワ室 洗面所、共用スペース2、個室11、個室12、個室13、共用スペース3、個室7、個室6、個室5、個室14、共用スペース1、個室4、個室15、個室16、個室1、個室2、個室3）

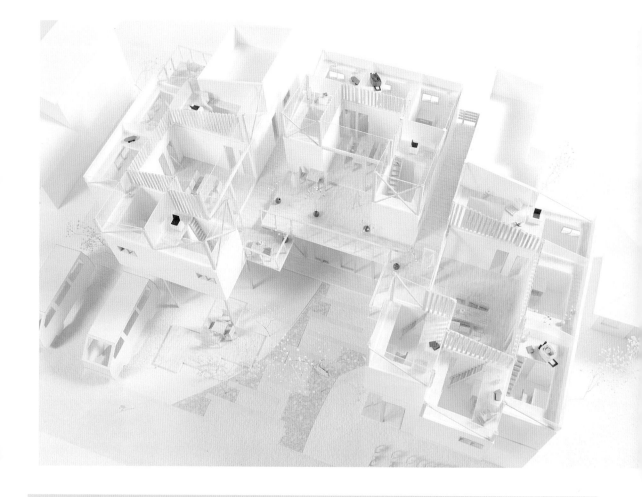

審査員コメント
16人の個人が住むという課題設定にどう答えるか。この案が優れているのは、約5人ずつのユニット単位に分節したことによって、一つひとつのコミュニティが親密になり、実感を帯びたスケール感と人の関係が生まれる状態にできたことだと思います。そのうえで緩やかにユニット単位がつながるような関係性を設けているところが非常に上手くできています。木造の丁寧な架構表現・造作とセットで良質な場所がつくられているように見えています。（賣神尚史）

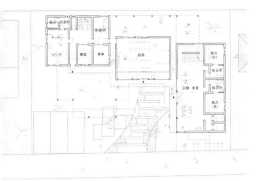

配置図兼1階平面図

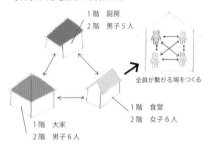

それぞれの家と繋がりを持たせる

1階 厨房
2階 男子5人

全員が繋がる場をつくる

1階 食堂
2階 女子6人

1階 大家
2階 男子6人

3つのグループそれぞれがつながりを持てるように三角形にした。このグループ1つが1個の建物と考えそれぞれの建物を通路でつなげた

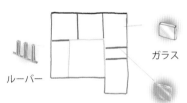

ガラス

ルーバー

すりガラス

建物の2階部分は3つの共用部が向き合うように配置し、中の様子が見えガラスを通してつながりを持つようにした。さらにロフト階の個室同士が向き合う場所はすりガラスにし、共用部に面する場所をルーバーにすることで個人空間を守りつつもつながりを持たせた

道路から見た1階パース

上から見た各階のつながり

日本工業大学 建築学部 建築学科 建築コース
2年生／建築設計II・大課題／2019年度

賄い付き下宿・再考／
地域で暮らす場を設計する

出題教員：小川次郎・平林政道・小山大吾

指導教員：小川次郎・平林政道・小山大吾

あなたはこれまでどんな家に住み、どんな暮らしをしてきましたか？家は一戸建て？マンション？アパート？そして、お隣に住む人や近所の友人、知り合いの人と、どのように関わってきたでしょう？

「暮らす」ということは、ただ家の中で寝起きするだけでなく、自分の家族やそれ以外の人々と関わり、関係を築いていくことでもあります。その関係を築くうえで、建築は大きな役割を果たします。

この授業では、「どうすれば地域で楽しく暮らせるか？そのとき建築はどうなるのがふさわしいのか？」を意識しながら、コミュニティ・カフェと、賄い付き下宿を設計します。いずれの課題においても、実際にカフェやアパートを経営する方々にお話しを伺い、現地を見学しながら、設計を進めていく予定です。

1. 小課題（グループ設計）　宮代町のコミュニティ・カフェ／地域の拠り所を設計する
最近、地域に住む人々との結びつきを大切にし、運営される食堂やカフェが増えてきました。単に食事やお茶を提供するだけでなく、その場所に住み、活動する人々の拠り所となることを目指す建築です。この課題では、こうした意識をもって運営される宮代町のコミュニティ・カフェを、グループで話し合いながら設計してください。

2. 大課題（個人設計）　賄い付き下宿・再考／地域で暮らす場を設計する
大学の近くに、賄い付き下宿（入居する学生に朝・晩の食事を提供するアパート）と、地域に根差した仕出し弁当屋を営む大家さんがいます。とかく栄養バランスが偏りがちな一人暮らしの学生に健康的な食事を提供したい、また、学生の暮らしぶりをそれとなく見守り、悩みや相談にも気軽に応じてあげたい、という考えから、こうした昔ながらのアパート経営を続けられてきたそうです。同時に、仕出し弁当屋さんとして、高齢者施設や一人暮らしのお年寄り、保育園、付近の工事現場などにお弁当を届け、地域の人々とさまざまな接点をもち、親しまれてきました。
この課題では、この弁当屋兼下宿の立て替えを想定し、現代的な賄い付き下宿を設計してもらいます。住人同士や、住人と大家さん、また住人と大家さんと地域の人々の間に柔らかな連帯を生む、賄い付き下宿となることを期待しています。

3. 設計概要
○敷地　現在、『仕出し弁当屋A』が建っている敷地
○建ぺい率60%　容積率200%　第一種中高層住居専用地域
　※上記の敷地に適宜建物の規模を設定する
○学生数 10数名程度を想定

4. 必要諸室など
○下宿
　・居室（1人～4人部屋の組み合わせ・収納を設ける）
　・食堂・キッチン
　・リビングルーム
　・男女別の共同トイレ、洗面室、浴室、洗濯室、物干場
　・駐輪場（人数分程度）
○大家さんの住宅
　・夫婦2人（+α/家族構成は各自考える）
○仕出し弁当屋
　・厨房
　・食事スペース
　・大型冷蔵庫置場 2台分（厨房内か外部に設ける）
　・駐車場 2台分程度
○その他
　・小課題の成果を踏まえ、地域の人との交流スペース、農作業休憩所、農作業道具置場、
　　小規模な銭湯など、下宿、弁当屋と地域との関わりを想定して各自設定する
○注意事項
　・下宿の食堂・キッチンとリビングルームは一体的に設計してもよい
　・下宿の食堂と仕出し弁当屋の食事スペースは、空間的なつながりを意識して設計すること
○提出物
　・コンセプトを表すダイアグラムや文章
　・配置図兼1階平面図1/100
　・各階平面図1/100
　・断面図1/100（2面以上）
　・各居室平面図1/50
　・パース、模型写真
　・模型などの立体的な表現物
　※上記をA1ケント紙（2枚以上・横使い）にレイアウトする

※日本工業大学 工学部 建築学科（現、建築学部 建築学科）課題出題教員インタビューは本書
　バックナンバー「JUTAKUKADAI06」P.242を参照（小川次郎「賄い付き下宿・再考」）

2年生／住空間の設計・第3課題／ 2019年度

地域と関わるシェアハウス

出題教員
コメント

この課題では、個人の空間から徐々に視野を広げ、人と人・人とモノの関係を設計していきます。部分の蓄積として生活空間を組み立てていきますが、具体的な敷地が与えられ、居住者以外の人にも開くという設定によって、外部を含んだ全体像の中に個人の生活をいかに位置づけるかという構想への転換が求められます。自分の中の住空間に対する思い込みを見直し、他者との関係を積極的に楽しむ新しい生活像を想い描いて建物にしていきます。（足立 真 教授）

日本工業大学 建築学部 建築学科
生活環境デザインコース 2年
（当年度課題）

高宮 弥
Takamiya Amane

yorimichi

設計趣旨 この敷地は交通量の多い3つの道路が交わる点にある。人通りが多いのに対して挨拶や会話がないこの空間に寂しさを感じ、共有空間を「路地」としてまちに開いた。個人の空間は最小限のスペースに分け、路地に対して壁の裏側に立体的に設置し、その凹凸によって建物の外観がつくられている。各スペースへの階段を回遊的に配置することで、建物全体がまちとつながる空間にした。

指導教員
コメント

交差点に面した敷地に対して、3枚の大きな壁を「く」の字に配置し、街に開かれた路地空間をつくり出しています。この壁に小さなプライベートスペースの部屋や、階段、開口部などが取り付いていて、さまざまな居場所を生み出しています。大きな壁の表と裏を行き交うことで発生する、プライベートとパブリックのコミュニティ、内と外の反転する空間構成が魅力的な提案でした。（白子秀隆 非常勤講師）

日本工業大学 建築学部 建築学科 生活環境デザインコース ─ 高宮 弥

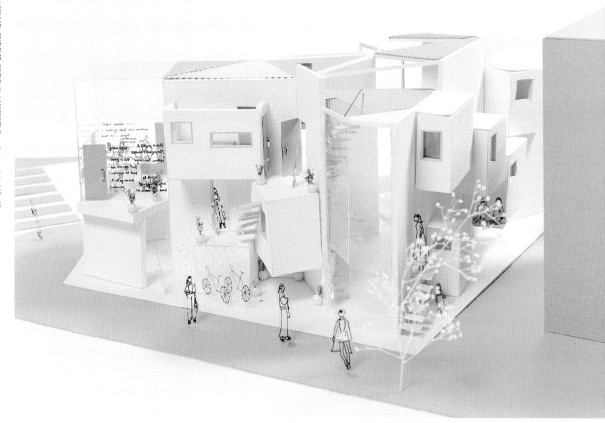

Diagram

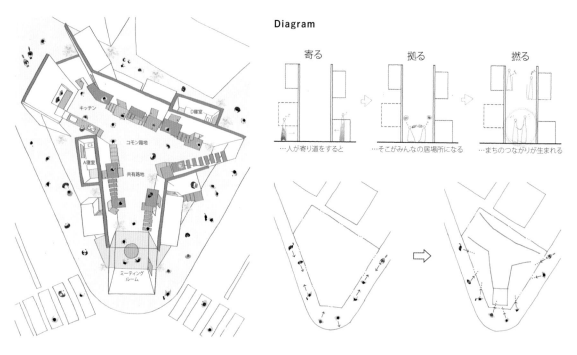

寄る
…人が寄り道をすると

拠る
…そこがみんなの居場所になる

撚る
…まちのつながりが生まれる

キッチン
D寝室
コモン路地
A寝室
共有路地
ミーティングルーム

審査員コメント 今年の出品作品ではシェアハウスの課題が多く見られましたが、この作品はシェアハウスの絶妙な距離感が、不思議な平面形や独特な空間として大胆にまとめ上げられています。人々の「よりどころ」としての路地状の共有空間を中心に据え、それを規定する壁面に個室群をプラグインされています。通常は内包される部分が外部に露出し、形態のアクセントになっているという点もおもしろいと思いました。(吉野 弘)

東側からの眺め。視線が抜け、人々が集う様子が見える

建物中心を上から眺める。
立体でも空間を緩やかにつなぐ、分ける

西側からの眺め。異なる表情の空間が広がる

共有路地からコモン路地を眺める。
階段の凹凸が人々のコミュニティを生む

日本工業大学 建築学部 建築学科 生活環境デザインコース
2年生／住空間の設計・第3課題／ 2019年度

地域と関わるシェアハウス

出題教員：足立 真・白子秀隆

指導教員：足立 真・白子秀隆

他人と共有する住空間（ここではそれをシェアハウスと呼びます）での生活においては、住人たちが何を個人で専有し、何を他人と共有するかを整理しておく必要があります。

専有する物を身の回りに置き、プライバシーの確保された空間をつくることは、個人の居場所で快適な時間を過ごすうえで重要なことです。

また、日常生活において空間やモノを他人と共有することによって、経済面での負担を減らすことができるとともに、一人では獲得できない楽しさや贅沢さ、コミュニケーションを通した人とのつながりを得ることができます。近年、シェアハウスが流行っているのは、そのようなことを求める人が増えているからかもしれません。

この授業では、シェアハウスの設計を行うにあたり、最初から個室や共用室といった部屋を前提にするのではなく、個人の空間あるいは共用の空間がそれぞれどのようなものであるべきかというところから考えます。

建築という容器の中に生活を押し込めるのでなく、身の回りのモノや出来事から空間を組み立てていきます。

第1課題ではまず、個人の居場所（パーソナルスペース）の設計を行います。普段の生活を送るなかで、自分だけの物あるいは場所は何で構成されているか（逆を言えば、他人と共用してもよいものは何か）を整理し、身の回りの空間をできるだけコンパクトに組み立てます。自ずと、自分の身や家具を置くためのスペースや家具の設計になるでしょうし、それらの寸法について緻密に考える必要が出てきます。

第2課題では、個人（一人だけ）とは逆に、他人と一緒に場所と時間を共有して過ごすことを考えます。そのなかでも、単なるリビングやダイニングといった家の中の場所というのではなく、地域住民や外部の人のための場所が近くにあって、そこに生活がはみ出していくようなことをイメージし、そのアイデアを空間的に考えてください。（以下略）

第3課題では具体的な敷地を想定して、それらのアイデアを空間的にとりまとめ、シェアハウスの建物を設計します。当然のことながら、これまでのアイデアを単に合体させただけでは建築の設計として成立しないでしょう。

また、これまで考えてこなかった部分もあるはずで、そこを考え始めるとさまざまな矛盾が生じることもあるでしょう。そこでうまくいかないと諦めるのではなく、スタディを重ねて新たなアイデアを考える努力が必要です。

特に敷地との関係は重要です。アプローチの位置、周囲への開放性、住人以外の人たちとの関わり方、日照、外部空間の役割など、建物内だけでは考えてこなかったことを具体的に考える必要があります。

シェアハウスでのライフスタイルを提案するコンセプトを明確にし、図や模型に表しながら総合的に空間を考えて設計を進めてください。そして、それが魅力的に他者に伝わるような表現を行ってください。

※設計を進める過程で、第1課題・第2課題のアイデアが変化しても構いません

1. 設計条件

〇敷地　東武動物公園駅から大学までの間で与えられた6箇所から各自選択する。
　　※これら以外に、別の敷地で設計したいという希望があれば相談に応じる。
〇住人の設定　4~6名が住空間を共有するシェアハウスとする。居住者像は各自が具体的に設定すること。贅沢になりすぎないように、場所と人数に適した規模の計画とすること。
〇その他
　・住人が所有する自転車の置き場を設けること。車の所有については自由とする。
　・敷地内の外部空間を設計し、図面と模型に表現する。
　・構造形式は自由とする。

日本女子大学
Japan Women's University

家政学部 住居学科
居住環境デザイン専攻・建築デザイン専攻

2年生／建築設計Ⅰ・第2課題／ 2018年度

街とくらす集合住宅

出題教員コメント 街との関係をつくる住まいを考えること、集まって住まうことの意味を考えて欲しいことから、街にではなく「街とくらす集合住宅」という課題名としています。ひとたびドアを閉めると孤立しがちな大都市の中で、個を保ちながらも都市とつながりを持つ家とは可能なのか。一つひとつ独立した建物の集合体として構成されている東京という都市の中で、「住宅」という生活を主体とした要素の集まりが街に変化を生むにはどうしたらいいか。代官山の敷地を題材に考える課題です。
（宮 晶子 准教授）

日本女子大学 家政学部 住居学科
居住環境デザイン専攻・建築デザイン専攻
3年（課題時は2年）

小野 杏花
Ono Kyoka

街に滴る暮らし

設計趣旨 代官山のまちは人の生活と仕事が併存し他人の生活を受容するおおらかさを持つ。そんなまちの空気から住戸がまちに水滴のようにぶら下がるシェアハウスを設計した。3階を住戸・2階を制作見学所・1階を店舗とし従業員が住み込むこの建築は、私的空間から共的空間へと床レベルが変化し公の空間へと徐々に開いていく。住と働が共存するこのまちと暮らす集合住宅として、まちに滴る暮らしを提案する。

指導教員コメント 本課題においては、公・共・個の領域の考えが問われています。小野さんは、それらに呼応する仕事・活動・休息という3つの生活基盤を重ねました。街区から導いたラインと東西南北のグリッドラインを、公と個の階それぞれに配し、流れと淀みを導きながら唐突に上下階でぶつけ、間に共の場を挟んでいます。そして、立体的に生じる軋轢によって多様な相互関係が生まれています。最上階の個を支える柱は下階の街に雫のように降り、ガラス質のオープンな空間に奥行きと厚みをつくりだしました。論理と感覚、人の営みと建物が生む現象の重層性が評価されました。（宮 晶子 准教授）

日本女子大学 家政学部 住居学科 居住環境デザイン専攻 建築デザイン専攻 ― 小野 杏花

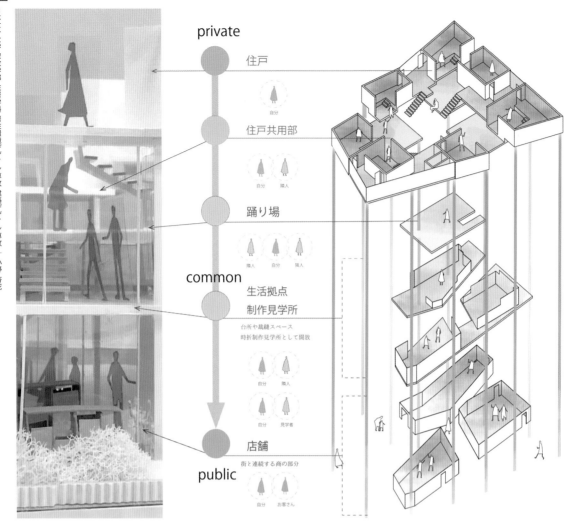

private

住戸

自分

住戸共用部

自分　隣人

踊り場

隣人　自分　隣人

common

生活拠点
制作見学所
台所や裁縫スペース
時折制作見学所として開放

自分　隣人

自分　見学者

店舗
街と連続する商の部分

public

自分　お客さん

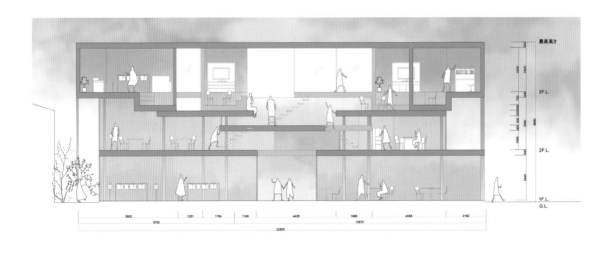

最高高さ

3 F.L.

2 F.L.

1 F.L.
G.L.

> **審査員コメント** 3階の住むスペースが「街に滴る暮らし」ということで、じわじわとコモンスペースに下りてくる。そこは住む人にとってのコモンスペースであり、まちの人にとってもそこまで上がることができる中間領域です。その構成が非常に美し
>
> く斬新的。敷地のかたちに対して少し歪んだ斜交するグリッドが、いろいろな場をつくり、断面的にもほんのちょっとしたところではあるけれど、居心地の良い空間となっています。（加茂紀和子）

3F Plan

家具工房
兼
体験教室

台所
兼
料理教室

裁縫場
兼
体験教室

2F Plan

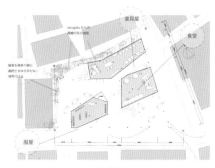

家具屋

sarugakuからの
視線の先に植栽

食堂

視線を服屋や家具の
視線に
連続させるやわらかに
境界付けは

服屋

1F Plan

日本女子大学 家政学部 住居学科 居住環境デザイン専攻・建築デザイン専攻
2年生／建築設計Ⅰ・第2課題／ 2018年度

街とくらす集合住宅

出題教員：宮 晶子・針谷將史・寶神尚史・東 利恵・稲垣淳哉・
石川孝重・片山伸也

指導教員：宮 晶子

代官山駅近くの旧山手通りから一筋入った一画に、「街とくらす集合住宅」を設計します。旧山手通り沿いには建築家・槇文彦氏設計のヒルサイドテラスがあります。1969年から約30年の歳月をかけて建てられた集合住宅、店舗、オフィスからなる複合施設であるヒルサイドテラスを中心に代官山の街は発展してきました。その街の歴史と敷地の周辺環境をふまえ、街との暮らし方、そして人との暮らし方について、今日的な社会背景を考えながら提案性のある賃貸集合住宅を設計してください。

1. 設計条件
○敷地　　　　東京都渋谷区猿楽町
○用途　　　　集合住宅(7つの居住単位＋店舗＋α)
○敷地面積　　472.15㎡
○用途地域　　第2種低層住居専用地域
○建ぺい率　　80%(設定)
○容積率　　　200%(設定)
○高さ制限　　12m
○構造　　　　自由

2. 事例研究
集合住宅の事例研究を行います。別紙1〜7の内から1つを担当して発表し共有します。その際、内部・外部・中間領域など空間の関係について留意して、各事例の特徴をわかりやすく表現してください。加えて、パブリック(青)〜プライベート(赤)の間のさまざまな領域について、空間の使われ方による色分けを行い分析すること、建物の概要・図面・写真等を必須とします。

3. 最終提出物
○タイトル
○設計主旨
○設計概要(建築面積、延床面積、各階床面積、構造、階数)
○計画ダイアグラム
○プログラム
○配置図兼1階平面図1/50
○各階平面図1/50
○全体立面図1/100(2面)
○全体断面図1/100(2面)
○模型写真
○そのほか
　※上記をまとめてA1横使い屏風綴じとすること
○模型1/50(A1サイズ、周辺建物も配置すること)
○プレゼンボード(A1縦使い1枚に設計主旨・プログラム・図面・模型写真等をレイアウト)

※日本女子大学の課題出題教員インタビューは本書バックナンバー「JUTAKUKADAI07」P.276
を参照(宮晶子「街とくらす集合住宅」)

文化学園大学
Bunka Gakuen University
造形学部 建築・インテリア学科

2年生／住まいの設計／ 2019年度

住まいの設計
「都市部に建つ戸建住宅」

出題教員コメント 学生が初めて取り組む住宅設計課題となるため、デザイナーとして住宅計画の基本的な考え方を身につけ、クライアントである居住者の生活像を想定した居住空間の提案ができることを目指しています。居住者像とそのライフスタイルは、6つのキーワード(ピアノ、蔵書1500冊、車椅子、家庭菜園、SOHO、子ども食堂)から学生自身が想定します。隣接する公園との関係など周辺環境へも配慮しながら、それぞれの住要求に応える計画案を求めています。
（谷口久美子 准教授）

文化学園大学
造形学部 建築・インテリア学科 2年
（当年度課題）

纐纈 麻人
Kouketsu Asato

Colony House 都会に存在するある集落の物語

設計趣旨 計画地は都市の一画に位置する住宅密集地である。ビルに囲まれ、人に揉まれながら帰る家はどんな場が良いだろう。壁と天井に囲まれ、閉鎖された場であっては、そこもまた都市の窮屈さとなんら変わらない。寝食と共に、外の空気を吸い込み、緑の移ろいを楽しみ、空の広さを感じようではないか。それは、田舎の大自然の中で生活する者のみに与えられた特権ではない。自然と触れ合う理想的な暮らしを、都市の中に夢見た。

指導教員コメント 住宅が都市にひらかれて、久しく経ちました。豊かな外部を設えることは、いまや設計の常識となりました。纐纈さんは、この常識を踏まえながらも、しかし短絡的にはひらきません。都会は憂鬱なもの。都会の中に田園をもつのは、疲れた企業戦士の明日の英気のためではありません。纐纈さんは、かつての芸術家が田園に築いた、世を高く遠くから照らすコロニイでの村ぐらしへと想いを馳せています。文化としての建築を、彼は守り継ごうと努めています。（種田元晴 准教授）

文化学園大学 造形学部 建築・インテリア学科 — 纐纈 麻人

1階平面図▶

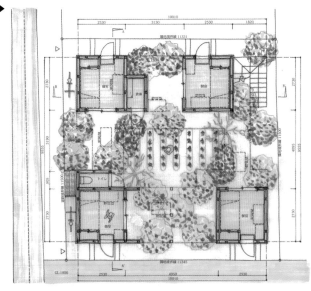

2階平面図▼

A-A'断面図　　**B-B'断面図**

審査員コメント 130平米ほどの分譲地のような敷地に、緑豊かな密度の濃い場所を構築しようという意気込みがすごい。田舎の広い農家では分散して配置されているものを、ここでは敷地内に凝縮して納めるというある種の強引さが、新し

い密度感を持った都市住宅を生み出しているように感じます。3つのボリュームを渡り廊下やブリッジでつなぎますが、離れのようなものがさほど広くない敷地に点在することで、その楽しさも分散されているように思います。（田井幹夫）

文化学園大学 造形学部 建築・インテリア学科
2年生／住まいの設計／ 2019年度

住まいの設計
「都市部に建つ戸建住宅」

出題教員：谷口久美子・高橋正樹・久木章江・渡邉裕子・岩塚一恵・種田元晴

指導教員：種田元晴

東京の中心地に近い住宅地に建つ戸建住宅を設計してください。
居住者の家族構成やライフスタイルなど、具体的な住要求を考慮して、それに応える提案をしてください。また、周辺環境（隣接地やまちなみ）に配慮した計画としてください。

1. 設計条件

○住人・住要求　別紙リストのいずれか一家族。家族構成やライフスタイルなど住要求に配慮すること。（設定されていない詳細については各自自由に設定してよい）
○主用途　専用住宅
○所在地　東京都渋谷区代々木 小田急線「参宮橋駅」から徒歩3分
○敷地条件　建ぺい率60％、容積率120％、高さ制限12m、第2種低層住居専用地域、準防火地域
○面積　建築面積78㎡以下、延べ面積100㎡以上156㎡以下
○構造構法　木造2階建て、傾斜屋根
○庭の計画　公園に隣接していることを念頭に置いて計画すること
○環境計画　できるだけ自然の熱・光・空気を取り入れること

2. 最終提出物

○作品タイトル
○コンセプト（設計主旨、概念図など）
○建築概要（所在地、面積、用途地域など）
　※上記の内容をプレゼンテーションシートA2サイズ数枚にまとめる
○配置図兼1階平面図1/50
○2階平面図1/50
○立面図1/50（4面）
○断面図1/50（2面以上）
　※上記の図面はすべて手描きとし（文字は印刷可）、外観・内観も模型写真ではなくパースなどで表現する
○模型1/50

3. クライアント一覧

○クライアントタイプは6種類
○それぞれ、住まいの軸となるKeyword・居住者人数・居住者像および最低限の条件のみを設定
○居住者の構成、年齢、性別、職業、趣味、ライフスタイル等については各自で細かく設定のこと。
　また、暮らしに合わせて、保有する家具や車、趣味の物なども想定し、その置き場所も検討する
○住宅なので経年変化にある程度対応できるようにデザインすること

Type	Keyword	居住者数	居住者像・最低条件
A	グランドピアノ	3名以上	・ピアノを趣味（グランドピアノなので相当のレベル）または仕事としている居住者がいる
B	蔵書 1500 冊以上	3名以上	・蔵書のジャンルは居住者の趣味や仕事に深く関連 ・具体的な蔵書ジャンルを設定
C	車椅子	2名以上	・居住者の1名が車椅子での生活 ・ユニバーサルデザイン（身体の障害を極力意識せずに生活できる配慮が必要）
D	畑	3名以上	・有機野菜を栽培する畑が 30 ㎡以上（壁面や屋上利用も可能） ・小さくてよいので販売コーナーがある
E	SOHO(small office/home office)	2名以上	・居住者はクリエイティブ系の仕事に従事 ・仕事場 or アトリエ部分は 30 ㎡以上（住宅部分と共有部分があっても良い）
F	子供食堂	2名以上	・地域に開放された子供食堂がある ・10 名程度が食事のできる場がある

法政大学
Hosei University
デザイン工学部 建築学科

3年生／デザインスタジオ5／2019年度

発見し続けられる住宅

出題教員コメント ロバート・ヴェンチューリの「建築の多様性と対立性」を通底するテーマとしつつ、低層高密の住宅地に、防災用の多数のポケットパークを有する新宿百人町に、職住近接型の集合住宅を計画する課題です。都市の中の職と住、住戸と空地、専有と共有。それらの中に「多様で矛盾し対立する秩序」を発見・再構築し、さまざまなスケールの中で、部分であり全体でもあるといえる、自己完結しないオープンな集合システムの提案を期待しました。（津野恵美子 兼任講師）

法政大学
デザイン工学部 建築学科 3年
（当年度課題）

勝野 楓未
Katsuno Fumi

住人戸色

設計趣旨 ポケットパークという名の都市のボイドが無数に広がる百人町。これらは誰のものでもない空間である。集合住宅という占有の考えが強い住体型の中で「わたしとあなたの空間」をつくり、「メンバーシップ」を招き入れることができるよう、間仕切りでゆるくつなぐ。住人が空間を編集することができるような集合住宅を考える。

指導教員コメント 低層密集地における集合と空地をテーマとした課題に対して、勝野さんが出したのは、さまざまな生活に対応するシェア空間を、内外の別なく立体的に展開した提案でした。建築をつくるシステムは、ごくシンプルな法則と操作でありながら、そこで展開される暮らしには多様性と広がりが感じられ、既存の建築が持つ「内外」や「所有」の殻を柔らかくするような、固有解に留まらない可能性が高く評価されました。（津野恵美子 兼任講師）

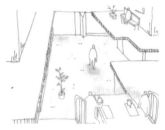

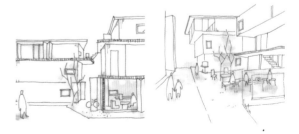

西戸山公園

公園を使う人たちが
ふらっと集合住宅の中に入り込む

A-1 バックパッカー
宿泊のための部屋。
4階に共有リビングがあり
住人と交流できる。

B-2 ノマドワーカー
昼だけ仕事をしに来る
共有の大きなリビングで休憩

A

B

A-2 バックパッカー
一棟で四部屋泊まれる

B-1 夫婦ふたり
元は三人家族だったが子供が家を出て、
空いた部屋を貸し出している

住戸と住戸の間では自由に
活動が展開される

C-1 八百屋
近くのポケットパークで
作っている野菜をうる

花壇がついている
ポケットパーク

C

D-2 古着販売
ネット販売のために
商品を置く部屋がある

D

C-2 八百屋
近くのポケットパークで
作っている野菜をうる

D-1 八百屋
近くのポケットパークで
作っている野菜をうる

道になっている
ポケットパーク

帰り道の途中に立ち寄る
道は誰も占有していない
住戸の色が滲み出す

E-2 受付
部屋を借りたい人は
ここで申請をする

E

道を歩いてくるとアクティビティが見え、
ひらけている場にたまることができる

E-1 寝室
ひとりぐらしが住む

カフェで買ったものを
ポケットパークで食べる

面芝生の
ポケットパーク

F

F-1 カフェ
1階全部を使う
キッチンからテイクアウトも
夜はダイニングとなる

外建具を開くことで境界が曖昧になる
コモンの空間がパブリックの空間になる

審査員
コメント

建物周辺に多くあるというポケットパークを手がかりに、設計敷地内にもポケットパーク的な空間を設けていき、そこにパタパタと全開放ができるガラス戸を設けた空間を用意し、そこが暮らしと仕事、あるいは住人と他者などの、ライフスタイルや人間関係におけるさまざまな中間領域を、包容力をもって受け止めていく場へと発展させているのが魅力です。ただ、一部では「通路のようにしか見えない」部分もありそうなので、路地部分の足元空間はもう少し隙なく計画できるとより良くなると思います。（賓神尚史）

わたしの空間

わたしと
あなたの空間

わたしと
あなたと
だれかの空間

CASE 1
夫婦ふたり・ノマドワーカー・ペットとふたり

B-1 夫婦ふたり　B-2 ノマドワーカー　B-3 ペットとひとり

CASE 2
八百屋さん・古着販売・ひとりぐらし

D-1 八百屋さん　D-2 古着販売　D-3 ひとりぐらし

CASE 3
カフェ・3人家族

みんなの本棚　F-1 カフェ　F-3 3人家族

法政大学 デザイン工学部 建築学科
3年生／デザインスタジオ5／2019年度

発見し続けられる住宅

出題教員：下吹越武人・渡辺真理・稲垣淳哉・津野恵美子

指導教員：津野恵美子

戦後広まったモダンリビングは、住宅を純化する方向に働きました。

食寝分離、寝室の個室化、サラリーマンの増大に伴って大量供給された ニュータウン・団地に代表される住宅専用地域の出現など、現在では当た り前に見られる家やまちのあり方は、戦後60年ほどの間に発生した風景で す。

しかし、「純粋性」は、人の暮らしをマスが代表する「型」にはめ込むことで 成立するものです。戦後の高度成長を支えた、一元的な働き方・住まい方 は、ほころびを生じ始め、一方通信技術の革新的な発達によって、人と人 との関係にも新たな可能性が生まれてきています。

「純粋性」を担保した「型」の正当性が揺らいでいる現代において、新しい住 まいや都市に求められることは、「多様で矛盾し対立する秩序」を発見し再 構築することではないでしょうか。

この集合住宅では、どんどん変遷していく条件の中で、常に新たな居場所 を発見し続けられるようなポテンシャルをもつ、「複雑な全体」を考察してく ださい。ここで言う「複雑な全体」とは、必ずしも建築一棟のあり方を示すも のではありません。部分と全体は、個人単位から都市に至るまであらゆる スケールにあらわれてきます。

さまざまなスケールの中で、部分であり全体でもあるといえる。自己完結し ないオープンな集合システムの提案を期待します。

1. 設計条件
○敷地
・新宿区百人町
・敷地面積975㎡
・第一種中高層専用地域
・容積率300%
・建ぺい率70%(60+10／角地緩和)
○建物
・延床面積1,200～1,800㎡程度
・住戸数10～15戸程度の職住近接住宅(住戸数に関しては、提案内容によって柔軟に補正 してよい)
・「職場」の用途や規模、住戸との区分のあり方は、自由に想定してよい。
・区画内の既存道路・ポケットパークは廃止する。ただし、道路・ポケットパーク的機能を持つ オープンスペースを、合計250㎡以上設けること。屋根の有無は問わないが、住人以外の通 行・使用を妨げるものであってはならない。

2. 提出物　A2パネル
○設計趣旨400～800文字
○コンセプト・空間構成を最もよく表すダイアグラム
○配置図兼1階平面図1/100
○各階平面図1/100
○断面図1/100(2面以上)
○パース
　※内外観とも、立体構成を最もよく表現できる視点で表現すること
○模型1/100以上
　※エスキスには必ず毎回模型とダイアグラムを用意すること。エスキス時の模型縮尺は自由

※法政大学の課題出題教員インタビューは本書バックナンバー「JUTAKUKADAI06」P.244を参 照(下吹越武人「Tokyo Guest House」)

前橋工科大学
Maebashi Institute of Technology

工学部 建築学科

3年生／建築設計Ⅳ・第1課題／2018年度

低・中層集合住宅の設計

出題教員コメント　今回の課題敷地は、広瀬川に沿った細長い敷地であり、反対側には上毛電気鉄道上毛線が走っています。中央前橋駅にも近く、商店街や住宅地が混在するという与条件をどう読み取るかが問われます：電車の乗客からの目線は?川面に映るシルエットは?駅から歩く人々にどう見えている?等。一方で集合住宅としての計画的、構造的合理性を踏まえることは大前提です。設計は想像（イマジネーション）と創造（クリエーション）の相互補完であり相乗作用です。
（石川恒夫 教授）

前橋工科大学
工学部 建築学科 4年
（課題時は3年）

石丸 実来
Ishimaru Miki

商人たちの住まい

前橋の中心市街地は大手デパート等が定着せず、こだわりの商人たちによる小規模店舗が好まれて多く残されている。本敷地は商業エリアと住宅エリアの境界にあり、多様な人々の集合住宅として「通り」というリニア（線状）な共用部を提案する。公園や住宅地のような面的な要素も川や道路と近似する線的な「通り」に変換し、立体的な並列配置にすることで、風通しが良く、そこにいる人がその時の状況に応じて疎と密が選択可能で、それに柔軟に対応できる、職住が連続した生活の場所を目指した。

指導教員コメント　本課題は、学生ごとに隣接する三区画の敷地から自由に組み合わせられる設定であり、石丸さんは上毛電鉄、広瀬川、道路、という線状に動的な都市的要素のある二区画を選択しました。ケヴィン・リンチの「パス」の縮小版のような「通り」が、あたかも糸が緩く撚られたように寄り添った構成となっています。主体的な居場所獲得を自然に誘発する場所性が「通り」の並行配置によって具体化できている点が高く評価されました。人の集まりの疎密の選択可能性、風通しという点でも、ポストコロナの建築空間のあり方に通じるものもあります。（石黒由紀 准教授）

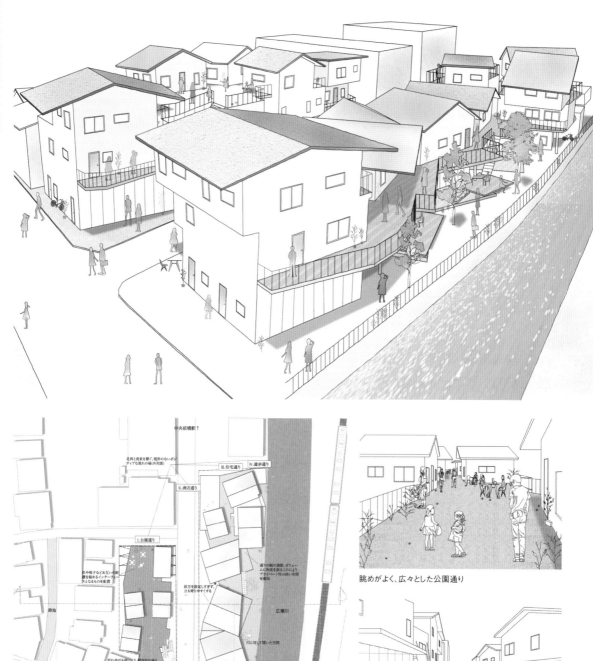

屋根伏図

眺めがよく、広々とした公園通り

人を引き込む商店通り（1階はすべて店舗）

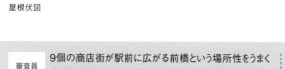

審査員コメント

9個の商店街が駅前に広がる前橋という場所性をうまく表現した提案です。最近では少し違った動きが出てきていますが、近年の前橋は車社会の影響や住む場所と商業のエリアが離れていることから、使われていない商店が増えていました。そのような状況をよく見据えたうえで、住宅・商業・路地を立体的に紡ぎ再構築して、エリアの活性化を促しています。前面に広がる広瀬川の景も効果的に使われています。

（吉野 弘）

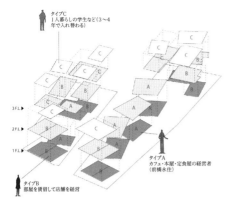

タイプC
1人暮らしの学生など（3〜4年で入れ替わる）

3F.L▶
2F.L▶
1F.L▶

タイプA
カフェ・本屋・定食屋の経営者（前橋永住）

タイプB
部屋を貸借して店舗を経営

1階はすべてA・Bの住人が経営する店舗である。Cの住人はA・Bの店の手伝いをするなど住宅全体で人を呼び込み、活気をもたらす。コミュニティの中心となるAは敷地の中央に位置する

プライベート性が高い住宅通り

広瀬川沿いの遊歩通り

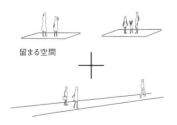

留まる空間
＋
密な交流を望まない人も立ち寄りやすく、境界を生まない連続した空間（通り）

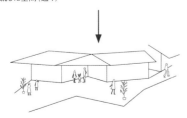

人の居場所をつくるように、通り（共用部）を計画、幅の調整により、性格の異なる空間ができる

課題

前橋工科大学 工学部 建築学科
3年生／建築設計IV・第1課題／ 2018年度

低・中層集合住宅の設計

出題教員：石川恒夫・石黒由紀・内海 彩

指導教員：石川恒夫・石黒由紀・内海 彩

サステナブルで、周辺環境（住民）・自然環境に配慮した、集まって住むかたちを提案する。私たちの暮らし方を見つめ直しつつ、それがいかに多様であるかを意識して欲しい。地域によっても、職業によっても、家族構成によっても、また自分自身の人生の遍歴のなかで、住まい方は変わるもの。とはいえ、建物は臨機応変に変化に対応できるわけではない。秩序をもつ構造（架構）形式が不可欠だからである。はたして暮らしを柔軟に許容する計画はいかに可能なのだろうか。お決まりのLDK形式に私たちのほうが合わせなければならないとしたら、住まいは何のためにあるのだろうか。この課題では、住戸面積・形態およびライフスタイルに着目しつつ、多様で自然に接した住まい方を目指した集合住宅を提案して欲しい。

1. 概要
○敷地　　　新前橋駅近く、広瀬川河畔のA、B、Cの敷地 商業地域、80/600%
　　　　　　建物高さ20mまで
　　　　　　緑化率（敷地面積に対する緑化面積の割合）1/10以上（屋根緑化も可）
　　　　　　それぞれ敷地の特性があり、各自A〜Cの1つもしくは2つ、あるいはすべてを選択する
○敷地面積　別紙の図面参照、土地はおよそ平坦とする
○計画規模　用途は共同住宅
　　　　　　駐輪場、駐車場
　　　　　　構造は原則RC造

2. 住戸計画
下記に目安をあげる

		30−40 ㎡	70−90 ㎡	100−120 ㎡	計	建蔽80%
A	1067 ㎡	4 戸	10 戸	4 戸	1220-1540 ㎡	853 ㎡
B	572 ㎡	2 戸	5 戸	2 戸	610-770 ㎡	458 ㎡
C	1077 ㎡	4 戸	10 戸	4 戸	1220-1540 ㎡	862 ㎡

設備 EV（台数適宜）、電気設備室約 50 ㎡、ゴミ置き場、PS、EPS、個別冷暖房形式
直通避難階段（2以上）
付帯施設（チャレンジプログラムとして、自由提案あり）
　・子ども食堂　　100−200 ㎡程度
　・ブックカフェ　100−200 ㎡程度
管理人室は不要、集会室 50 ㎡、
廊下、エントランスなど
　　　　延床面積としては　敷地A（C）1,800 ㎡程度、　敷地B　1,000 ㎡程度　＊地下階はなし。

3. 提出物
○A1×2枚（タテ・ヨコ自由にレイアウトのこと）。CAD、手描き等、彩色、表現は自由。
○設計趣旨200字程度・建築概要（面積表、構造、規模、住戸数内訳）
○ダイアグラム
○周辺案内図1/1000〜1/2000適宜
○配置図1/200（1階平面図兼用可、道路幅員、方位記入、レベル[高低差]）
○各階平面図1/200（レベル、家具も表示のこと）
○立面図1/200（2面）
○断面図1/200（2面以上）
○外観透視図（模型写真可、1点以上）、模型は1/100
○内観透視図（模型写真不可、2点以上）、キャプションを記入

前橋工科大学
Maebashi Institute of Technology

工学部 総合デザイン工学科

2年生／デザイン演習Ⅱ・第1課題／ 2018年度

住宅／非住宅

出題教員コメント　住宅にまつわるさまざまな機能や役割といった事柄を一旦切り離し、まずは人の居場所としてのみ住宅を考えてもらうのが、この課題のテーマです。立ち上がった居場所に対して、事後的に手を加えることで、機能や役割、周辺環境との関係性などを付与していきます。自ら構想した名前のない場を、リノベーション的な手つきで、住宅にスライドさせる過程を通じて、問題解決型発想を超えたアウトプットを期待しました。
（駒田剛司 教授）

前橋工科大学
工学部 総合デザイン工学科 3年
（課題時は2年）

大富 有里子
Ohtomi Yuriko

芸術の家 〜内と外が絡まり開かれた場所での暮らし〜

設計趣旨　区画整理が行われ、暮らしが完結している閉じた箱が集積する住宅街の一角に、先にまちに開いた場をつくり、そこを住宅とする課題。箱を開いて展開し、組み合わせ、開いた場をつくる。できた空間から、3人の芸術家が場を発見し活動を当てはめ、開いた場を発信の場としながら暮らす。芸術が発信され、地域住民が集まり、コミュニケーションが生まれ連鎖し、まち全体が明るく賑やかになってゆく。

指導教員コメント　場の開放、閉鎖、連続、切断、スケール等々に対して、単純なエレメントの組み合わせでありながら、相互依存型の複雑で丁寧なチューニングが施されています。表現者が集まる場所としての家を構想し、住宅そのものがまちに音楽を奏で、人を招き、言葉を発するような、自由で包摂的なイメージを抱かせる。地方都市における拠り所のない新興住宅地にこそ相応しい住宅の在り方が、提示されていると考えました。
（駒田剛司 教授）

前橋工科大学 工学部 総合デザイン工学科 ― 大富 有里子

絵を飾ったり、音楽会を開く
道から道へ 視線が抜けることで人を内に導く

音楽家の部屋

裏庭　住人の為の場所

発信

画家の部屋

ギャラリー土間

VIEW

発信

A

A'

N

道からみた人に導線がわかる
閉じている時でも、常にまちに開いた場

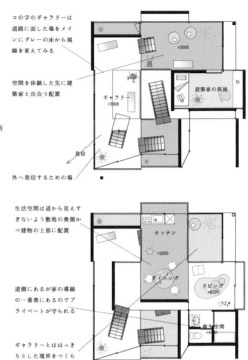

コの字のギャラリーは
道路に面した場をメイ
ンにグレーの床から視
線を変えてみる

空間を体験した先に建
築家と出会う配置

ギャラリー
+3000

建築家の部屋

ギャラリー
+3500

発信

外へ発信するための場

生活空間は道から見えす
ぎないよう敷地の奥側か
つ建物の上部に配置

キッチン

+5800

ダイニング

リビング
+4200

道側にあるが家の導線
の一番奥にあるのでプ
ライベートが守られる

浴室空間
+4400

ギャラリーとははっき
りとした境界をつくら
ず、曖昧に繋がる

ありがとうございます　どうぞ

いい天気だね

そうなんだ

審査員コメント まずかたちをつくり、後から住宅という機能を当て込むという課題だったと聞きました。手がかりとなったのは、ここが住宅地であることと敷地の場所のみ。そこに空間のスケールやかたちなどを操作する。純粋な「住」空間のスタディが求められたということだと思います。空間のスケールやつながり、そこに生じるアクティビティを丁寧に積み上げています。（加茂紀和子）

ここで暮らす3人の住人がそれぞれの部屋から出てきた

3人でダイニングを囲み朝ごはん。今日はなぁに？

道沿いの窓を開けて、1日のはじまり

家のいたるところに飾られたものを見た人が中に入ってきた

ギャラリーへ登っていくと、作品が飾られているよ

奥へ進んでいくと、ここで暮らす建築家と出会った

隙間に置かれた本棚で本を選んでいる人がいるよ

だんだんとギャラリーにたくさんの人が集まってきた

夜になり、3人が1日の出来事を楽しそうに話している

窓を閉じ1日はおしまい。明日はどんな日になるかな？

前橋工科大学 工学部 総合デザイン工学科
2年生／デザイン演習 II・第1課題／ 2018年度

住宅／非住宅

出題教員：駒田剛司

指導教員：駒田剛司・江本聞夫

「家」とはどうあるべきか？ さまざまな側面から住宅の本質を抽出しようとする試みが、無数の建築家たちによる数限りない回答を生んできました。しかし今や家族や個人の在り方は極めて多様化し、住宅が本来有していた（？）普遍的な価値はもはや当てにはなりません。同時に住宅は他の消費材と並列に扱われ個人の嗜好を強く反映させた「モノ」と化しているようにも思えます。家族の在り方が相対化し、「家」の本質的な価値が大きく揺らぐ一方で、建主の欲望が強く反映された消費材的な面はますます強化される。このアンビバレントな状況に対して私たちはどこから答えを手繰り寄せればよいのでしょうか？

都市と住宅を接続する思考はこの問への1つの回答であることに間違いありません。ただ、ここで注意しなければならないのは、都市への思考が従来の「家」にかかわる問題にとってかわるのではなく、とりあえずそれらを括弧にくくる、つまり相対化するための回路として機能していることです。「住宅を非住宅として構想し、住宅特有の問題を回避せよ」。それがギャラリーであっても図書館であっても構わない。まちと接続された場としての「住宅」を構想してください。

1. 課題
与えられた敷地に「住宅」をデザインしてください。皆さんが読み取った場所の有形無形のキャラクターから、どうデザインを導いたのか説明できるようにしてください。そして、出来上がった「住宅」にも固有のキャラクターがなくてはなりません。家族設定は自由です。ただし最終的な成果物（図面および模型）には、生活の一断面としてのシーンを克明に映し出すこと。記号的な表現ではなく、住み手や近隣住民の息遣いが感じられるようなプレゼンテーションを目指してください。

武蔵野大学
Musashino University
工学部 建築デザイン学科

3年生／設計製図3・第2課題／2019年度

働きながら住む10世帯の空間

出題教員
コメント
この課題では、「今ここに集まって住むこと」の可能性を考え、独自の都市居住のかたちを構築することを求めています。キャンパスに程近い吉祥寺の中で、住宅地と商業地のエッジという都市的環境、商店街や公園に隣接する敷地、生業と住まいを組み合わせた住まい方、隣人・周辺住民・まちを訪れる人との重層的なつながりなど発想の手掛かりを与えて、10世帯の集合住宅としては少し広い敷地を設定しています。（伊藤泰彦 教授）

武蔵野大学
工学部 建築デザイン学科 3年
（当年度課題）

長田 莉子
Nagata Riko

迷路地

設計趣旨 計画地、吉祥寺の魅力の一つである路地の新しい在り方と、吉祥寺という場所で集い、働き、住むことを考える。路地とは建物同士の隙間によりつくられてしまう空間だ。だが、その隙間を、隙間としてではなく曖昧な境界と位置づけることにより、新たな住民間の交流の場や1つの店舗では生み出せない商業空間、職場と住空間の間の名前のつかない部屋など、利用者のための新たな居場所が生まれる。

指導教員
コメント
この作品は、外部とインテリアの境界が曖昧な、小さな空間の集積です。空間の断面をそのままファサードと化す無防備な見せ方が、印象に残っています。1階部分は、各世帯が営む店舗であるが内部の境界もまた、曖昧です。見え隠れする空間性が、賑わいを演出して、上階の居住スペースは、その賑わいとともにあります。吉祥寺というまちに住むことの縮図を、計画したように思います。（伊藤泰彦 教授）

武蔵野大学 工学部 建築デザイン学科 ─ 長田 莉子

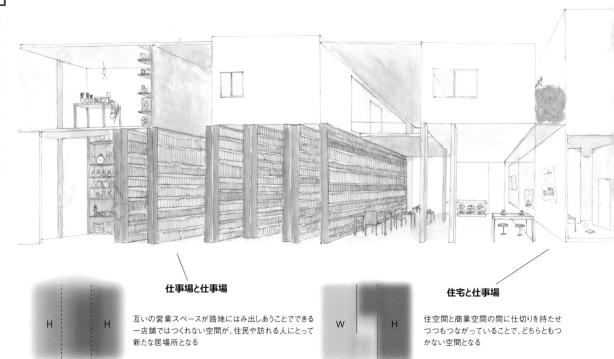

仕事場と仕事場

互いの営業スペースが路地にはみ出しあうことでできる
一店舗ではつくれない空間が、住民や訪れる人にとって
新たな居場所となる

住宅と仕事場

住空間と商業空間の間に仕切りを持たせ
つつもつながっていることで、どちらともつ
かない空間となる

配置図兼1階平面図

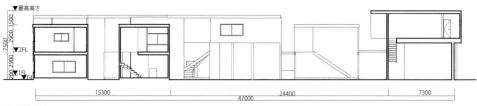

A-A'断面図

審査員コメント この作品が非常に魅力的なのは、隣地が広場あるいは公園のような状況になっていて、この施設の建物の断面が露わになるようなつくり方をしている点です。つまり、壁が途中で切れてガラス張りになっていることで、まちに対して開くことも同時に行っています。集合しながらこの開く形式を持つことで、新たな街並みをつくる1つの要因となり、魅力的なまちへ開く方法を見つけたとして評価します。（田井幹夫）

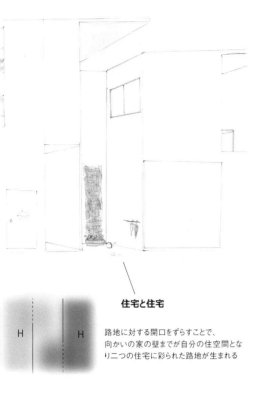

住宅と住宅

路地に対する開口をずらすことで、向かいの家の壁までが自分の住空間となり二つの住宅に彩られた路地が生まれる

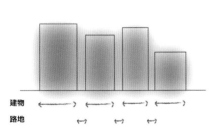

建物

路地

一般的な路地と建物は交互に並んでいて、建物と建物の隙間が必然的に路地となる

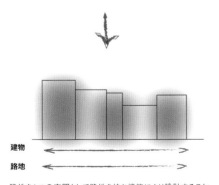

建物

路地

路地を1つの空間として路地を挟む機能により設計することで、すべてが建物のようであり路地のようにもなる。それによりこの場に訪れるすべての人にとって新たな居場所を見つけられる場所となる

武蔵野大学 工学部 建築デザイン学科
3年生／設計製図3・第2課題／ 2019年度

働きながら住む10世帯の空間

出題教員：伊藤泰彦・水谷俊博・大塚 聡・八島正年・岡田雅人

指導教員：伊藤泰彦・水谷俊博・大塚 聡・八島正年・岡田雅人

敷地は、吉祥寺の中道通り沿い、吉祥寺西公園に面している。吉祥寺の中心から西側へと中道通りを進むと、賑やかな商業地から閑静な住宅地へとゆるやかに変わっていく。計画地近くに、中道通りの商店街のゲートがあり、人の行き来も多く住宅地と商業地の2つのまちのエッジに位置しているといえるであろう。吉祥寺西公園は、中心市街地にはほど良い広さなのか、周辺の雰囲気のある店舗のためか、住民や買い物客がくつろぐ場となっているようである。

本課題では、「働きながら住む10世帯の空間」を計画する。住人の設定や働き方は、自由に設定してよい。在宅勤務の就労者や個人事業主のためのSOHO（※）でもよいし、店舗などの住居以外の機能を併設する住宅でもよい。ただし、住人の仕事は世帯ごとに独立していることとし、住人が入れ替わる可能性も考慮すること。また、必要に応じて、住人同士の共用空間や周辺住民、あるいは吉祥寺を訪れる買い物客や就業者のための空間を設けること。集合住宅という既存のビルディングタイプにとらわれず、「今ここに集まって住むこと」の可能性を再考し、課題に取り組んで欲しい。

※SOHO：Small Office, Home Officeの略。

1. 敷地条件
○東京都武蔵野市吉祥寺本町
○敷地面積　　　　1,131.97㎡
○用途地域　　　　第1種住居地域
○防火指定　　　　準防火地域
○建ぺい率60%
○容積率200%
○周辺道路状況　　北側5.50m、西側4.20m、その他の指定として第2種高度地区
　　※実際の設計においては現行建築法規の中で、建築面積、延床面積、高さ制限等諸々の規制があります。本課題においては特に縛りを設けませんが、留意してください

2. 計画条件
○主要用途　　働く場所併設の住空間×10世帯
○住人数　　　世帯毎の住人数は、各自設定すること
○業務空間　　世帯ごとの業種や設備は、各自が設定し提案すること
○世帯毎に独立した業務空間を条件とするが、別途共有の空間を設けても良い
○構造　　　　各自検討し、提案すること
○附帯機能　　必要な外部空間を各自計画し、敷地内をデザインすること
　　　　　　　2面の通り、公園との関係を検討し、計画に生かすよう期待する

3. 提出物
○設計主旨
○配置図1/100（1面、1階平面図と兼用することも可能）
○各階平面図1/100（1面）
○断面図1/100（主要1面以上）
○立面図1/100（主要1面以上）
○その他、設計意図を表現する、模型写真、イメージパース、CGなど
　　※上記をA1用紙2枚以上にまとめる。用紙はケント紙またはそれに類する厚紙とし、鉛筆、インキング、着色、写真貼り付けなどは自由。パネル化はしないこと。図面縮尺は、表現の質を高めることを前提に、設定変更可能とする
○模型　縮尺は自由

武蔵野美術大学
Musashino Art University
造形学部 建築学科

3年生／設計計画III（布施スタジオ）・第1課題／2018年度

敷地選択型 住宅プロジェクト
― 住宅+αの新しい可能性を提案する ―

出題教員コメント 本学科3年の課題は、前、後期それぞれ4つのスタジオから選択します。3年後期の布施スタジオでは、建築が成立している現実社会について問題意識をもって設計に取り組みます。この「敷地選択型住宅プロジェクト」は、3つの敷地から選択し、住宅+αの用途を契機にして今までの常識をシフトするような建築の新しい可能性を探ります。選択した敷地におけるテーマを各自が設定し、計画・設計した提案のプレゼンテーションまでを4週間で行います。（布施 茂 教授）

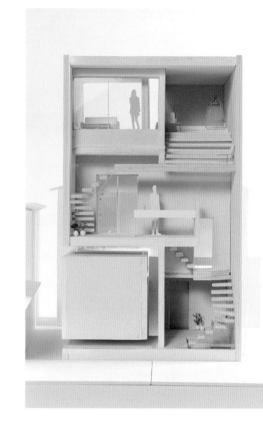

武蔵野美術大学
造形学部 建築学科 4年
（課題時は3年）

大嶋 笙平
Ohshima Shohei

間隙住宅

設計趣旨 敷地は阿佐ヶ谷の商業地域にあり、周囲には住宅や店舗が高密度で立ち並んでいる。歪な区割に建つ建物たちの中には耐火基準を満たしていないものも多く、またこの辺り一帯は再開発の計画もあり、今後周辺環境が大きく変わっていくことが想定される。そのような状況の中でこの敷地を取り巻くさまざまな文脈の、そのいずれもから一定の距離を取った時に立ち現れる建築の自律性を目指した。

指導教員コメント 住宅地の私道の突き当たりに建つ事務所併用住宅の計画。作者が課題を通して取り組んだテーマは、建築の自律性です。目まぐるしく変化する都市のコンテクストから距離を取りながら、丁寧に設けられたスリット状の「間隙」からは、けっして変わることのない光や風といった自然現象をセンシティブに住空間に取り込んでいます。共時性の渦巻く社会に抗い、いかにして建築の通時的な価値を提示し得るのかという問題を、今を生きる建築家に突き付ける問題作です。（青木弘司 非常勤講師）

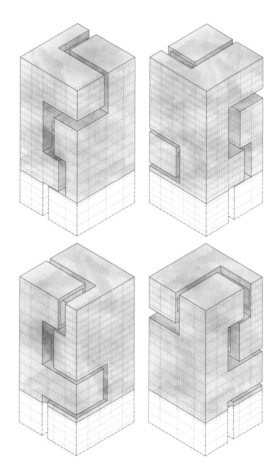

武蔵野美術大学 造形学部 建築学科 ― 大嶋 笙平

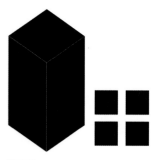

Phase1
敷地に対して最大となる容積の量塊を想定、敷地に配置する

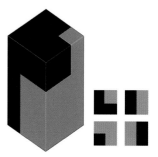

Phase2
階ごとに平面を住と職に分割し、断面方向につないでいく

Phase3
間隙を挿入し、それを介して光や風、視線の抜けを獲得する

Phase4
2つの立体間を行き来しながら生活できるよう室の配置を調整

審査員コメント 2019年のJIA日本建築大賞を受賞した古澤邸と同じ敷地設定で、しかも古澤大輔さんご本人よりレクチャーを受けたうえで設計したと聞き、古澤邸は実際に体験したこともあるので、興味が増しました。この案は周囲に対して閉じていますが、一方の古澤邸は開かれています。そのため、なぜ閉じたのか聞くと、後々周りで建て替えが起ったときに周りに迷惑をかけないためということでした。つまり「建築の自律性」が他者配慮から導かれており、その姿勢もまた、ひとつの解答であると思いました。（實神尚史）

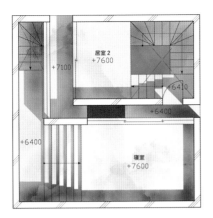

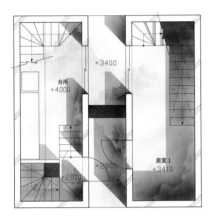

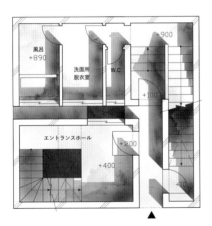

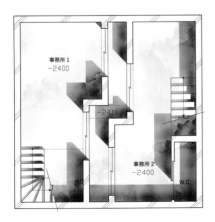

武蔵野美術大学 造形学部 建築学科
3年生／設計計画III（布施スタジオ）・第1課題／2018年度

敷地選択型 住宅プロジェクト
―住宅＋αの新しい可能性を提案する―

出題教員：布施 茂・青木弘司・三幣順一

指導教員：布施 茂・青木弘司・三幣順一

第1課題は、敷地選択型の住宅＋αのプロジェクトです。敷地は3箇所（国分寺、阿佐ヶ谷、下落合）から選択して、その周辺環境における住宅＋αの用途（店舗、事務所、長屋、その他）を計画・設計してください。自ら設定した建築的テーマに基づいて設計することで、住宅＋αの用途を併設することでできる住宅の新しい可能性を提案してください。

1．敷地条件

設定された敷地A（国分寺）、敷地B（阿佐ヶ谷）、敷地C（下落合）から敷地を選択し、下記の設計与条件にしたがって設計しなさい。
○敷地A（国分寺）
　東京都国分寺市南町（JR国分寺駅3分）
　敷地面積59.65㎡、道路：北6m、東5m
　用途地域　商業地域（建ぺい率80%、容積率360%）
○敷地B（阿佐ヶ谷）
　東京都杉並区阿佐谷南（JR阿佐ヶ谷駅4分）
　敷地面積44.81㎡、道路：北4m
　用途地域　商業地域（建ぺい率80%、容積率240%）
○敷地C（下落合）
　東京都新宿区中落合（西武新宿線下落合駅7分）
　敷地面積134.72㎡、道路：北33m；南東4m
　用途地域　第一種中高層住居専用地域（建ぺい率60%、容積率200%）

2．設計条件

○選択した敷地の建ぺい率、容積率の範囲で計画してください
○延床面積は、100〜250㎡の範囲内で計画してください
○＋αの用途は、それぞれの敷地環境を読み取り、自由に提案して設計してください
○＋αの用途面積は、延床面積の30%〜60%の範囲で計画してください

3．提出物

○計画概要　提案説明を含めた計画概要
○仕上表　外部仕上、内部仕上
○配置図1/100
○各階平面図1/50
○立面図1/50（2面以上）
○断面図1/50（2面以上）
○外観、内観パース（模型写真・CG可）
○模型1/30以上（敷地周辺を含む）
　※以上をパネル化（サイズは自由）して提出

明海大学
Meikαi University
不動産学部 不動産学科 デザインコース

3年生／設計・製図A・第2課題／ 2019年度

今日的な役割を持つ共用住宅（シェアハウス）

出題教員コメント 馴染みのある浦安の土地で、今日的な社会問題に貢献できるシェアハウスを企画・設計する課題です。敷地は大学近くの住宅街にあります。内部プランの計画だけではなく、敷地内に住民たちが集うことのできるコモンスペースを計画することも、課題の条件としています。コモンスペースを中心に、シェアハウスの住民と近隣住民とが交流できる場所となるよう指導しています。また、不動産学部ならではのアイデアにも期待しています。（塚原光顕 特任准教授）

明海大学 不動産学部 不動産学科
デザインコース 3年
（当年度課題）

小出 香純
Koide Kasumi

Chill at my place ゆっくりじぶんの場所ですごそう

設計趣旨 シングルマザーと単身者を対象とした共同住宅である。多目的に使える部屋をいくつかつくり、子供部屋、趣味部屋、事務所など幅広い用途で自由に使うことができる計画とした。部屋は四角いキューブ状とし、部屋と部屋をずらして共用空間をつくった。そこから採光や外気を取り入れることができる。居住者間でコミュニケーションが取りやすくなるよう、中央のコモンスペースから各住戸にアクセスすることができるように計画した。

指導教員コメント 単身者とシングルマザー達が、協力し合い住む共同住宅の提案です。四角い住居空間をさまざまな形につなげることで、内部空間や外部空間のいろいろなバリエーションをつくり出しています。住戸をずらすことによりできたスペースは、屋外のコモンスペースとなり、住民たちが自然に交流を持つことができます。また、周辺環境に対して開放的な外構を計画し、西側にある公園や、地域とのつながりを意識した計画となっています。住戸の内部と外部ということでなく、敷地全体を居住空間と捉え、住民達が自然と交流を持つことのできる計画となっているところを評価しました。（塚原光顕 特任准教授）

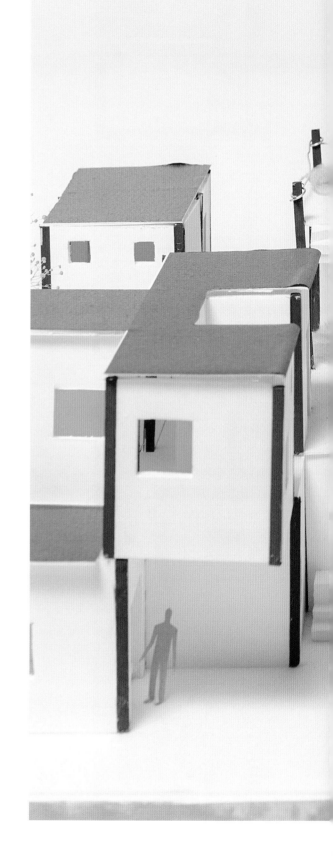

明海大学 不動産学部 不動産学科 デザインコース ｜ 小出 香純

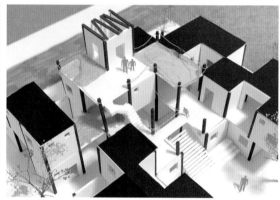

1階平面図　　　　　　　　　　　　2階平面図　　　　　　　　　　　　3階平面図

審査員コメント 　単身者、シングルマザーそして周囲の住民をも視野に入れた、他者が交流する場所をシェアハウス（共用住宅）というプログラムを用いて一つの環境のようにつくり上げています。3m × 3mという空間のルールを設定して、それを立体的に構築していくことで、内部と外部、公と個、自己と他者という一見相反する二者が交錯し合い、そこから次の物語が紡がれていくような場へと転換している点に好感を持ちました。（吉野 弘）

Public Private

Park

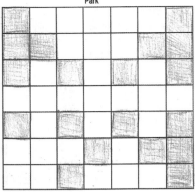

1F と 2F の関係

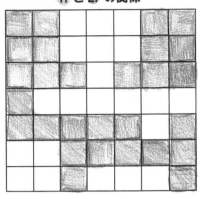

キッチンに立つ人が1人の場合、行動範囲が2〜3歩で済む。また、トイレ、洗面、風呂の水回りを1つにまとめることで家事の時短につながる。居室の場合は布団を広げるとその他のスペースがなくなり狭く感じ、屋外リビングで過ごす時間が多くなるのではないか

A-A'断面図

北西立面図

北東立面図

明海大学 不動産学部 不動産学科 デザインコース
3年生／設計・製図A・第2課題／2019年度

今日的な役割を持つ共用住宅
（シェアハウス）

出題教員：鈴木陽子・塚原光顕

指導教員：鈴木陽子・塚原光顕

計画地に「今日的な役割を持つ共用住宅（シェアハウス）」の企画、設計、プレゼンテーションをしてください。企画にあたっては、各自、課題1のテーマを継続することを心がけてください。また、次週『代官山ヒルサイドテラス・R-SARUGAKU・代官山蔦屋書店』を見学して感じた内容を、取り入れてください。

1. 企画のポイントと条件

○居住者の想定　どんな居住者にするかを想定し、企画を立ててください。ただし、「20代の単身者」「シングルマザー世帯」「高齢者世帯」を必ず入れてください。
○住戸タイプの構想　住戸は2種類以上のタイプ・大きさのものを組合せて計画してください。住まい手にあわせた計画を提案してください。
○周辺環境の活用　外部空間を取り込んでください。また北側の公園とどのように連続するか提案してください。
○独自性や問題提議：住居以外の用途・施設を加えることで、使われ方の提案をしてください。「こんな工夫が世の中に受け入れられそう、こんな機能がいままで足りなかった」

2. 計画地

○千葉県浦安市入船
○敷地　26.00m×29.00m（＝754.00㎡）の大きさとする
○接道　平行する6m道路2面、4m道路1面に接道する
○建ぺい率50%、容積率100%の指定地域とする
○用途地域　第1種低層住居専用地域
○階数　2階建または3階建て
○床面積　500㎡程度（共用廊下、階段を除く）
○住戸数　6〜8戸程度
○各住戸の面積　各自、企画にあわせて想定
○構造形式　鉄筋コンクリート（RC）、ラーメン構造または壁式構造

3. 最終提出物

○必要図面
○概念図
○図式等の必要な図
○建物データ
○タイトル
○外観および内観パース
○模型写真やイメージ写真等
○設計、計画の主旨
※上記をA1用紙のプレゼンテーションボードにまとめ提出
○模型1/100　全体敷地模型に設置可能なつくり方にすること

明治大学
Meiji University
理工学部 建築学科

3年生／計画・設計スタジオ1・第1課題／2019年度

これからの集住のかたち:
多様な世帯が暮らす集合住宅

出題教員コメント 周辺環境との関わりや集住に関する現代的なニーズを踏まえ、多様な家族構成を考慮した中層の集合住宅を計画する課題です。具体的には、桜並木が美しい目黒川に面した約500㎡の敷地の場所性を読み取り、6階建て以下、延床面積1,000㎡以内、単身世帯と二人世帯とファミリー世帯用の住戸を合計14戸程度、1階部分に地域に開かれたパブリックスペースを設けることなどを与条件として、これからの集住のかたちを提案します。（山本俊哉 教授）

明治大学
理工学部 建築学科 3年
（当年度課題）

間宮 里咲
Mamiya Risa

これからのリビングスペースと
ワークプレイスのネットワーク

設計趣旨 住人それぞれの多様な生活が今日的な距離感でつながるよう、住戸を折れ曲がったチューブ状とし、それらをずらしながら積層させることで、でこぼこした立体的なすきまをつくり出している。住人の多様な生活は住戸内部にとどまらず、外部のすきまへと拡張され、緩やかに他の住民や街とつながる。さまざまな性格を持ったすきまは住人の生活を豊かにしながら、周囲へと展開する。

指導教員コメント クランクした細長いかたちを重ね合わせると、大部分がすきまの集合住宅が生まれます。すきまは仕事をしたり、食事をしたり、展示や読書と、生活が外へと広がるスペースとなり、適度な距離感をもって他の住民や周辺とつながります。従来のプライベート/仕事、専有/共有といった区分にとらわれないしなやかなアプローチによって、SOHOはもちろんテレワークが一般化するこれからの住空間と、その集合の仕方とを力強く提案していることが評価されました。
（吉原美比古 兼任講師）

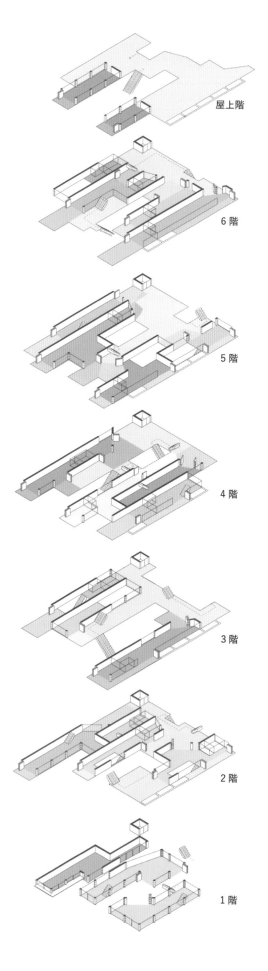

屋上階

6階

5階

4階

3階

2階

1階

共有キッチン。視線が下階に抜け、アクセサリーデザイナーのアトリエが見える

ファッションデザイナーの部屋。リビングスペースから連続的にワークスペースへとつながる

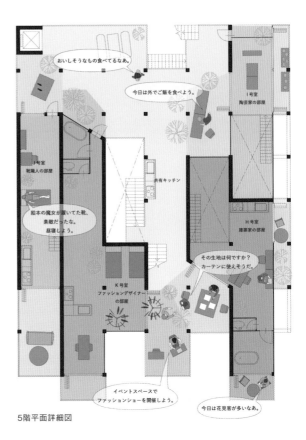

5階平面詳細図

断面パース。住人の活動は外のすきまへと拡張し、すきまを通して各住人のリビングスペースとワークスペースが混ざり合う

審査員コメント

2.7m幅の奥行のうなぎの寝床のように細長く雁行するプラン。川に向かってトコロテンのように積み上がっている集合住宅であり、ワークスペースを持つ職住一体のライフスタイルを提案しています。各住戸のつながりもゆるやかで、空間が人のつながりをアシストしているように思えます。また、いろいろな暮らしぶりを想像させる表現も優れています。

（加茂紀和子）

課題

明治大学 理工学部 建築学科
3年生／計画・設計スタジオ1・第1課題／ 2019年度

これからの集住のかたち：
多様な世帯が暮らす集合住宅

出題教員：山本俊哉

指導教員：吉原美比古

14世帯程度が居住する集合住宅を計画する。住戸専用面積は合計700㎡（各住戸30 ～ 90㎡）程度とする。70㎡以上の住戸は2室以上とする。多様な家族構成を考慮し、単身世帯用、2人世帯用、4人程度のファミリー世帯用の3タイプの住戸を計画する。

1階部分には地域に開かれたパブリックなスペースを設ける。また、隣接する沿道部との連続性を考えてSOHO型住戸やカフェ、コモンスペースを計画しても構わない。

階数・面積：地上6階建て以下とする。延べ床面積は1,000㎡以内とする。

昇降機・階段：エレベーターは1機以上、避難階段は各住戸から2方向に確保しなければならない。

居住者の駐輪スペースを考慮すること。駐車場は敷地内に設ける必要はない。

バリアフリーに配慮すること。アプローチや共用のエントランスを適切に計画すること。

南側の目黒川沿いの桜並木の街路との関係および東側・北側に配慮すること。

1. 計画敷地
○東京都目黒区青葉台
○目黒川に面した敷地（面積500㎡）
○用途地域　準工業地域・準防火地域
○建ぺい率　70%（法定60%のところ角地緩和）
○容積率　200%

2. 提出物：要求された図面等を全て満たすこと
○設計主旨
○配置図1/500
○各階平面図1/100（1階平面図には周辺道路を含めること。住戸は住まい方が伝わるように水回りや家具等を含めて描くこと）
○立面図1/100（最低2面）
○断面図1/100（最低2面）
○面積表
○建物外観の模型写真またはパース
○1階内観の模型写真またはパース
　※A1サイズ（横使い）4枚以内に美しくレイアウトすること
○模型1/100

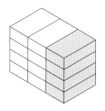

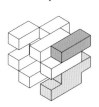
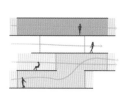

住民のネットワークが生まれる立体的なすきまをつくるために、チューブ状の住戸をずらしながら積層させる

つながりをつくるためにチューブの両側はオープンにする

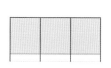

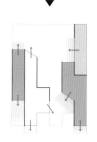

折れ曲がったチューブ状の住戸によりつくられたすきまへと住人の活動が拡張する

リビングスペースとワークスペースが壁で分断されずに連続する

※明治大学の課題出題教員インタビューは本書バックナンバー「JUTAKUKADAI05」P.254を参照（門脇耕三「目黒川沿いの集合住宅」）

243

ものつくり大学
Monotsukuri Institute of Technologists

技能工芸学部 建設学科 建築デザインコース

3年生／建設総合設計Ⅳ／2018年度

更新する共同住宅

出題教員コメント 各種の実習を行うものつくり大学ですが、そこで得た体験や知識を設計においてどのように生かせるのか、可能性の広がりを見届けたいと願った出題です。山本さんはその問いに真正面から、細やかな創造力で応えてくれました。また、特殊な与条件の課題ではありますが、自らの住む場所を協働して更新していくことにより、人が集まって住むことの根源的な必要性、集まって生きる時には何が必要なのか、を改めて考える機会になることを意図しています。（岡田公彦 准教授）

吉野賞

ものつくり大学 技能工芸学部 建設学科
建築デザインコース 4年
（課題時は3年）

山本 佑香
Yamamoto Yuka

テクノ路地ストの共同住宅

設計趣旨 埼玉県行田市という歴史ある城下町ならではの路地の多い土地柄に合わせて、路地をコンセプトに住居スペースを展開。路地から広がる個人スペースの曖昧な境界がコミュニケーションをつくる。主な構造体を木造フレームとすることで、ものつくり大学生が自身の技術を生かして増築や改修ができるようになり、長くにわたって自由自在に更新し続けることのできる共同住宅となる。

指導教員コメント 1／1のものづくりの実習経験が住宅設計にもフィードバックされた作品で、木造フレームが内外を貫き、DIYを促進させる生活感が路地へ溢れ出す日常を描いています。改修作業の音、木材の香りなど生々しい感覚やリアルな空間の使われ方が愛しいスケッチや模型により表現され、身近な生活美として再構築されています。課題提出後も継続的に作品をブラッシュアップしたことは、カスタマイズして更新する集合住宅のコンセプトを想起させます。（戸田都生男 准教授）

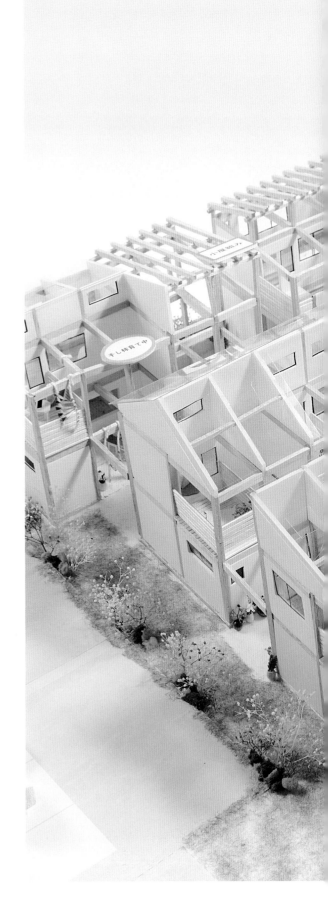

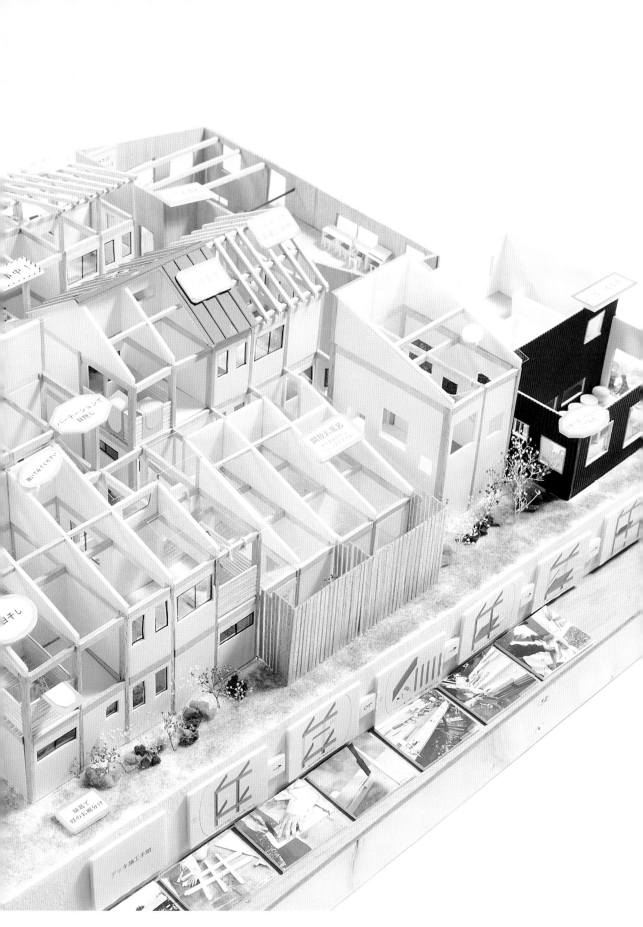

吉野賞 ｜ ものつくり大学 技能工芸学部 建設学科 建築デザインコース ｜ 山本 佑香

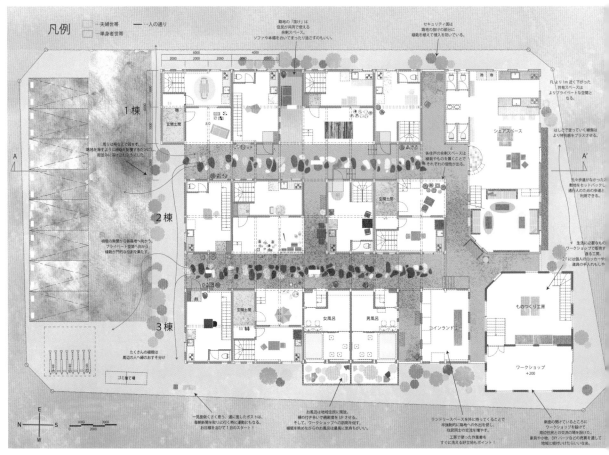

凡例　□…夫婦世帯　…人の通り　□…単身者世帯

1棟

2棟

3棟

A A'

ゴミ捨て場

N E S W
0 1000 2000 3000

路地の「膨らみ」は住民が共同で使える余剰スペース。ソファや本棚をおいてたまり場にするのもいい。

セキュリティ面は路地の奥の部分に植栽を植えて侵入を防いでいる。

周りは塀などではなく、路地を潤すように植栽をならべるだけにし、視線をやわらげるようにした。

FLより1m近く下がった共有スペースはよりプライベートな空間となる。

各住戸の余剰スペースは植栽やものを置くことでそれぞれの個性が出る。

シェアスペース

はしごで登っていく棟側はより特別感をプラスする。

植栽の隙間から各寄棟地へ向かう。プライベート空間へ向かう植栽が門柱などを兼ねる。

玄関土間

元々歩道がなかった敷地をセットバックし通行人のための歩道として利用できる。

生活に必要なものをワークショップで販売する様な工房。2Fには個人のロッカーやら道具の手入れもしろ

玄関土間

女風呂 男風呂

コインランドリー

ものつくり工房

たくさんの植栽は周辺の人へ緑のおすそ分け

ワークショップ +200

一見意味なさそうで、道に面したポストは、毎朝新聞を取りに行く軽い運動にもなる。お日様を浴びて1日のスタート！

お風呂は地域住民に開放。緑の付き合いで防犯度をUPさせる。そして、ワークショップへの訪問を促し、住民同士の交流を増やす。植栽を眺めながらのお風呂は最高に気持ちいい。

工房で使った作業着をすぐに洗える好立地もポイント！

ランドリースペースを外に持ってくることで半強制的に路地への外出を促す。住民同士の交流を増やす。

南面の開けているところにワークショップをセットバックし周辺住民との交流の場を設ける。家具や小物、DIYパーツなどの販売を通じて地域に根付いていけたらいいな。

ものつくり大学の学生（建設学科）と卒業生が住む共同住宅。単身者5世帯、夫婦5世帯、計10世帯。その中でも技術者5名、設計者7名、その家族3名が住む。

ものつくり大学の生徒は、実習の多いカリキュラムで育成された現場に強い技術者。たくさんの道具や作業着を所持しており、自らの手で設計から施工までを行うことができるのが強みである。

審査員コメント　木造の住宅をグリッド上に積み上げる案ですが、更新する住宅という考えのもとに生まれたのがおもしろい。原寸でのものづくり実習が多い、ものづくり大学のカリキュラムだからこそ生まれた案です。セルフビルドで付けたり減らしたりを可能にし、木造フレームを使うことによってスケルトン部分もいじれる。そうすると、路地の上にも梁を架けられる、そこに屋根が架けられれば室内化されるなどのいろいろな可能性を考えており、非常に興味深いです。（田井幹夫）

D105×W300 の木造フレームを用いる。

木造フレームを 2000 mm ピッチで並べて配置する。

木造フレームに合わせて部屋を配置していく。

後に子供が生まれ、部屋を増やしたいときには増築できる

カスタマイズ施工例1。路地をライトアップ！

カスタマイズ施工例2。フレームに根太受け金具をつけて、根太から板材の順に張っていくとデッキ上がり！

生活利用例1。干し柿、干し大根、干し芋……フレームにぶら下げておいしい食べ物もつくれそう

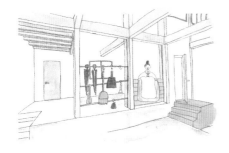

生活利用例2。ハンモックやブランコを設置してゆったりまったりぶら下がってお昼寝なんて最高

ものつくり大学 技能工芸学部 建設学科 建築デザインコース
3年生／建設総合設計Ⅳ／ 2018年度

更新する共同住宅

出題教員：岡田公彦

指導教員：岡田公彦・長谷川欣則・戸田都生男

日本遺産にも認定された蔵造りの歴史ある建築や街並みが残る行田市駅前の敷地に、10家族が住む共同住宅を設計する。この共同住宅にはものつくり大学の学生や卒業生を含む家族が住むものとする。住宅は各家族や個人の専有のスペースと共に豊かな共用スペースを持ち、皆集まって生活することのメリットや意義を理解する住人が集まるコーポラティブハウス（住まう人がはじめから決定しており、各家族の要望をふまえて計画される共同住宅）とする。

そのため、当初より住人たちが自身の手で改修、増築、減築などがしやすい計画となるよう留意する。参考としては、「スケルトンとインフィル」といった、耐用年数が長い構造体と、比較的短い仕上げや設備、間仕切りなどを明確に分け、耐用年数が短いものはあらかじめ更新しやすくつくっておく、といった考え方も参考になるであろう。

また、共同住宅の住民（もしくは地域の住民も含めてもよい）が集まって使うスペースの使われ方を想定しつつ積極的に併設すること。

1、住人設定
ものつくり大学関係者をそれぞれ必ず1人以上含む10家族が住まう、10住戸の共同住宅とし、内訳は学生もしくは卒業後の単身5人（5住戸）。卒業生を含む5家族（5住戸）とする。

2、面積概要
〇単身者用住戸　40㎡程度×5住戸（計200㎡）
〇ファミリー用住戸　80㎡程度×5住戸（計400㎡）
〇共用施設　150㎡程度（使途は各自設定のこと）
〇その他（エントランスホール、廊下、階段等）　適宜
〇延床面積　900㎡程度（10%前後の増減可とする）
〇その他　駐車場8台、駐輪場15台、ゴミ集積場　適宜、等

3、最終提出物
〇配置図
〇各階平面図
〇断面図
〇立面図
〇面積表
〇コンセプト
〇模型写真またはパース、
〇各自の案を説明するダイアグラム等
　※上記図面をA1用紙縦使い1枚に適宜おさめる
〇模型1/200　模型台サイズA1程度（幅1,100mm×奥行700mmの範囲内に収まるもの）

課題出題教員インタビュー

ものつくり大学 技能工芸学部 建設学科

岡田 公彦 准教授

課題名 『更新する共同住宅』

3年生／2018年度／建設総合設計Ⅳ

岡田 公彦／Okada Kimihiko
1971年神奈川県生まれ。1995年中央大学卒業、1997年明治大学卒業、1997年西沢立衛建築設計事務所入所、2005年岡田公彦建築設計事務所設立、東京電機大学、東海大学、明治大学、多摩美術大学、日本女子大学非常勤講師を経て、2017年よりものつくり大学准教授。

＋建設学科のカリキュラムとその特徴を教えてください。

ものつくり大学では、志望する分野に関わらず建物の全体のことを知ってもらいたいという考えから、1年生では建設に関わる全ての分野の基礎を幅広く学びます。3年生になると「木造建築コース」、「都市・建築コース」、「仕上・インテリアコース」、「建築デザインコース」の4つのモデルコースを軸に科目を履修していきます。ただし、コースによる縛りはなく、横断的に自由に科目を選択することが可能です。

カリキュラムにおける最大の特徴は、原寸でのものづくりに取り組む機会が多いことで、授業の半分以上が実習です。学内の授業では、木造では東屋を造ったり、鋼構造・RC造では建物のフレームを造ったりしています。また、さまざまな課外プロジェクトにも取り組んでいます。過去にはキャンパス内の2つの棟を繋ぐ3つの連絡橋をそれぞれ別の構造と素材で制作しました。キャンパスにあるル・コルビュジエの『カップ・マルタンの休暇小屋』も学生たちが再現したものです。また、森美術館の15周年記念展「建築の日本展：その遺伝子のもたらすもの」では、千利休による妙喜庵の『待庵』を再現するプロジェクトに取り組みました。非常勤講師には宮大工や左官の方もいる

ので、そういった先生方の指導を受けながら、学生と教員が一緒になって待庵の制作にあたっています。

カリキュラムのなかに長期の「インターンシップ」が組み込まれており、全学生が実務体験するのも特徴だと思います。インターンシップの機会は2年生と4年生の2回あり、2年生では必修です。本学は1年間を4つに分けたクォータ制を採用していますが、1クォータの2ヶ月ほどの期間、企業で実務に関わることになります。本学と提携している企業は数百あるため、多くの学生が希望の企業、もしくは希望する職種の企業に行くことができるでしょう。短期間ではありますが、インターンシップでの社会経験は学生たちにとって大きな糧となっており、卒業後にその企業に就職する学生もいます。このようなカリキュラムの横断的な体験によって、大学らしい人材が育成できているのではないでしょうか。

＋設計の授業ではどのようなことに取り組みますか？

1年生では製図の基礎を学び、最後に小屋の設計をします。2年生になると戸建て住宅、集合住宅や商業施設などの設計に取り組み、3年生では公共施設といった、より専門的で大規模な建物、もしくは小さな建物であればより詳細な設計が求められるようになります。今回出展した課題もそうですが、実習に取り組む機会が多いものつくり大学の特色が出るように、「つくる」ことを踏まえた設計課題とすることが多いです。模型もそうですが現物を「つくりながら考える」ことを重要視しており、大学生のうちに実物を扱える経験を得られることは、設計をする上でも社会に出てから大きなアドバンテージになるはずです。

また、実習に力を入れているものの理論に関する授業ももちろんあり、建設に関して全体のことを一通り学べる環境があります。設計者が施工について理

森美術館での待庵制作の様子

解していると、施工者にとってのつくりやすさも全然違ってきますし、逆に、施工者がデザインのことを理解していると、仕上がりに差が出てくるでしょう。基礎の段階から幅広く学んだことが、専門分野に進んだときに生きてくると思います。

＋今回出展された課題の意図とは？

自分たちや卒業生が住み、自ら更新していく建築を、具体的にイメージしながら設計する課題としています。学生たちが、設計のみならず幅広い授業やプロジェクトの体験で得てきた可能性をどう表現するのか、見たいという想いもあります。私たち教員にとっても、学生たちの提案を受けて今後どのような授業をすべきか、どのようなプロジェクトをやるとよいか方向性を伺わせるものでもありました。

敷地は大学の所在地でもある行田市です。旧市街には近世にできた足袋蔵の街並みがあり、中世の忍城（おしじょう）もあるなどさまざまな歴史が積層しているエリアですが、地域のために何ができるのかも含めて、周辺環境との関係に重点を置きました。2年生までの授業で蔵の調査やフィールドワークなどをしており、学生たちがコンテクストを理解している敷地でもあります。プログラムは共同住宅ですが、「共用施設」を設けて公共性も持たせることを推奨しています。住人たちだけで使う施設でもよいのですが、地域のために積極的に開放することもあり得るという流れを読んでほしいと考えました。本学の学生ならではの更新手法と、住人だけでなくもう少し広く地域のことを考えたときに、どういう可能性があり得るかを提案してもらいたいという意図があります。また、課題としては新築ですが、10年後20年後のことも考えてもらいたい。実際の建築の現場でも、既存を生かしながらリノベーションをすることが増えてきています。更新やリノベーションをすることを踏まえたときに、自分たちが住み続けていくと想定すると考えやすくなります。多くの実習で現物に触れてきた経験を踏まえて、「自分たちはこういう設計ができる」と自信を持って言えるようになってほしいという意図もありました。

そのような考えから出題した課題に対して、今回出展した山本佑香さんの作品は真正面から応えてくれた提案でした。審査員から評価を得られたのも、大学で取り組んできたことを踏まえて自分の考え方を表現し、それが伝わったからだと思います。木造だけ

大学内での木造実習の様子

でなくRC造の棟もあり、多様性を出せているのもよいと思います。全体を統合する強い決まりを決めてつくっていくのではなく、木造の部分では更新しやすいようにフレームの構法を提案して、それを取っ掛かりにさまざまな活用方法を展開しています。日本の軸組構法の歴史を踏まえた応用とも捉えられるでしょう。模型を置く台がそのフレームのモックアップになっており、フレームの活用方法の一例を、木を加工して自分でつくって表現していたところもよかったです。フレームにデッキを渡す際の接合部のおさまりなど、つくりながら検証して試していたのも印象的でした。

＋住宅課題についてのお考えを教えてください。

住宅は建築を考える上での基本です。身近でスケール感が人間に近い。大きな建築をつくる際は、組織のなかで「部分」を担当することになりますが、全体を把握しながら考え、つくることができるのが住宅。横断的に実物をつくる経験をしている本学の学生にとっては、特に興味を持ちやすい課題だと思います。

住宅課題賞で高い評価を得る学生は、新しい空間やプログラムの提案が最終的な形に表れている作品が多い印象ですが、本学では実際に造ること、使うことに着目して設計する学生が多いですね。学生たちと建築の見学に行って感想を聞くと、「ここはどうやって掃除をするのか」といった細かいおさまりが気になるなど、ある意味プロに近い目線が養われているような気がします。実物に触れる機会が多いので、具体的な問題が想定できるのでしょう。そういった大学の特徴をより深く考えられるように、2019年度の同授業課題は学内に計画する「更新する学生寮」として、より自分の生活に近く、具体的な設定として実施しました。徹底したリアリティのなかに何が生まれるのか、注視していきたいと思います。

横浜国立大学
Yokohama National University
都市科学部 建築学科

2年生／デザインスタジオⅡ／2018年度

自然のなかの居住単位

出題教員コメント　本課題は、住居を「環境の中での人間の活動の場」として捉えることを目的にしています。まず自然環境を定量的あるいは定性的に捉える視点を持つことで、環境の秩序への理解を深めます。そして、住居を環境の秩序の中から再発見する。あるいは環境の中に建築を力強く介入させることで、人間の暮らしの舞台をつくりだす。建築創造の二つの重要なアプローチを学ぶ課題です。（藤原徹平 准教授）

🏆 **優秀賞 2等**

横浜国立大学
都市科学部 建築学科 3年
（課題時は2年）

寺西 遥夏
Teranishi Haruka

森の教えに生きる家

設計趣旨　急な斜面に建つ住宅。この住宅の住空間は斜面を巻くように遠回りをしながら少しずつ登っていく山道に、ぽつりぽつりと点在する。空間と空間を結ぶ山道は自然の豊かさ、強さ、時には厳しさを感じさせる。日々の暮らしの中で何度もその道を往来する住人はそれを体得しながら、山道が通る範囲すべてを「家」と捉え広く住まう。これは人の生活が周囲と対話するための住宅である。

指導教員コメント　寺西さんの作品は、豊かな地形の中に2枚の壁だけ、あるいは2枚のスラブを差し込むだけで、環境に特異点をつくりだし、住居をつくろうという野心的なプロジェクトです。環境を丁寧に観察する視点と、大胆な所作で建築を創造することとの両面に取り組んでいます。建築のデザインが力強いだけでなく、2つの場所を行き来する森での移動生活全体を住宅と呼ぼうとしている発想も独創的で素晴らしいと思います。
（藤原徹平 准教授）

優秀賞 2等 ｜ 横浜国立大学 都市科学部 建築学科 ｜ 寺西 遥夏

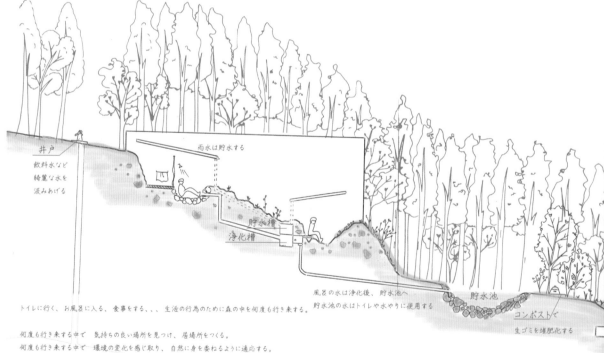

井戸
飲料水など
綺麗な水を
汲みあげる

雨水は貯水する

貯水槽

浄化槽

風呂の水は浄化後、貯水池へ
貯水池の水はトイレや水やりに使用する

貯水池

コンポストで
生ゴミを堆肥化する

土を固
地中は温
小さく快

トイレに行く、お風呂に入る、食事をする、、、生活の行為のために森の中を何度も行き来する。

何度も行き来する中で　気持ちの良い場所を見つけ、居場所をつくる。
何度も行き来する中で　環境の変化を感じ取り、自然に身を委ねるように適応する。

自然の中では、森全体が家である。

森の様子に感覚を研ぎ澄ませ、森に生かされる暮らしのために
二枚の壁と、二枚のスラブで空間をつくった。

審査員コメント　緑豊かな斜面地にあって、住機能を担う建物が2箇所に建っています。その2箇所は距離が離れており、その建物間を、都度ことなる動線・場所を選択しながら行き来できる、自然環境の中で2拠点生活を行うような仕組みがおもしろいです。当初のプレゼン資料では、強い存在感の2枚壁を持つ建物が主役で、自然に対峙するような建ち方に見えていましたが、実際の主役は「建物間の自然」であり、「壁、スラブ間の隙間」であったということが分かり、好感を持ちました。（寶神尚史）

森で暮らす一日

朝日が差し込み目覚める

野菜の収穫と水やり

軒下で食事

景色を眺めながら仕事をする

薪を拾い、割る

空の色の変化を眺めながら
お風呂に入る

森で暮らす一年

窓から植物の芽吹きを見る

青空キッチンで食事

雨の日は軒下で仕事

日陰が心地よい季節

生ゴミや植物をコンポストで
処理

山を降りて買い物をする日が
増える

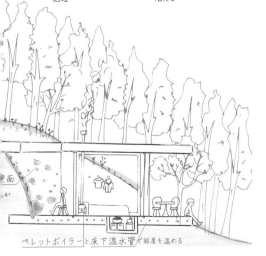
ペレットボイラーと床下温水管で部屋を温める

断面図

課題

横浜国立大学 都市科学部 建築学科
2年生／デザインスタジオ II ／ 2018年度

自然のなかの居住単位

出題教員：藤原徹平

指導教員：藤原徹平・針谷將史・南 俊允

地球上の一点に、人間の生活する場を構想します。計画地は北緯37度7分36秒、東経138度25分14秒、標高49m。敷地は十分に広く、豊かな自然に囲まれた場所です。（環境データは理科年表等で調べること。敷地形状やまわりの樹木等自然条件はできる限り細かく設定し、模型や図面に反映させること。必ずしも見に行かなくてよい）

建築とは物理的な構築物ですから、さまざまな自然条件に対応していかなくてはなりません。まずは、重力に抗して起き上がる必要があります。また地震や台風時の風のように水平方向からの力に対しても対応している必要があります。そしてその空間の内部には、人が豊かに過ごせるように、光が射し込み、風が通り、快適に生活ができるように考えていく必要がある。四季のさまざまな条件、夏の暑さ、大雨、台風、大雪などにも創造的な対応をしていなくてはなりません。

1. 設計条件
○雨、風、雪、四季の変化に創造的に応答すること（快適な温熱環境が建築全体で実現されている必要はないが、どんなときでもどこかは快適な場所があるように配慮すること）
○大きさや高さの制限は定めないが、構造的に成立しているものとする

2. 提出物に含まれるもの
○タイトル、全体コンセプト（自分がどんな自然条件にフォーカスしたか、その理由、それがどのように計画に影響を与えているか、グループテーマに対してどのように考えたかを、記すこと）
○建築計画のダイアグラム
○配置図1/200か1/300（環境の中での建築の配置の論理を美しく示すこと）
○平面図1/50　○立面図1/50　○断面図1/50
※風や光の流れ、雨や雪、樹木や地面との関係など、コンセプトに応じて、環境の要素を建築図面に書き加えること
○模型1/50（周囲の自然表現、および人間モデルを配置して活動も示す。その表現方法も作品の一部）
○パース（アイソメ、アクソメ、手描きスケッチ等方法は自由）
※図面はA1縦使いとする
○自分の空間コンセプトを伝える模型写真

3. グループテーマ
3つのエスキスグループ、6つのエスキスユニットにわかれて課題進行を行う。
細かい設計条件はエスキスグループごとのグループテーマで定める。

藤原グループ、鍛治グループ「森の秩序に沿って暮らす」
自然の秩序を徹底的に観察し、構造化することを最初の目標とします。
その秩序の中で人がどう美しく住むのか。
森の秩序の中に美しく存在する建築とはどんな姿をしているのか。
森の秩序の中で美しく暮らす生活というのはどのような循環をもつのか。
建築と暮らしの双方から考えてもらいます。
○**リサーチの進め方：** 森の秩序に沿って美しく存在している建築とはどんなものなのかリサーチをしながら考えていきます。リサーチはグループで行います。
○**スタディの進め方：**「森の秩序」「森と建築のつくる秩序」「暮らしの形」の3つについて考えていきます。

仲グループ、廣岡グループ「快適な建築」
あなたにとって、この場所において、快適さとは何でしょうか。
厳しい自然相手ですから防御的なところも必要です。でも、季節が変わってもその建築で暮らすことは、引き続き快適でしょうか。また、機械に頼り切って快適さを手に入れる方法はそれなりの閉鎖環境を要求します。それはこの場所に暮らすこととどんな関係があるのでしょうか。空間的・身体的なアプローチから快適さを定義することを考えてください。（以下略）

針谷グループ、南グループ「環境のスケール/人間のスケール」
雄大な自然環境の中で、わたしたち人間のための居住空間のスケールとは、どのように決定されるべきでしょうか。空間の気積、建築の各エレメント（床、壁、柱梁、窓、家具など）を、環境のスケールと人間のスケールの双方から考えて、その大きさやかたちを決めていくことはできないでしょうか。今わたしたちが暮らしている都市の住まいとは、まったく異なる居住空間の在り方を発見してください。（以下略）

早稲田大学
Waseda University

理工学術院 創造理工学部 建築学科

2年生／設計製図Ⅰ・第二課題／ 2018年度

早稲田のまちに染み出す キャンパスと住まい
―Activate Waseda―

出題教員コメント 2年生後期に取り組む最初の設計製図課題です。新大久保、高田馬場、早稲田などの異なる特色を持つ早稲田大学の周辺地域を広義なキャンパスと捉え、より良い大学街の姿を模索し、本学の学生や教職員のみならず、周辺に暮らす人々の生活の舞台を構想する課題です。学生たちはまず数名のグループに分かれて各区域の魅力や課題を発見した後、最終的には個人ごとにふさわしい敷地とテーマを各自で見つけて設計にまとめます。（出題教員一同）

 優秀賞 1等

早稲田大学
理工学術院 創造理工学部 建築学科 3年
（課題時は2年）

佐藤 日和
Sato Hiyori

都市と住まう

設計趣旨 神田川・山手線・早稲田通り・西武新宿線に囲まれた、人が立ち寄らない行き止まりの路地を1つの建築で囲うことで、本来公共空間である路地が中庭のようなものとして使われる。そこには、この場所を訪れた人が創り出した都市的な空間と共生した住民の生活が生まれる。都市で暮らすことに不安を覚える地方出身の大学生を住まう対象とし、都市を観察して知ることができる住宅とする。

指導教員コメント 本課題は、早稲田の6年一貫制教育における最初の設計課題です。学内審査は建築計画、都市計画、建築史の教員による投票で行われ、本作品は群を抜いた評価を得ました。それだけこの作品に高い評価が集中した理由は、多くの学生が都市に住む方法に苦心するなかで、作者は都市にではなく都市と住むことを考えたことにあります。さらにこの図面からは、構造的な思考力に加えてそれをプロポーションの良い線で象る力の潜在的な持ち主であることまでが窺えます。（渡邊大志 准教授）

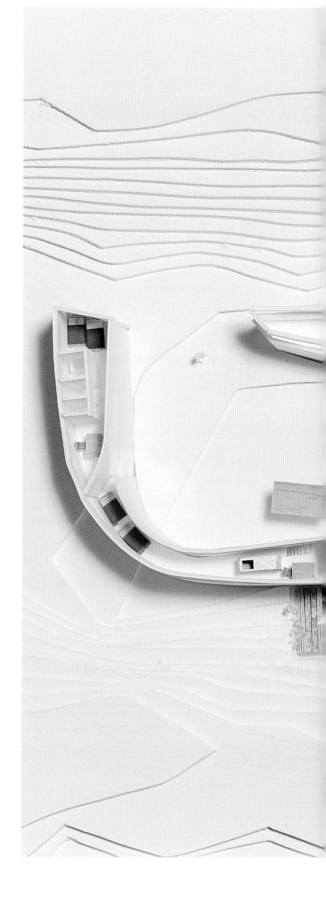

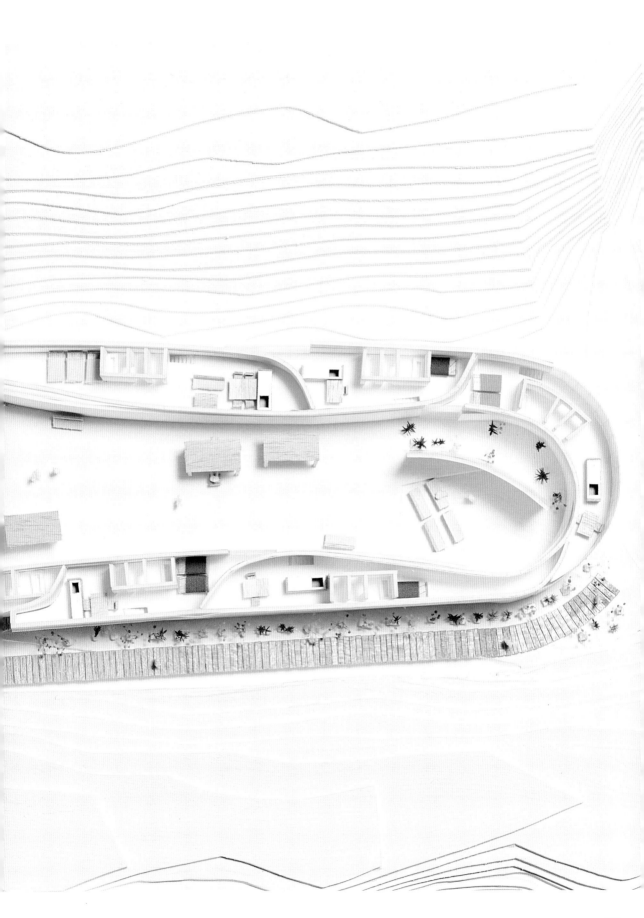

優秀賞 1等 ― 早稲田大学 理工学術院 創造理工学部 建築学科 ― 佐藤 日和

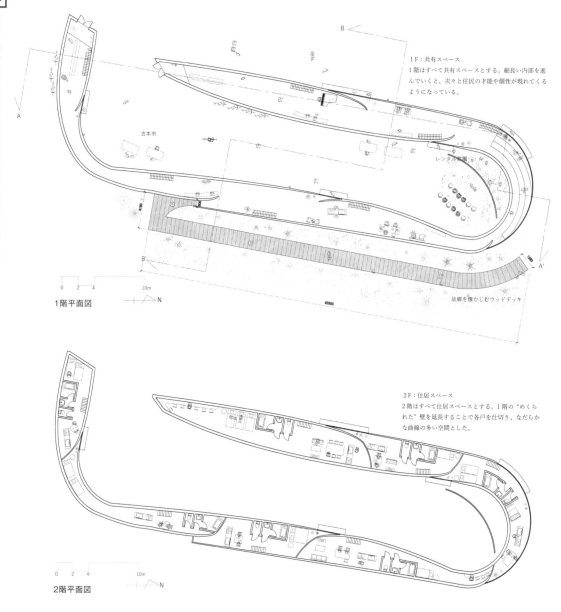

1F：共有スペース

1階はすべて共有スペースとする。細長い内部を進んでいくと、次々と住民の才能や個性が現れてくるようになっている。

1階平面図

2F：住居スペース

2階はすべて住居スペースとする。1階の "めくられた" 壁を延長することで各戸を仕切り、なだらかな曲線の多い空間とした。

2階平面図

A-A'断面図

<table>
<tr><td>審査員
コメント</td><td>近年の地震や自然災害の影響から、人々が住居に求める「安心」という感情が高まっていると感じています。本作品は、都会生活に不安を抱えた大学生のためのシェアハウスということから、その心細さや寄り添いたいといった</td><td>気持ちが、美しくも不思議な建築のかたちとして結晶化されているように感じます。スリット状の開口も、つながりつつも内面への侵入を防ぎたいという現代的な気持ちの表れのようで共感を覚えます。（吉野 弘）</td></tr>
</table>

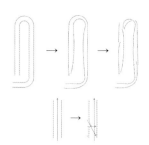

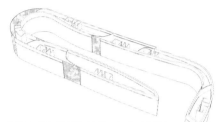

壁を"めくる"ことで、わずかに外部からの視線を取り入れることができる。また、外部からの光がわずかな間口を通ることによって、反対の面に影が映し出される。この「わずかに見える」や「影だけ見える」が、外部にいる人の想像を掻き立てる

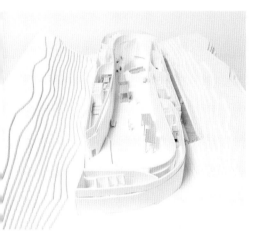

北面の一部にすりガラスを用いている。すりガラスには、人の動きがシルエットとして映るので、ここでも連想が可能である。2階には視線が通る高さに連続窓を設け、住民が常に都市を垣間見ることができるようにした

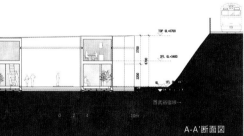

A-A'断面図

課題

早稲田大学 理工学術院 創造理工学部 建築学科
2年生／設計製図Ⅰ・第二課題／ 2018年度

早稲田のまちに染み出すキャンパスと住まい
―Activate Waseda―

出題教員：有賀 隆・中谷礼仁・矢口哲也・小岩正樹・藤井由理・渡邊大志・小林恵吾・山村 健

指導教員：有賀 隆・中谷礼仁・矢口哲也・小岩正樹・藤井由理・渡邊大志・小林恵吾・山村 健・阿部俊彦・藤村龍至

早稲田のまちには、なぜ多くの人たちが集まってくるのだろうか？
約350haの早稲田のエリアには地域の人々とともに、約56,000人の学生、6,500人の教員、1,200人の職員が暮らしています。大学街として、大学とまちが有機的に接続されていることは、おのずとそのポテンシャル（国際交流、知的財産の共有、自然環境、地域福祉・防災・商店街・学生街活性化・生涯学習社会など）を生み出しています。その中で、さらなる「早稲田ならでは」のポテンシャルを開拓してもらいたいと思います。そして、早稲田大学の4つのキャンパスを含めた地域全体を大きな意味でのキャンパスとみなし、建築をつくることでその魅力を高めていくような提案を望んでいます。
課題は、2つの段階を通じて進めます。第一課題では、計画の糧となるような資源・テーマを敷地の中から提案して設計の構想を立て、第二課題では、その構想に基づいて具体的な建築の設計に落とし込んでもらいます。

1. 第一課題
「早稲田ならではの複数の人が集合する可能性」を踏まえて、あなたが実際にまちを歩いた領域で開拓したいポテンシャルについて図的表現をするとともに、設計提案の構想としてまとめなさい。

2. 第二課題
第二課題では、各自が設計する建築を通して、大学街の魅力を高めることを目的とする。大学街であることには、学ぶことと住むことがともに含まれており、それらが相乗効果を及ぼして地域への寄与となるよう工夫する。計画は、大学が関係するものとし（直接的・間接的は問わない）、設計規模は学校の一教室分の人数と同程度以内として最大40名、または延床面積最大500㎡を目安とする。必ずこれらの人々が暮らす住居機能を含むこと。

例えば、核家族単位ではなく人間の集まりとして集合の形式を考えようとする場合、人が集まって住むモチベーションには食、学、宗教、介護、NPO、趣味、研究室などが挙げられる。このうち例えば次のような住まいの形式が考えられる。
「食」：単身者や学生が共同キッチンをもつ住居形式
「宗教」：祈りの場と寄宿舎が一体となった住居形式
「趣味」：特殊倶楽部のための共同の場を所有しながら、銭湯や商店を利用し都市全体に散居する形式
「研究室」：大学の研究室がまちへと拡張し、生活の一部を共同する住居形式。（サテライト研究）
早稲田大学の4つのキャンパスを含めた地域全体を大きな意味でのキャンパスとみなし、建築をつくることでその魅力を高めていくような提案をすること。
本課題はこれまでの2年間の学習を総合した基礎製図の最終課題であり、「2年までの卒業計画」と捉えて臨むこと。

3. 課題提出条件
○上述の通り、第一および第二課題の手順を踏み、集まって住む形式を設計する。住居以外の条件については各自が自由に考える。第一課題は任意の3人で構成されたチームごとに提案を行い、第二課題は個人の提案を行う。
○課題は初回の全体説明にしたがって取り組むこと。敷地は、配布した敷地図の範囲から各自で設定する。
○構造形式は、木造・鉄筋コンクリート造・鉄骨造などを参考に、各自が適切なものを考える。
○第一課題の提出は、地域の調査を経た後の構想をB2プレゼンボードにまとめる。それ以外に、表現上有効と考えられる模型、あるいは3分以内の映像いずれかを必ず提出すること。テーマの発想と構想を必ず含む物とする。
○第二課題の提出は、第一課題を経て早稲田に寄与するキャンパスと住まいの在り方を具体的に提案する。

4. 提出物
○ダイアグラム　　○配置図1/200〜1/500　　○各階平面図1/100
○立面図1/100(4面)　　○断面図1/100(2面)
○矩計図1/20(軒先から基礎まで含む主要外壁、1面)
○共用部の平面詳細図1/50(家具を含む)
○共用部の展開図1/50(仕上げを含む)　　○模型(中間提出時のみ対象)
○外観模型写真または透視図(周囲の街並みを含むもの)
○内観模型写真または透視図(人物・家具等を含むもの)

課題出題教員
インタビュー

早稲田大学 理工学術院 創造理工学部 建築学科

有賀 隆 教授

課題名 『早稲田のまちに染み出す
キャンパスと住まい ―Activate Waseda―』

2年生／2018年度／設計製図I・第二課題

有賀 隆／Ariga Takashi
1963年 東京都生まれ、1985年 早稲田大学卒業、1987年 早稲田大学大学院修士課
程修了後、民間企業勤務を経て、カリフォルニア大学バークレー校環境デザイン学研
究科Ph.D.プログラム留学し、1998〜2006年 名古屋大学大学院環境学研究科・都市
環境学専攻助教授、2006年〜 早稲田大学理工学術院・創造理工学部建築学科教授。

+建築学科の設計カリキュラムを教えてください。

本校の建築学科の専門教育は1年生から始まります。ほかの大学や学部だと、専門教育は早くても2年生からが多いかと思いますが、本校では1年生から「建築表現」という科目にて国内外の建築作品のトレースから取り組みます。建築の空間性や細かい矩計図なども、手描きでトレースしながら身に着ける。これがいわば建築に触れる最初の機会で、それから、空間の感じ方や光の感じ方というような少し抽象的なテーマの空間表現や、CADを学びます。この科目は2年生までI 〜 IIIと続き、同時並行で「設計演習」という科目を履修しますが、これは4年生までA 〜 Gと続きます。

設計演習は、将来、建築史や建築計画、都市計画などを学ぶ芸術分野へ進む学生や、建築環境設備、建築構造、建築生産などの工学分野を専門に目指す学生たちが、1年生から履修できる専門分野の選択科目として用意されています。例えば、文学的な見方をしたり、芸術的な見方や音楽的な見方をしたりと、思想的・哲学的なものの見方が鍛えられます。そこでは、実務で設計をしている建築家の方やランドスケープの設計をしている方など、外部の非常勤講師の先生をたくさんお招きして、毎週細かいテーマごとに小さな課題を出します。このような演習型の授業では、それぞれの学生独自のユニークな視点やアイデアが結構出てくるんですよ。例えば、社会問題に興味のある学生は、かたちにしづらい貧困や差別、孤独、高齢者についての社会問題について、建築でできることを考えてきます。1つの建物として製図的にきっちりまとまっていなくても、そうした無形のテーマに対する建築の在り方とはどのようなものか、それを具体化していく空間とはどうあるべきか。設計演習の中でそ

れらのアイデアをいろいろなかたちで表現する。だから、時と場合によっては、動く建築のようなものをつくるし、かたちが変わる建築が出てくるし、日曜と平日では階高が変わって空間性が変わるといったアイデアのものもあります。そういうアイデアを持っている学生を伸ばすようなところが設計演習にはあるんですよね。

一方で2〜3年生の間に履修する「設計製図」は、芸術的なデザインや計画、工学的なおさまりも含めて、一つの建物として完成させ、それを他者に対して表現することを目的としている科目です。設計演習では上手いアイデアが出てきても、設計製図が上手いとは限らない。工学的に総合的に考えている学生のほうが設計製図では成績が良い場合もある。けれども、図面は下手でもアイデアとしておもしろければ評価されるという意味では、設計演習と設計製図という2つの科目があるのが、早稲田の建築教育の1つの特徴かもしれませんね。

+出展課題となった「設計製図I」とは
どのような授業なのですか？

2年生後期に行うので、学部4年間のカリキュラム前半における卒業設計のような位置づけ。つまり、意匠や計画、構造、施工、生産を含めた建築に関する基礎的な専門知識と表現力を2年間習得した結果であり、前半の卒業設計ということなのです。タイトルも『早稲田のまちに染み出すキャンパスと住まい』としており、単なる住宅設計ではなく、調査から構想、計画、意匠、デザインまで通して行います。実施はできませんが、実施のつもりで模型やCGをつくりなさいという位置づけですね。1年生で自分のアイデアや問題意識を形にして表現する課題を、2年生で建築としてまとめる初めての課題に取り掛かる。3年生の設計製図IIIaとIIIbで本格的な設計製図を行い、4年生

で卒業制作という流れです。

　本課題内容は10年ほど前から続けているものです。骨格的なところはかれこれ10年くらい変えていませんが、毎年、専任教員が話し合って少しずつバージョンアップさせています。例えば図面要求では、矩計をこのように描きなさいといった内容や、デジタルアニメーションを活用したプレゼン方法などについて更新しています。敷地は新宿区にある早稲田大学のキャンパス周辺のまちに設定しているのですが、具体的にどこを選ぶかは学生に任せています。そういう意味では卒業設計に近い。2つの課題で構成され、第一課題が3人一組のグループで早稲田のまちからポテンシャルを発見しなさいという内容です。ポテンシャルというのは、目の前に空き地があるというようなことではなく、どのような可能性があるか見方や発見の仕方を自分たちで想像しなさい、工夫しなさいということ。例えば、早稲田のキャンパスの周りはお寺や神社が多いのですが、お寺や神社が20年後にはどうなっているのかといったように見方を少し変えて考えます。グループ課題として前半の第一課題に取り組んでポテンシャルを発見し、それを一つの作品にまとめる。それをもとにして、第二課題では個人で設計をします。

＋初めて取り掛かる課題にしては難しい内容ですね？

　第二課題を学生たちに説明するときには、マンションの設計や戸建ての設計ではなく、住む場所そのものの在り方を考え直してもよいこと、また、一般的な居室の間取りが全部そろっていることが住宅の要件ではないし、まちに住むというのがどういうことなのか考え直して欲しいと伝えています。学生や教員、地域の人、あるいは流動する人たちが短期的に一緒に住むことがあるかもしれない。集まって住まうとか、集まって活動するとか、広い意味で都市に暮らす、ま

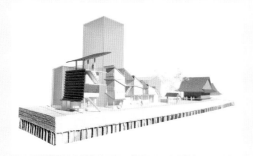

2018年度の設計製図Ⅰ・第二課題にて佐藤さん同様にA＋の評価を得た、兵頭瑞季さんの作品

学外講評会にて、鈴木昭利副区長にプレゼンをする佐藤さん

ちに暮らすという観点で、テーマについて考えなさいという意図があるので、広義の意味での住宅課題となります。課題の型もあらかじめ想定できない内容になっています。例えば、佐藤さんの作品は全体が作品なんです。外部空間も含めて住まう場になっている。そういうものを含めて住まうという空間にしているし、そういう意味では、まちの人が気づいていないような裏の空間や地形、路地を読み込むなどして、集まって暮らす場を提案しています。

　この課題はまちに住まうということの本質を考えて建築として提案していく総合的な内容で、課題の内容だけで言うと、3年生後期に実施しても良いようなレベルになっています。都市施設や社会基盤などインフラに関連したような、もう少し公共的な機能を持った課題を3年生後期に設定していますが、本課題では集まって暮らすという身近なテーマで、前半の第一課題で調査や分析をして構想までつくり、後半の第二課題でそれらの構想をもとに計画から意匠の提案をし、最後に構造まで考える。これら一連の作業の密度は3年時の課題としても十分使えるくらい、深く考えられています。そういう意味から、先ほど話したように前半の卒業設計と言われているのです。

　学内講評会については、中間講評と最終講評があり、2年生約150人のうち10人から15人くらいが最終講評に選ばれます。3人くらいずつの発表グループを組み、グループごとに専任教員と非常勤講師の全員が講評します。今回はA＋の評価がついたのは佐藤さんはじめ5名でした。さらに、最終講評で上位となった5、6作品には、新宿区長さん、または副区長さんにプレゼンテーションをするという、学外の方からクリティークを受ける機会を設けています。もちろん学生の課題なのでいきなり作品の提案を実際に行うことはできませんが、大学として地域交流の観点から、また、新宿区からのご要望もあって実現しました。

住宅課題賞アーカイブ

主　催　一般社団法人 東京建築士会

公開審査　審査員長：植田 実（第1〜19回）
司会：城戸崎和佐（第1〜4・17・18回）、木下庸子（第5〜13・15・16回）、佐々木龍郎（第14・19回）

会場構成　城戸崎和佐（第1〜7回）、葭内博史（第8〜13回）、澤田 勝（第14回）、
村山 圭（第11〜17回インストール／プロジェクト・マネジメント）、濱野裕司（第18・19回）

［第1回］

会　期	2001年7月2日（月）〜13日（金）〈土日休館、開場10日間〉
会　場	ギャラリー・タイセイ（西新宿）
公開審査	7月6日（金）@新宿センタービル52階 大成建設小ホール
審査員	池田昌弘、佐藤光彦、西沢立衛、中村好文、藤江和子
参加大学数／学科数	19大学・24学科

優秀賞（4作品選出）
- ●鈴木清巳｜多摩美術大学 美術学部 環境デザイン学科
- ●今井 圭｜東京理科大学 理工学部 建築学科
- ●宮澤里紗｜日本女子大学 家政学部 住居学科
- ●鬼木孝一郎｜早稲田大学 理工学部 建築学科

［第2回］

会　期	2002年7月8日（月）〜19日（金）〈土日休館、開場10日間〉
会　場	DIC COLOR SQUARE（日本橋）
公開審査	7月12日（金）@ディーアイシービル17階 DIC大会議室
審査員	東 利恵、岩岡竜夫、北山 恒、西沢大良
参加大学数／学科数	23大学・28学科

優秀賞（5作品選出）
- ●清水孝子｜神奈川大学 工学部 建築学科
- ●永尾達也｜東京大学 工学部 建築学科
- ●村瀬 聡｜日本大学 理工学部 建築学科
- ●藤田美湖｜日本女子大学 家政学部 住居学科
- ●渡邉文隆｜横浜国立大学 工学部 建設学科

［第3回］

会　期	2003年7月11日（金）〜19日（土）〈土日含む9日間開場〉
会　場	DIC COLOR SQUARE（日本橋）
公開審査	7月19日（土）@ディーアイシービル17階 DIC大会議室
審査員	内村綾乃、木下庸子、手塚由比、長尾亜子
参加大学数／学科数	25大学・32学科

優秀賞（5作品選出）
- ●周防貴之｜慶應義塾大学 理工学部 システムデザイン工学科
- ●安田淑乃｜東海大学 工学部 建築学科
- ●秋山怜史｜東京都立大学 工学部 建築学科
- ●柏原知恵｜東京理科大学 理工学部 建築学科
- ●吉川美鈴｜日本大学 理工学部 建築学科

［第4回］

会　期	2004年7月9日（金）〜17日（土）〈土日含む9日間開場〉
会　場	DIC COLOR SQUARE（日本橋）
公開審査	7月17日（土）@ディーアイシービル17階 DIC大会議室
審査員	手塚貴晴、西田 司、藤本壮介
参加大学数／学科数	26大学・34学科

優秀賞（9作品選出）
- ●1等・斎藤洋介｜東京理科大学 工学部第二部 建築学科
- ●2等・原賀裕美｜日本女子大学 家政学部 住居学科
- ●2等・尾崎悠子｜早稲田大学 理工学部 建築学科
- ●3等・山野井靖｜明治大学 理工学部 建築学科
- ●吉田圭吾｜東海大学 工学部 建築学科
- ●佐々木隆允｜東京都立大学 工学部 建築学科
- ●中村芽久美｜武蔵工業大学 工学部 建築学科
- ●石川和樹｜神奈川大学 工学部 建築学科
- ●須磨哲生｜慶應義塾大学 理工学部 システムデザイン工学科

［第5回］

会　期	2005年7月8日（金）〜16日（土）〈土日含む9日間開場〉
会　場	DIC COLOR SQUARE（日本橋）
公開審査	7月16日（土）@ディーアイシービル17階 DIC大会議室
審査員	篠原聡子、玄・ベルトー・進来、マニュエル・タルディッツ
参加大学数／学科数	27大学・34学科

優秀賞（10作品選出）
- ●1等・中西祐輔｜前橋工科大学 工学部 建築学科
- ●2等・印牧洋介｜早稲田大学 理工学部 建築学科
- ●3等・逸見 豪｜東京大学 工学部 建築学科
- ●3等・小坂 怜｜東京理科大学 工学部第二部 建築学科
- ●クナウプ絵里奈｜神奈川大学 工学部 建築学科
- ●上田将之｜慶應義塾大学 理工学部 システムデザイン工学科
- ●内海慎一｜慶應義塾大学 環境情報学部 環境情報学科
- ●野原 修｜芝浦工業大学 工学部 建築学科
- ●金澤 愛｜日本大学 生産工学部 建築工学科
- ●北川美菜子｜横浜国立大学 工学部 建設学科

[第6回]

会　期	2006年10月25日（水）～11月10日（金） 〈11/4・日・祝日休館、開場13日間〉
会　場	ギャラリー エー クワッド（東陽町）
公開審査	10月28日（土） @竹中工務店東京本店2階 Aホール
審査員	石黒由紀、ヨコミゾマコト、佐藤淳
参加大学数 ／学科数	28大学・38学科

優秀賞（9作品選出）
- ●1等・中山佳子｜法政大学 工学部 建築学科
- ●2等・當山晋也｜前橋工科大学 工学部 建築学科
- ●藤　友美｜神奈川大学 工学部 建築学科
- ●高畑　緑｜昭和女子大学 生活科学部 生活環境学科
- ●古山容子｜筑波大学 芸術専門学群 デザイン専攻
- ●行木慎一郎｜東京理科大学 工学部第一部 建築学科
- ●松本大輔｜東京理科大学 工学部第二部 建築学科
- ●川口智子｜日本女子大学 家政学部 住居学科
- ●又地裕也｜明治大学 理工学部 建築学科

[第7回]

会　期	2007年10月24日（水）～11月9日（金） 〈日・祝日休館、開場14日間〉
会　場	ギャラリー エー クワッド（東陽町）
公開審査	10月27日（土） @竹中工務店東京本店2階 Aホール
審査員	梅本洋一、西山浩平、吉村靖孝
参加大学数 ／学科数	28大学・37学科

優秀賞（7作品選出）
- ●1等・課題名「二世帯住宅の設計」尾形模空｜前橋工科大学 工学部 建築学科
- ●2等・課題名「店舗を持つ二世帯住宅と賃貸住宅」
宇田川あやの｜東京理科大学 工学部第二部 建築学科
- ●3等・課題名「ゴージャスな建築」山口紗由｜日本女子大学 家政学部 住居学科
- ●課題名「house=morphology+dimension」藤原一世｜東京藝術大学 美術学部 建築科
- ●課題名「3−5世帯のための集合住宅を設計する」金光宏泰｜早稲田大学 理工学部 建築学科
- ●課題名「○○から新しい住宅を考える」斉藤拓海｜東京大学 工学部 建築学科
- ●課題名「洗足の連続住棟立替計画」小倉万実｜昭和女子大学 生活科学部 生活環境学科

[第8回]

会　期	2008年10月22日（水）～11月7日（金） 〈10/25・日・祝日休館、開場13日間〉
会　場	ギャラリー エー クワッド（東陽町）
公開審査	11月1日（土） @竹中工務店東京本店2階 Aホール
審査員	佐々木龍郎、東海林弘靖、長谷川豪、三原斉
参加大学数 ／学科数	28大学・38学科

優秀賞（7作品選出）
- ●1等・課題名「○○のない家」山内祥吾｜横浜国立大学 工学部 建設学科 建築学コース
- ●2等・課題名「集合住宅の設計」湯浅絵里奈｜東京電機大学 工学部 建築学科
- ●3等・課題名「狛江の住宅」北野克弥｜東京藝術大学 美術学部 建築科
- ●3等・課題名「共用スペースのある二世帯住宅」西郷朋子｜東京理科大学 工学部第二部 建築学科
- ●課題名「外部を意識した家」杉山聖昇｜神奈川大学 工学部 建築学科 デザインコース
- ●課題名「ミニマル・コンプレックス」勢井彩華｜筑波大学 芸術専門学群 デザイン科 建築デザイン領域
- ●課題名「奥矢さんの家」芝山雅子｜武蔵野美術大学 造形学部 建築学科

[第9回]

会　期	2009年10月15日（木）～11月6日（金） 〈日・祝日休館、開場19日間〉
会　場	ギャラリー エー クワッド（東陽町）
公開審査	10月31日（土） @竹中工務店東京本店2階 Aホール
審査員	乾久美子、城戸崎和佐、高井啓明、平田晃久
参加大学数 ／学科数	33大学・43学科

優秀賞（9作品選出）
- ●1等・課題名「集合住宅の設計」鈴木智博｜慶應義塾大学 理工学部 システムデザイン工学科
- ●2等・課題名「世田谷の住宅」野上晴香｜東京理科大学 理工学部 建築学科
- ●3等・課題名「住宅の設計プロセスを設計する」
平野有良｜首都大学東京 都市環境学部 都市環境学科 建築都市コース
- ●3等・課題名「○○のない家」徳山史典｜横浜国立大学 工学部 建設学科 建築学コース
- ●課題名「時間と住宅―40年を設計する―」杉崎瑞穂｜神奈川大学 工学部 建築学科 デザインコース
- ●課題名「階段と家」田口慧｜東海大学 工学部 建築学科
- ●課題名「コーポラティブハウス」倉雄介｜東京都市大学 工学部 建築学科
- ●課題名「兄弟世帯が暮らす家」田島綾菜｜前橋工科大学 工学部 建築学科
- ●課題名「集合住宅＋A」堀駿｜早稲田大学 理工学術院 創造理工学部 建築学科

[第10回]

会　期	2010年10月25日（月）～11月5日（金） 〈日・祝日休館、開場10日間〉
会　場	ギャラリー エー クワッド（東陽町）
公開審査	10月30日（土） @竹中工務店東京本店2階 Aホール
審査員	赤松佳珠子、冨永祥子、鍋島千恵、福屋粧子
参加大学数 ／学科数	34大学・44学科

優秀賞（7作品選出）
- ●1等・課題名「小住宅設計」河内駿介｜千葉工業大学 工学部 建築都市環境学科
- ●2等・課題名「世田谷の住宅」村松佑樹｜東京理科大学 理工学部 建築学科
- ●3等・課題名「自然のなかの居住単位」佐久間純｜横浜国立大学 工学部 建設学科 建築学コース
- ●課題名「五坪のすまい」小林誠｜東京藝術大学 美術学部 建築科
- ●課題名「住宅の改築と新築」日野陽一｜東京理科大学 工学部第二部 建築学科
- ●課題名「ドミトリー／個人の集まる居住形態」西川博美｜日本工業大学 工学部 建築学科
- ●課題名「集合住宅課題」瀬川翠｜日本女子大学 家政学部 住居学科 建築環境デザイン専攻

[第11回]

会　期	2011年10月17日（月）～11月4日（金） 〈日・祝日休館、開場16日間〉
会　場	ギャラリー エー クワッド（東陽町）
公開審査	10月29日（土） @竹中工務店東京本店2階 Aホール
審査員	下吹越武人、高橋晶子、福島加津也、松下督
参加大学数 ／学科数	35大学・44学科

優秀賞（3作品選出）／**審査員賞**（5作品選出）
- ●1等・課題名「自然のなかの居住単位」ヤップ・ミンウェイ｜横浜国立大学 工学部 建設学科 建築学コース
- ●2等・課題名「「集まって住む」をデザインする」
堀裕平｜日本大学 生産工学部 建築工学科 建築環境デザインコース
- ●3等・課題名「11戸のテラスハウス―広瀬川×260mの風景―」矢端孝平｜前橋工科大学 工学部 建築学科
- ●植田賞・課題名「何かがある家」大槻茜｜東洋大学 理工学部 建築学科
- ●下吹越賞・課題名「20年後の私の家」清宮あやの｜東京理科大学 理工学部 建築学科
- ●高橋賞・課題名「3−5世帯のための集合住宅を設計する」
塩谷歩波｜早稲田大学 理工学術院 創造理工学部 建築学科
- ●福島賞・課題名「仕事場をもつ家」蔵本むつみ｜工学院大学 工学部 建築学科 建築学コース
- ●松下賞・課題名「MY HOUSE 〜上を向いて住まう〜」
木村和｜日本大学 芸術学部 デザイン学科 建築デザインコース

［第12回］

会　　　　期	2012年10月9日（火）〜11月9日（金）〈日・祝日休館、開場27日間〉
会　　　　場	ギャラリー エー クワッド（東陽町）
公　開　審　査	10月27日（土）＠竹中工務店東京本店2階 Aホール
審　　査　　員	大西麻貴、平瀬有人、藤原徹平、松岡恭子
参加大学数／学科数	34大学・44学科

優秀賞（3作品選出）／**審査員賞**（5作品選出）
- ●1等・課題名「自然と生活、そしてリズム」北城みどり｜東京藝術大学 美術学部 建築科
- ●2等・課題名「神楽坂に住む」仲尾 梓｜東京理科大学 工学部第一部 建築学科
- ●3等・課題名「集合住宅」小出 杏｜日本大学 生産工学部 建築工学科 居住空間デザインコース
- ●植田賞・課題名「ミニマル・コンプレックス」 鈴木 陸｜筑波大学 芸術専門学群 デザイン専攻 建築デザインコース
- ●大西賞・課題名「10人が集まって住む空間」袴田千晶｜武蔵野大学 環境学部 環境学科 都市環境専攻
- ●平瀬賞・課題名「松濤プロジェクト（都心部における住宅＋αの新しい可能性を提案する）」
　田中裕太｜武蔵野美術大学 造形学部 建築学科
- ●藤原賞・課題名「集合住宅の設計」嶋田 恵｜東京電機大学 未来科学部 建築学科
- ●松岡賞・課題名「「○○に住む」─上町をリサーチし提案する─」
　渡辺知代｜昭和女子大学 生活科学部 環境デザイン学科 建築・インテリアデザインコース

［第13回］

会　　　　期	2013年10月7日（月）〜12月25日（金）〈土・祝日休館、19日（土）は開館、開場15日間〉
会　　　　場	ギャラリー エー クワッド（東陽町）
公　開　審　査	10月19日（土）＠竹中工務店東京本店2階 Aホール
審　　査　　員	金田充弘、川辺直哉、坂下加代子、宮 晶子
参加大学数／学科数	35大学・44学科

優秀賞（3作品選出）／**審査員賞**（5作品選出）
- ●1等・課題名「別荘＝もうひとつのイエ」原 彩乃｜東京理科大学 理工学部 建築学科
- ●2等・課題名「家族をリスタートする住宅」上ノ内智貴｜東洋大学 理工学部 建築学科
- ●2等・課題名「まちなかにある集合住宅」井津利貴｜前橋工科大学 工学部 建築学科
- ●植田賞・課題名「日工大学寮」伊藤万里｜日本工業大学 工学部 建築学科
- ●金田賞・課題名「都市居住（都市機能を併設させた新しい集合住宅のかたち）」
　川田 裕｜工学院大学 工学部 建築学科 建築学コース
- ●川辺賞・課題名「集合住宅の設計」田村聖輝｜東京電機大学 未来科学部 建築学科
- ●坂下賞・課題名「庭をもつ2世帯住宅」千葉春波｜関東学院大学 工学部 建築学科 建築コース
- ●宮賞・課題名「友だちと使う風呂小屋」中津川毬江｜東海大学 工学部 建築学科

［第14回］

会　　　　期	2014年11月4日（火）〜21日（金）〈土日休館、15日（土）は開館、開場15日間〉
会　　　　場	ギャラリー エー クワッド（東陽町）
公　開　審　査	11月15日（土）＠竹中工務店東京本店1階 食堂
審　　査　　員	貝島桃代、吉良森子、島田 陽、谷内田章夫
参加大学数／学科数	36大学・45学科

優秀賞（4作品選出）／**審査員賞**（5作品選出）
- ●1等・課題名「まちなかにある集合住宅」松本寛司｜前橋工科大学 工学部 建築学科
- ●2等・課題名「都市居住（都市機能を併設させた新しい集合住宅のかたち）」小池萌子｜工学院大学 建築学部 建築デザイン学科
- ●3等・課題名「場の記憶（既存建物に住宅＋αの新しい可能性を提案する）」池川健太｜武蔵野美術大学 造形学部 建築学科
- ●3等・課題名「今日的な共用住宅（シェアハウス）」立原麿乃｜明海大学 不動産学部 不動産学科 デザインコース
- ●植田賞・課題名「森の大きな家」鈴木智子｜東京理科大学 工学部第二部 建築学科
- ●貝島賞・課題名「「農」を介して集い、住む環境」横尾 周｜慶應義塾大学 総合政策学部 総合政策学科
- ●吉良賞・課題名「風景の中の住空間─夫婦がくつろげる週末住宅─」
　池上里佳子｜多摩美術大学 美術学部 環境デザイン学科 建築デザインコース
- ●島田賞・課題名「未完の住処」山岸龍弘｜法政大学 デザイン工学部 建築学科
- ●谷内田賞・課題名「集合住宅の設計」白石矩子｜東京電機大学 未来科学部 建築学科

［第15回］

会　　　　期	2015年10月19日（月）〜11月6日（金）〈土・祝休館、24日（土）は開館、開場15日間〉
会　　　　場	ギャラリー エー クワッド（東陽町）
公　開　審　査	10月24日（土）＠竹中工務店東京本店2階 Aホール
審　　査　　員	石田敏明、木島千嘉、濱野裕司、吉松秀樹
参加大学数／学科数	37大学・48学科

優秀賞（3作品選出）／**審査員賞**（5作品選出）
- ●1等・課題名「大きな家」間野知英｜法政大学 デザイン工学部 建築学科
- ●2等・課題名「目黒川沿いの集合住宅」牧戸倫子｜明治大学 理工学部 建築学科
- ●3等・課題名「大久保通りを元気にする集合住宅─多様性を取り込んだ集合住宅」
　伊藤優太｜日本大学 生産工学部 建築工学科 建築環境デザインコース
- ●植田賞・課題名「住宅Ⅱ」川口ほたる｜東京藝術大学 美術学部 建築科
- ●石田賞・課題名「様々に変化する生活シーンを考えた住宅」斉藤有生｜芝浦工業大学 工学部 建築学科
- ●木島賞・課題名「住宅」伊勢萌乃｜日本大学 理工学部 建築学科
- ●濱野賞・課題名「働きながら住む10世帯の空間」岩田舞子｜武蔵野大学 環境学部 環境学科 都市環境専攻
- ●吉松賞・課題名「神楽坂に住む」御園生美久｜東京理科大学 工学部第一部 建築学科

［第16回］

会　期	2016年11月7日(月)～11月22日(火)〈土日休館、12日(土)は開館、開場13日間〉
会　場	ギャラリー エー クワッド(東陽町)
公開審査	11月12日(土)＠竹中工務店東京本店2階 Aホール
審査員	大野博史、谷尻 誠、千葉 学、中山英之
参加大学数／学科数	37大学・48学科

優秀賞(3作品選出)／審査員賞(5作品選出)
- ●1等・課題名「住宅I」湊崎由香｜東京藝術大学 美術学部 建築科
- ●2等・課題名「経堂プロジェクト―住宅+αの新しい可能性を提案する―」羽根田雄仁｜武蔵野美術大学 造形学部 建築学科
- ●3等・課題名「Tokyo Guest House」羽田野美樹｜法政大学 デザイン工学部 建築学科
- ●植田賞・課題名「子沢山の街」鶴田叡｜東京都市大学 工学部 建築学科
- ●大野賞・課題名「シェアハウスの設計」坂本佳奈｜日本工業大学 工学部 生活環境デザイン学科
- ●谷尻賞・課題名「父建築と母建築の遺伝子を継承した子建築を創りなさい」吉川新之佑｜慶應義塾大学 環境情報学部
- ●千葉賞・課題名「風景の中の住空間― ―家がくつろげる週末住宅―」
  田丸文葉｜多摩美術大学 美術学部 環境デザイン学科 建築デザインコース
- ●中山賞・課題名「MAD City House」礒部小梅｜千葉大学 工学部 都市環境システム学科

［第17回］

会　期	2017年11月21日(火)～11月29日(水)〈日曜休館、開場8日間〉
会　場	ギャラリー エー クワッド(東陽町)
公開審査	11月25日(土)＠竹中工務店東京本店2階 Aホール
審査員	小西泰孝、中川エリカ、藤村龍至、前田圭介
参加大学数／学科数	37大学・48学科

優秀賞(3作品選出)／審査員賞(5作品選出)
- ●1等・課題名「都市 住宅」菅野 楓｜関東学院大学 建築・環境学部 建築・環境学科 すまいデザインコース
- ●2等・課題名「『2つある』住宅」金 浩志｜横浜国立大学 理工学部 建築都市・環境系学科 建築EP
- ●3等・課題名「都市居住(都市施設を併設させた新しい都市のかたち)」日下あすか｜工学院大学 建築学部 建築デザイン学科
- ●植田賞・課題名「目黒川沿いの集合住宅」大方利希也｜明治大学 理工学部 建築学科
- ●小西賞・課題名「○○の住宅」堀内那央｜日本大学 生産工学部 建築工学科 居住空間デザインコース
- ●中川賞・課題名「住宅」鳥山亜紗子｜日本大学 理工学部 建築学科
- ●藤村賞・課題名「成城プロジェクト― 住宅+αの新しい可能性を提案する―」
  渡邉 和｜武蔵野美術大学 造形学部 建築学科
- ●前田賞・課題名「畳のある集合住宅」工藤浩平｜東京都市大学 工学部 建築学科

［第18回］

会　期	2018年11月2日(金)～11月20日(水)〈土日休館、10日(土)は開館、開場14日間〉
会　場	ギャラリー エー クワッド(東陽町)
公開審査	11月10日(土)＠竹中工務店東京本店2階 Aホール
審査員	高橋堅、長田直之、能作文徳、米田 明
参加大学数／学科数	39大学・51学科

優秀賞(3作品選出)／審査員賞(5作品選出)
- ●1等・課題名「東長崎プロジェクト― 住宅+αの新しい可能性を提案する―」矢舗礼子｜武蔵野美術大学 造形学部 建築学科
- ●2等・課題名「8mCUBE― 8m立方の、ある一つの秩序を持った住宅空間を設計する」
  光樂瑤子｜日本大学 生産工学部 建築工学科 建築デザインコース
- ●3等・課題名「50人が暮らし、50人が泊まれる、この先の暮らしの場」
  佐塚将太｜神奈川大学 工学部 建築学科 建築デザインコース
- ●植田賞・課題名「外のある家」森下かん奈｜工学院大学 建築学部 まちづくり学科
- ●高橋賞・課題名「住み継げる家― フージャースアベニュー・筑波大学 産学協同コンペ2018」
  染谷美也子｜筑波大学 芸術専門学群 デザイン専攻 建築デザイン領域
- ●長田賞・課題名「4世代住宅を作れ」寺島瑞季｜東京都市大学 工学部 建築学科
- ●能作賞・課題名「百草団地職員住宅改築計画」西田 静｜東京大学 工学部 建築学科
- ●米田賞・課題名「根津に住む」八木このみ｜東京理科大学 工学部 建築学科

［第19回］

会　期	2019年11月20日(水)～12月2日(月)〈土日・祝日休館、23日(土)は開館、開場10日間〉
会　場	ギャラリー エー クワッド(東陽町)
公開審査	11月23日(土)＠竹中工務店東京本店2階 Aホール
審査員	加茂紀和子、田井幹夫、寶神尚史、吉野 弘
参加大学数／学科数	39大学・52学科

優秀賞(3作品選出)／審査員賞(5作品選出)
- ●1等・課題名「早稲田のまちに染み出すキャンパスと住まい ―Activate Waseda―」
  佐藤日和｜早稲田大学 理工学術院 創造理工学部 建築学科
- ●2等・課題名「自然のなかの居住単位」寺西遥夏｜横浜国立大学 都市科学部 建築学科
- ●3等・課題名「代官山コンプレックス」森野和泉｜日本大学 理工学部 建築学科
- ●植田賞・課題名「『5人の閉じた家』から『2人の開いた家』へ」日向野秋穂｜東洋大学 ライフデザイン学部 人間環境デザイン学科
- ●加茂賞・課題名「MAD City House」渡邉大祐｜千葉大学 工学部 総合工学科 都市環境システムコース
- ●田井賞・課題名「商店長屋」―商店街に暮らす―」
  鈴木彩花｜昭和女子大学 生活科学部 環境デザイン学科 建築・インテリアデザインコース
- ●寶神賞・課題名「地域コミュニティの核となる、『住む―憩う―働く』ための多機能集合住宅」髙橋一仁｜東京藝術大学 美術学部 建築科
- ●吉野賞・課題名「更新する共同住宅」山本佑香｜ものつくり大学 技能工芸学部 建設学科 建築デザインコース

歴代参加大学・学科リスト

※参加大学名と学科名は、出展時の最新データに基づく
※優秀賞1・2・3等は第4回より、審査員賞は第11回より実施

| 優秀賞 |
| 審査員賞 |
| 出展 |

参加大学数	39	39	37	
参加学科数	52	51	48	
司会	佐々木龍郎	城戸崎和佐		
審査員長	植田 実			
審査員	加茂紀子子	高橋 堅	小西泰孝	
	田井幹夫	長田直之	中川エリカ	
	實神尚史	能作文徳	藤村龍至	
	吉野 弘	米田 明	前田圭介	

No.	大学	学部　学科　専攻／コース	第19回(2019年度)	第18回(2018年度)	第17回(2017年度)
1	茨城大学	工学部　都市システム工学科　建築デザインプログラム			
2	宇都宮大学	地域デザイン科学部　建築都市デザイン学科　（※1）			
3	大妻女子大学	社会情報学部　社会情報学科　環境情報学専攻			
4	神奈川大学	工学部　建築学科 建築デザインコース		3等	
5	関東学院大学	建築・環境学部　建築・環境学科　すまいデザインコース　（※2）			1等
6	共立女子大学	家政学部　建築・デザイン学科　建築コース			
7	慶應義塾大学	環境情報学部			
8	慶應義塾大学	理工学部　システムデザイン工学科			
9	工学院大学	建築学部　建築学科			
10	工学院大学	建築学部　建築デザイン学科　（※3）			3等
11	工学院大学	建築学部　まちづくり学科			
12	工学院大学	建築学科・建築都市デザイン学科			
13	国士舘大学	理工学部　理工学科　建築学系（※4）			
14	駒沢女子大学	人文学部　住空間デザイン学科　建築デザインコース			
15	芝浦工業大学	建築学部　建築学科　APコース			
16	芝浦工業大学	建築学部　建築学科　SAコース　（※5）			
17	芝浦工業大学	建築学部　建築学科　UAコース			
18	芝浦工業大学	工学部　建築学科			
19	首都大学東京	都市環境学部　都市環境学科　建築都市コース　（※6）			
20	昭和女子大学	生活科学部　環境デザイン学科　建築・インテリアデザインコース（※7）			
21	女子美術大学	芸術学部　デザイン・工芸学科　環境デザイン専攻			
22	多摩美術大学	美術学部　環境デザイン学科　建築・インテリアデザインコース			
23	千葉工業大学	創造工学部　建築学科　（※8）			
24	千葉大学	工学部　総合工学科　都市環境システムコース　（※9）			
25	千葉大学	工学部　デザイン工学科　（※10）			
26	筑波大学	芸術専門学群　デザイン専攻　建築デザイン領域			
27	東海大学	工学部　建築学科			
28	東海大学	情報デザイン工学部　建築デザイン学科　（※11）			
29	東京大学	工学部　建築学科			
30	東京家政学院大学	現代生活学部　生活デザイン学科　（※12）			
31	東京藝術大学	美術学部　建築科			
32	東京工業大学	工学部　建築学科　（※13）			
33	東京電機大学	未来科学部　建築学科　（※14）			
34	東京都市大学	工学部　建築学科　（※15）			
35	東京理科大学	工学部　建築学科　（※16）			
36	東京理科大学	理工学部　建築学科			
37	東京理科大学	工学部第二部　建築学科　（※17）			
38	東洋大学	理工学部　建築学科　（※18）			
39	東洋大学	ライフデザイン学部　人間環境デザイン学科			
40	日本大学	芸術学部　デザイン学科　（※19）			
41	日本大学	生産工学部　建築工学科　建築総合コース　（※20）			
42	日本大学	生産工学部　建築工学科　建築デザインコース　（※21）		2等	
43	日本大学	生産工学部　建築工学科　居住空間デザインコース			
44	日本大学	理工学部　建築学科	3等		
45	日本大学	理工学部　海洋建築工学科			
46	日本工業大学	建築学部　建築学科　建築コース　（※22）			
47	日本工業大学	建築学部　建築学科　生活環境デザインコース　（※23）			
48	日本女子大学	家政学部　住居学科　居住環境デザイン専攻・建築デザイン専攻（※24）			
49	文化学園大学	造形学部　建築・インテリア学科			
50	法政大学	デザイン工学部　建築学科　（※25）			
51	前橋工科大学	工学部　建築学科			
52	前橋工科大学	工学部　総合デザイン工学科			
53	武蔵野大学	工学部　建築デザイン学科　（※26）			
54	武蔵野美術大学	造形学部　建築学科		1等	
55	明海大学	不動産学部　不動産学科　デザインコース　（※27）			
56	明治大学	理工学部　建築学科			
57	ものつくり大学	技能工芸学部　建設学科　建築デザインコース			
58	横浜国立大学	都市科学部　建築学科　（※28）	2等		2等
59	早稲田大学	理工学術院　創造理工学部　建築学科　（※29）	1等		

37	37	36	35	34	35	34	
48	48	45	44	44	44	44	

木下庸子		佐々木龍郎	木下庸子			
植田 実						
大野博史	石田敏明	貝島桃代	金田充弘	大西麻貴	下吹越武人	赤松佳珠子
谷尻 誠	木島千嘉	吉良森子	川辺直哉	平瀬有人	高橋晶子	冨永祥子
千葉 学	濱野裕司	島田 陽	坂下加代子	藤原徹平	福島加津也	鍋島千恵
中山英之	吉松秀樹	谷内田章夫	宮 晶子	松岡恭子	松下 督	福屋粧子

第16回(2016年度)	第15回(2015年度)	第14回(2014年度)	第13回(2013年度)	第12回(2012年度)	第11回(2011年度)	第10回(2010年度)	No.
							1
							2
							3
							4
							5
							6
							7
							8
							9
		2等					10
							11
							12
							13
							14
							15
							16
							17
							18
							19
							20
							21
							22
						1等	23
							24
							25
							26
							27
							28
							29
							30
1等				1等			31
							32
							33
							34
				2等			35
			1等			2等	36
							37
			2等				38
							39
							40
							41
	3等				2等		42
				3等			43
							44
							45
							46
							47
							48
							49
3等	1等						50
		1等	2等		3等		51
							52
							53
2等		3等					54
		3等					55
	2等						56
							57
					1等	3等	58
							59

265

優秀賞　審査員賞　出展

33	28	28	28	27	26	25
43	38	37	38	34	34	32
木下庸子					城戸崎和佐	
植田 実						
乾 久美子	佐々木龍郎	梅本洋一	石黒由紀	篠原聡子	手塚貴晴	内村綾乃
城戸崎和佐	東海林弘靖	西山浩平	ヨコミゾマコト	玄・ベルトー・進来	西田 司	木下庸子
高井啓明	長谷川 豪	吉村靖孝	佐藤 淳	マニュエル・タルディッツ	藤本壮介	手塚由比
平田晃久	三原 斉					長尾亜子

No.	第9回(2009年度)	第8回(2008年度)	第7回(2007年度)	第6回(2006年度)	第5回(2005年度)	第4回(2004年度)	第3回(2003年度)
1							
2							
3							
4							
5							
6							
7							
8	1等						
9							
10							
11							
12							
13							
14							
15							
16							
17							
18							
19	3等						
20							
21							
22							
23							
24							
25							
26							
27							
28							
29					3等		
30							
31		3等					
32							
33		2等					
34							
35							
36	2等						
37		3等	2等		3等	1等	
38							
39							
40							
41							
42							
43							
44							
45							
46							
47							
48			3等			2等	
49							
50				1等			
51		1等		2等	1等		
52							
53							
54							
55							
56						3等	
57							
58	3等	1等					
59					2等	2等	

（※1）宇都宮大学地域デザイン科学部建築都市デザイン学科／2015年度まで工学部建設学科／2016年度より地域デザイン科学部建築都市デザイン学科に改編　（※2）関東学院大学建築・環境学部建築・環境学科すまいデザインコース／2012年度まで工学部建築学科／2013年度より建築・環境学部建築・環境学科に改編　（※3）工学院大学工学部建築学科・建築都市デザイン学科／2011年度より建築学部建築学科・建築デザイン学科・まちづくり学科の3つへ改編　（※4）国士舘大学理工学部理工学科建築学系／2006年度まで工学部建築デザイン工学科　（※5）芝浦工業大学工学部建築学科／2017年度より建築学部に統合・再編　（※6）首都大学東京都市環境学部都市環境学科建築都市コース／2004年度まで東京都立大学工学部建築学科　（※7）昭和女子大学生活科学部環境デザイン学科建築・インテリアデザインコース／2007年度まで生活環境学科　（※8）千葉工業大学創造工学部建築学科／2015年度まで工学部建築都市環境学科／2016年度より工学部総合工学科都市環境システム学科　（※9）千葉大学工学部総合工学科都市環境システムコース／2005年度まで第二工学部。2009年度に募集停止　（※10）千葉大学工学部デザイン工学科／現在は工学部総合工学科デザインコース　（※11）東海大学情報デザイン工学部建築デザイン学科／2005年度まで工学部建築学科／現在は環境・社会理工学院 建築学系へ統合　（※14）東京電機大学未来科学部建築学科／2007年度まで工学部建築学科　（※15）東京都市大学工学部建築学科／2008年度まで武蔵工業大学　（※16）東京理科大学工学部建築学科／2015年度まで工学部第一部　（※17）東京理科大学工学部第二部建築学科／2016年度に募集停止　（※18）東洋大学工学部建築学科／2009年度まで工学部建築学科　（※19）日本大学芸術学部デザイン学科／2012年度からコース統合　（※20）日本大学生産工学部建築工学科建築総合コース／2010年度まで建築工学コース　（※21）日本大学生産工学部建築工学科建築デザインコース／2010年度まで建築デザインコース／2011・2012年度まで建築環境デザインコース／2013年度に現在のコース　（※22）日本工業大学建築学部建築学科建築コース／2017年度まで工学部建築学科　（※23）日本工業大学建築学部建築学科生活環境デザインコース／2017年度まで工学部建築学科　（※24）日本女子大学家政学部住居学科居住環境デザイン専攻・建築デザイン専攻／2009年度まで建築環境デザイン専攻　（※25）法政大学デザイン工学部建築学科／2007年度まで工学部建築学科　（※26）武蔵野大学工学部建築デザイン学科／2016年度まで環境学部環境学科　（※27）明海大学不動産学部不動産学科デザインコース／2010年度まで環境デザインコース　（※28）横浜国立大学都市科学部建築学科／2010年度まで工学部建設学科建築学コース。2011年度より理工学部建築都市・環境系学科、2017年度に統合・改編　（※29）早稲田大学理工学術院創造理工学部建築学科／2006年度まで理工学部建築学科

23		19	
28		24	
城戸崎和佐			
植田 実			
東 利恵		池田昌弘	
岩岡竜夫		佐藤光彦	
北山 恒		西沢立衛	
西沢大良		中村好文	
		藤江和子	

第2回(2002年度)	第1回(2001年度)	大学	学部　学科　専攻／コース	No.
		茨城大学	工学部　都市システム工学科　建築デザインプログラム	1
		宇都宮大学	地域デザイン科学部　建築都市デザイン学科　（※1）	2
		大妻女子大学	社会情報学部　社会情報学科　環境情報学専攻	3
▨		神奈川大学	工学部　建築学科 建築・環境コース	4
▨		関東学院大学	建築・環境学部　建築・環境学科すまいデザインコース　（※2）	5
		共立女子大学	家政学部　建築・デザイン学科　建築コース	6
		慶應義塾大学	環境情報学部	7
		慶應義塾大学	理工学部　システムデザイン工学科	8
		工学院大学	建築学部　建築学科	9
▨		工学院大学	建築学部　建築デザイン学科 （※3）	10
		工学院大学	建築学部　まちづくり学科	11
▨		工学院大学	工学部　建築学科・建築都市デザイン学科	12
▨		国士舘大学	理工学部　理工学科　建築学系　（※4）	13
		駒沢女子大学	人文学部　住空間デザイン学科　建築デザインコース	14
		芝浦工業大学	建築学部　建築学科　APコース	15
		芝浦工業大学	建築学部　建築学科　SAコース （※5）	16
▨		芝浦工業大学	建築学部　建築学科　UAコース	17
		芝浦工業大学	工学部　建築学科	18
		首都大学東京	都市環境学部　都市環境学科　建築都市コース　（※6）	19
		昭和女子大学	生活科学部　環境デザイン学科　建築・インテリアデザインコース（※7）	20
		女子美術大学	芸術学部　デザイン・工芸学科　環境デザイン専攻	21
▨		多摩美術大学	美術学部　環境デザイン学科　建築・インテリアデザインコース	22
▨		千葉工業大学	創造工学部　建築学科　（※8）	23
	▨	千葉大学	工学部　総合工学科　都市環境システムコース　（※9）	24
▨		千葉大学	工学部　デザイン工学科　（※10）	25
		筑波大学	芸術専門学群　デザイン専攻　建築デザイン領域	26
▨		東海大学	工学部　建築学科	27
▨		東海大学	情報デザイン工学部　建築デザイン学科　（※11）	28
▨		東京大学	工学部　建築学科	29
		東京家政学院大学	現代生活学部　生活デザイン学科　（※12）	30
▨		東京藝術大学	美術学部　建築科	31
▨		東京工業大学	工学部　建築学科　（※13）	32
		東京電機大学	未来科学部　建築学科　（※14）	33
▨		東京都市大学	工学部　建築学科　（※15）	34
▨		東京理科大学	工学部　建築学科　（※16）	35
		東京理科大学	理工学部　建築学科	36
		東京理科大学	工学部第二部　建築学科　（※17）	37
▨		東洋大学	理工学部　建築学科　（※18）	38
		東洋大学	ライフデザイン学部　人間環境デザイン学科	39
▨		日本大学	芸術学部　デザイン学科　（※19）	40
▨		日本大学	生産工学部　建築工学科　建築総合コース　（※20）	41
▨		日本大学	生産工学部　建築工学科　建築デザインコース　（※21）	42
		日本大学	生産工学部　建築工学科　居住空間デザインコース	43
▨		日本大学	理工学部　建築学科	44
▨		日本大学	理工学部　海洋建築工学科	45
		日本工業大学	建築学部　建築学科　建築コース　（※22）	46
▨		日本工業大学	建築学部　建築学科　生活環境デザインコース　（※23）	47
▨		日本女子大学	家政学部　住居学科　居住環境デザイン専攻・建築デザイン専攻（※24）	48
		文化学園大学	造形学部　建築・インテリア学科	49
▨		法政大学	デザイン工学部　建築学科　（※25）	50
		前橋工科大学	工学部　建築学科	51
		前橋工科大学	工学部　総合デザイン工学科	52
		武蔵野大学	工学部　建築デザイン学科　（※26）	53
▨		武蔵野美術大学	造形学部　建築学科	54
		明海大学	不動産学部　不動産学科　デザインコース　（※27）	55
	▨	明治大学	理工学部　建築学科	56
		ものつくり大学	技能工芸学部　建設学科　建築デザインコース	57
▨		横浜国立大学	都市科学部　建築学科　（※28）	58
▨		早稲田大学	理工学術院　創造理工学部　建築学科　（※29）	59

昨年の審査会で受賞した大学の教員が登壇し、住宅課題の在り方などを話し合う。各大学の課題の特徴。

マス教育の難しさ。住宅のリテラシーを学ぶ方法。これからの建築業界を担う学生に求められること。

住宅課題のこれまでとこれから

2019年11月29日、竹中工務店 東京本店2階Aホールにて、住宅課題賞のスピンオフ企画となるトークイベントが開催された。

住宅課題賞の出展大学において設計課題演習を担当する教員が登壇し、各大学で出題される住宅課題の内容とその取り組みを紹介するというもの。

2回目となる本イベントの今年の登壇者は、2018年度の住宅課題賞における受賞者が所属する大学の教員5名。

各自が自大学で取り組んでいる設計のカリキュラムや住宅課題について紹介した後、演習における課題や住宅課題の役割などについて議論を展開した。

スピーカー

大月敏雄（東京大学工学部建築学科教授）

曽我部昌史（神奈川大学工学部建築学科教授／みかんぐみ）

冨永祥子（工学院大学建築学部建築デザイン学科教授／福島加津也＋冨永祥子建築設計事務所）

布施 茂（武蔵野美術大学造形学部建築学科教授／fuse-atelier）

古澤大輔（日本大学理工学部建築学科准教授／リライト_D）

司会

佐々木龍郎（一般社団法人東京建築士会理事／佐々木設計事務所／エネルギーまちづくり社）

▶プレゼンテーション

2年後期から3年後期にかけて
オーソドックスな課題で基礎を習得

佐々木｜昨年から各大学で住宅の課題を作成している教員の方をお招きしてトークイベントを開催しています。大学内では、非常勤の先生方を交えて「課題をどうしようか」と議論されていると思いますが、このようなかたちで各大学の課題について議論する機会は今まで少なかったと思います。今回のゲストの先生方は、昨年の住宅課題賞を受賞した作品の課題を作成した先生方です。最初に各大学における住宅課題の在り方についてお話しいただきます。それでは、まず大月先生からお願いします。

———————————

大月｜東京大学はやや特殊で、駒場に教養学部があり、そこで1年次は教養課程を学び、2年目の進学選択（以前、進振りと呼んでいたもの）を経て2年次の後半から建築の授業が始まります。また数年前から4学期制を採っていて、3年次はS1、S2が前期で、A1、A2が後期。4年次はS1だけ座学で、S2以降は卒論に取り組みます。したがって、通常の建築学科の専門課程を半分くらいの期間で教えなければいけないという極めて高密なカリキュラムになっています。私は10年くらい前まで東京理科大学、その前は横浜国立大学で教えていましたが、東京大学では2年次後半からかなり詰め込まないといけないので、教員も学生もかなりインテンシブにやっております。

設計製図関係は2年の後期のA1タームから4年のS1タームまで7課題があり、最後に卒業論文と卒業制作があります。そのうち必修なのは初めの2課題だけで、そこから先は選択制になっています。ただし最後の卒論と卒業制作は必修です。卒業制作では、卒業設計では卒業が難しいエンジニア系の人もいるので、設計以外の制作もあります。2年初めのA1タームでは、短期間で製図を特訓し、最後に「空間小課題」という建築の要素のある課

大月先生

題に取り組みます。次の2ヶ月は、大学近くの敷地で戸建て住宅を設計するというオーソドックスな課題。「都市の中の戸建て住宅」ですね。3年になると、都市的集いの場の設計、集合住宅、都市の中の施設、最後にアーバンスケールの課題です。4年になると卒論で各研究室に配属されますので、設計に関してはスタジオ制にして各先生が好きなネタを自由に課します。とにかく2年次後半から1年半でオーソドックスな課題は全て体験してもらうという密度の高いカリキュラムになっています。

次に座学ですが、私の専門である「建築計画」は、2年次に「設計基礎第一・二」を行い、3年になってから「建築計画第一〜四」をやります。「建築計画」と「設計製図」が対応しており、座学で基礎的な知識を教えて、それをもとに設計をしてもらう。製図の方法や空間小課題をどう解くかも座学で教えます。戸建て住宅の「てにをは」も教える。

多くの大学では建築学科の中に都市計画に近い人がいるのですが、東京大学は建築学科と都市工学科に分かれているため、建築学科の中に都市の専門の先生がいないのですね。しかし、世の中の動きとしては都市計画のリテラシーが必要な設計も多くなっているので、「建築計画第四」あたりで、リノベーションやまちづくり、都市計画、都市開発の仕組み、都市建築行政といったことを少しずつ教えていくことになっています。

「建築設計理論」は意匠系の千葉学先生や隈研吾先生が、ランドスケープやインテリアデザイン、照明デザインなど他ジャンルのさまざまなゲストスピーカーを招き、建築

というのは建築設計だけではなく、いろいろな専門領域の広がりの中でデザインをしていくものだということを教えています。コンピューターのリテラシーを学んだり、絵画や彫刻をやったり、歴史の先生が都市を歴史的に調べるテクニックを教えたりと、リサーチの技術も教えます。他にもいろいろな授業がありますが、直接設計に関連するカリキュラムはこのあたりとなります。基本的には設計製図を基本に、それをフォローするかたちで座学を設定する仕組みとなっています。いきなり住宅課題を出しても学生は方法が分からないので、最初は小空間の課題を行い、次に住宅の課題。そして、都市空間の課題に取り組み、集合住宅の課題に着手するという流れです。

「住宅課題賞」には戸建て住宅で応募される大学が多いようですが、東京大学では建築を学び始めて3ヶ月程度で応募しても見応えのあるものが出てこないと思うので、集合住宅の課題で応募しています。建築計画系でお世話をし、構造については佐藤淳先生にご教授いただき、さらに非常勤の先生4人にも参加してもらっています。

応募課題の特徴としては、課題作成時にUR都市機構の人に相談し、おもしろそうな団地を教えてもらって敷地にしています。昨年は、1970年代につくられた多摩ニュータウンのはずれにある「百草団地」という公団社員住宅にしました。現在は打ち捨てられている状況のため、それに対する提案が欲しいという話があり、歴史的にもおもしろいし、課題としてもチャレンジングであるから、それをリノベーションしても建て替えてもよいという自由な課題にしました。住宅一つひとつの設計はできると

いう前提で、もう少しチャレンジングに集合住宅を規定演技ではなくて自由演技でつくってくださいという課題にしています。それができるのは、非常勤の先生方に大変苦労していただいてグループをつくり、密にやっていただいているからです。月曜と木曜に設計製図の時間があり、それぞれのエスキスの回数も多く、こまめに見てもらっています。だから課題としては相当難しい、卒論とか卒制レベルの課題になっていると思いますが、我々は学生の能力に期待を込めて、難しい出題をしています。

佐々木｜受講している学生は何人ぐらいですか?

大月｜1学年全体で60人程度ですが、第3課題からは選択になりますので、集合住宅の課題は40数名程度。1/3程度は取らなくなります。基本的には非常勤の先生のスタジオを木曜に行い、常勤は月曜に計画系教員で相談を受けるという二重体制にしています。

　今年は、昨年の百草団地とは別の団地を敷地にしました。多摩ニュータウンの貝取・豊ヶ丘団地というところで、1970年代の5階建て南面平行配置のありふれた団地のうち、隣接する2棟を選び、建て替えてもよいし、リノベーションしてもよいというもの。戸数は現状の半分は確保すればよく、計画の自由度は高いですが、大事なところは2棟の間の空間、駐車場や庭なども設計しなさいという点です。その2棟をリノベーションしたり建て替えたりすることによって周りに良い影響を及ぼすプログラムを考えなくてはいけない。

佐々木｜昨年は、既存の周りに新築を付け加えたような、かなり複雑な操作をしている作品が出展されましたが、今年の作品は中央を大きく掘って地下の広場をつくっていましたね。

大月｜多摩ニュータウンは、山の谷筋に道路を設け、山の上を削って宅盤をつくり、住棟を構成しています。それだと高齢者になると山登りがきつくなって外出が大変になります。これがニュータウン再生の課題になっている。その辺を踏まえた際に、住棟の間を掘り込んで、そこを交通の結節点のようにして、住棟にアクセスしやすくするというインフラも含めた提案が出てきたのは非常におもしろいなと思いました。

佐々木｜この団地の課題で、リノベーションと新築を選ぶ人の比率はどれくらいですか?

大月｜今回はリノベーションが多かったですね。このような課題を初めて出したのは、赤羽台団地のスターハウスで、八王子にある集合住宅歴史館をそこへ移転するという計画でした。そのとき、スターハウスを建て替えてもいいしリノベーションしてもいいと言ったら、学生の多くは、

建て替えにしました。3年前期だと、建て替えたほうがてっとり早いというか、実現しやすいということなのだなと思いました。でも、今回のように普通の2DKがズラッと並んでいるような団地だと、単純に見えるのか、それをキャンバスにしてリノベーションをしようという案が多かった。また、最近5年ほどでリノベーションという考え方が学生に相当浸透しており、リノベーションを選択する人のほうが多くなっているということでもあると思います。

課題文を長く詳しくして、深く構想させる

佐々木｜続いて、曽我部先生お願いします。

曽我部｜神奈川大学は4年生になると設計課題をやらず、研究室の活動をしながらそれぞれの探求を深めるというカリキュラムです。実質的に課題に取り組むのは1〜3年生の3年間。さらに1年生前期は、演習科目に慣れるための期間なので設計課題が存在するのは1年生後期からで、1年生後期のトレース課題の一つに、小さなセカ

曽我部先生

ンドハウスの課題があります。そういう意味では、住宅ではありませんが、住宅的な課題が1年生後期にあります。

　2年生になると、前期の最初の課題が「提案型集合住宅」、第2課題が「神大ミュージアムパーク」で大学近くの敷地に大学関連施設を設計するというものです。2年生後期に「関内に建つオフィス」というオフィスビルの課題、「公園の一角に建つ地域の図書館」という公共施設の課題。そして3年前期の第1課題は「六角橋ミニシアターコンプレックスと広場」、第2課題が「地域に開かれた中学校」。ここまで単機能の課題が続いて、3年後期になると複合施設の課題が2つあります。そのうちの1つが「50人が暮らし、50人が泊まれる、この先の暮らしの場」という課題で、もう1つが「街のインフォメーションセンター」という地域施設と交通の結節点と観光客向けの施設のコンプレックスです。

　ここからは、具体的に去年「住宅課題賞」に応募した課題についての話をします。3年生の後期の「50人が暮

らし、50人が泊まれる、この先の暮らしの場」という課題は、平たく言うと商業的施設を伴う100人分の集合住宅のようなもの。まず3年生後期の課題の前提として、卒業設計の直前の課題なので、その後すぐに卒業設計に取り組めるくらいのことをやっておいて欲しい。原則的には4〜5層以上の物理的に層が重なっていく間を何とかしなくてはいけないということもあるし、5,000㎡ほどの一定以上の規模にしています。あと周辺の地形や隣接している建物など都市的なコンテクストを考えなければならないようにしています。今回の「50人が暮らし、50人が泊まれる、この先の暮らしの場」という課題に変える直前、2014年度の課題は「商業施設と住宅を含むコンプレックス」という用途を組み合わせた課題でした。学生たちがその課題に対して提出したのは、上が集合住宅で下に商業施設が付いていますという、コンプレックスと言いながらその二つの関係をあまり意識しないという作品が多かった。さらに、片廊下に住戸が並んでいるようなタイプのものも見られ、住戸の中のことを家と言っているのですが、どのような場所で暮らすのかということに対するイマジネーションが不足しているという実感がありました。

　そういったことがあり、課題を変えることにしました。何を変えたかというと、一つは作法としてつくられたような空間構成を先生が深読み的に評価してしまうような課題の出し方をやめたのです。空間構成上の一発芸みたいな作品が多く、本人は中の空間を大して考えていないのだけれど、先生方が深読みして評価してしまうことがあった。もう一つは、空間体験や暮らしの場のありように対しての想像力を持って欲しいということ。それまでの課題では、中学校のような用途がはっきりしている課題だと、教室をいくつか並べて共有スペースを設けるといった作法で建築が解けてしまいます。しかし、その場所でどういう人がどういう過ごし方をするのか考えていった先に、結果的に建築の空間が構想されることに期待したい。

　それで2015年に最初につくった課題では、課題の説明を増やし、A4用紙1枚分の文章で課題全体を説明しました。「50人が暮らし、50人が泊まれる、この先の暮らしの場」という内容は変わらない。具体的には賃貸住宅で暮らしている人たちと、宿泊施設的に短期間過ごす人たちと、さらにはそういった人たちを引き寄せる商業であ

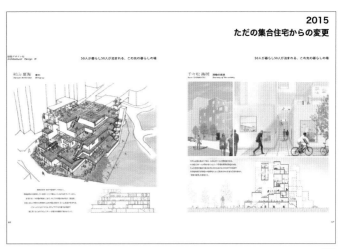

**2015
ただの集合住宅からの変更**

図A

り、サービスであり、公共的なものでもいいのですが、特徴付けるような場所にして欲しいという課題です。具体的なプログラムは自分で考える。そういう意味では、変更前は何が何㎡程度ということが決まっていたのに対して、この課題では具体的なプログラムから自分で決めなければいけない。

　実は一昨年、全く課題のイメージが伝わらないという事態が深刻化してきたこともあり、文章を長くし、長い文章で世界観をしつこく説明することにしました。具体的なプログラムについても規定はしないが、割としつこく調べ方などを記載しています。規模についても考え方を記載してあります。去年は2つの課題を半分の日程ずつに分けましたが、今年は「50人が暮らし、50人が泊まれる、この先の暮らしの場」の期間を1週増やしています。

　あとは、2015年に課題を変えてからの最初の3回は敷地を固定していました。最初は目黒でしたが、周辺のコンテクストへの対応について今ひとつ密度が上がっていかないので、大学の近くにせざるを得ないだろうということで、元町に変えて、次は関内にしました。さらにより深く自分たちで構想してもらおうということで、去年からはあるエリアを示して、初日にこのエリアを学生たちと歩いて、中華街があったり官庁街があったりオフィス街があったり商業施設があったり、狭い範囲にいろいろな生活の場所があるので、それを把握した上で、その特徴的なプログラムを考えてもらうことにしました。最初に自分が選んだ敷地を前提条件としてリサーチしたものを出してもらう。

　これは目黒で最初に課題を変えた時のものですね（図A）。積層することが大前提になるので、それなりに積まれていきます。ここは周辺に公園があったので、そことの

関係を考えて欲しかったのですが、そこを考える人があまりいなかった。その後、元町の商業的なゾーンにつくったもの。そして去年、関内でつくったもの。それぞれが自分のプログラムにあった課題を選び、どういう場所であればリアリティを持ち得るかということを考えてもらっています。

佐々木｜僕も一緒に教えていますが、結構大きな課題で、住宅のプランまで書き込まないといけないので大変です。大きな構成としては良くできていても、住宅のプランが破綻していることもある。とにかく自分で敷地を選ばせて調べさせている点がこだわりです。大月先生がおっしゃっていた団地の課題で、リノベーションにするか新築にするか選ばせるのに近い。

大月｜東大の場合、3年前期の団地の課題で、リノベーションか新築かを選ばせていますが、その翌年には卒業設計をやらなければいけないので、やはり早め早めが良いと思いますね。

曽我部｜神奈川大学はコース制をとっていて、2年に上がる段階で、建築デザインコース、構造コース、環境コースという3つに分かれます。分かれることでそれぞれの分野が深められるというのが特徴ですが、結果として1年生の時に構造を習っているはずなのに忘れてしまっており、構造を具体的に建築の構想と合わせて考えるのが不得意です。なので、数年前から構造計画図を描かせ、構造についての提案も一緒にさせるようにしています。

佐々木｜2年の共同住宅と3年の共同住宅は何か関係があるのですか？

曽我部｜戸建てがないのが特徴です。それはたまたまであって、集合住宅の課題のところが昔は戸建てだったのです。でも、議論としてはだんだん規模が大きくなっていくようなものにしないと、3年生の後期で数千平米に太刀打ちできない人が増えてきてしまった。だから途中で戸建て的な構想に取り組むのではなく、規模を次第に大きくしていく連続的なカリキュラムにしていかざるを得ない。だから、戸建てを集合住宅に変えました。デザインコースに配属された後は、3年後期までは必修です。

佐々木｜3つのコースそれぞれに進む人の比率はどれくらいでしょうか？

曽我部｜2020年度から若干変わりますが、教員数はデザインが5人、構造が4人、環境が3人という比率です。ある時期までデザインコースを希望する学生が多かったことを踏まえた数ですが、学生は150人くらいいるうちの60〜70人がデザインコース、構造が50人、環境が30人くらいです。2020年度はデザインコースの枠を10人くらい減

らす予定になっています。

300名を3クラスに分けて指導する

佐々木｜次は冨永さんお願いします。

冨永｜工学院大学は2011年に建築学部が設立され、私はそのときに着任しました。建築学部には建築デザイン学科、まちづくり学科、建築学科の3つの学科がありますが、1〜2年生の間は、学科に分かれず全員が必修科目の設計授業を受けます。人数が1学年300名以上と非常に多いので、3クラスに分けて指導します。

スライドは、上が設計演習系の授業で、下が講義の中で住宅・集合住宅が絡んでいるものだけをまとめてきました（図B）。まず1年前期の「基礎設計図法」では、図面の描き方・模型のつくり方・プレゼンシートのつくり方という基本的な作法を学びます。題材は、アルヴァ・アアルトの『夏の家』や前川國男の自邸といった名作住宅です。1年後期「建築設計Ⅰ」では、空間のアイデアを模型でアウトプットするトレーニングの課題、次に名作住宅のトレースを1つやり、最後に八王子キャンパス内の森に短期間泊まれる「キャンパス・ロッジ」を設計します。これが実質的には最初の設計課題になります。2年前期「建築設計Ⅱ」では、戸建住宅の課題と幼稚園の設計、2年後期「建築設計Ⅲ」は、留学生の学生寮と、小学校のリノベーションによるコミュニティ施設の課題をやります。

3年前期は、3学科に分かれて必修の演習授業があります。建築デザイン学科ではブックカフェと美術館の設計、まちづくり学科は都市居住地区の設計、建築学科は構造や設備を考えながらつくる大架構系施設のグループ設計です。3年後期は選択授業で、建築デザイン学科とまちづくり学科の教員が組んで行う「建築まちづくり演習A・B」があります。Aは清澄白河にオフィスと商業施設のコンプレックスをつくるという内容で、Bは代々木三丁目に集合住宅を設計します。

4年前期は「建築総合演習」という選択授業で、建築デザイン・インテリアデザイン・ランドスケープデザインの先

冨永先生

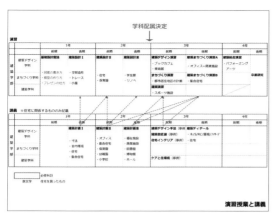

図B

演習授業と講義

図C

演習授業の体制

生方が組んで行います。パフォーミングアーツセンターの設計を、広域からヒューマンスケールまで押さえる課題です。そして4年後期からは卒業研究に専念するという流れになっています。

一方、講義系の授業は、1年後期から2年後期にかけて「建築計画Ⅰ・Ⅱ・Ⅲ」という必修科目で、一通りのアーキタイプの計画を学びます。できるだけ設計授業と時期を合わせ、内容をリンクさせるよう意識しています。3年以降は「建築デザイン手法」「建築意匠論」「住宅インテリア」「ケアと住環境」など、さらに専門性を高めた講義を行います。

次に今回出展した課題3つを説明します。まず建築設計Ⅰの「森の中の小さなキャンパス・ロッジ」は、八王子キャンパス内の北側に広がる山の斜面が敷地です。指定された範囲内で、自分が居心地良いと思う場所を見つけ出し、60〜90平米程度の1〜2泊できる小屋をつくります。宿泊者は、例えばオープンキャンパスで地方から訪れた高校生たちの家族、あるいは学生同士で泊まるという設定です。この課題ではできるだけ既成概念を取り払い、気持ちの良い場所から空間へと変換していくトレーニングを目論んでいます。内部だけでなく、いかにして外部空間も豊かに取り入れるか、また斜面に対してどのような建築的アプローチがあるのか、という点を中心に指導しています。

次に建築設計Ⅱの「外のある家」は、八王子キャンパス近辺の三角形の敷地で、三辺が広い公園・住宅街・空き地に面しています。キャンパス・ロッジに比べると周辺環境が多様になり、そこから設計の手掛かりを見つけていくことになります。本学は学生の人数が非常に多いので、能力やモチベーションに大きな幅があることを考慮し、「外のある家」の「外」という言葉をさまざまな意味で

捉えられるようにしています。即物的に緑や光・風を外と捉えてもいいし、ひとひねりして他人だとか、まちを外として捉えても良い。シンプルだけど捉え方に幅を持たせられる課題にしました。

3年後期の「都市居住（都市施設を併設させた新しい集合住宅のかたち）」は、最初の1ヶ月はまちのリサーチをみっちり行います。まちづくり学科の先生方からリサーチの手法を学びつつ、都市のいろいろな要素を掬い上げ、「どのような都市的資源があるか」「この街に潜む問題点は何か」といったことをグループで抽出します。最終的には「この街に何が必要か」を各自で洗い出し、集合住宅+αの都市施設を考えたうえで、各々敷地を決めて設計します。条件としては、敷地面積2,000㎡程度、容積率300%・建ぺい率60%、階数は3〜6階、住戸数は30戸以上、という縛りを入れています。

講評会については、まずクラス別で行った後に、学年全体の合同講評会を開きます（図C）。それ以外に全学的な講評会として、8月初めにバーティカルレビューを開催し、ゲストの建築家の方に来ていただきます。最終的なアウトプットとしては、毎年発行している大学のイヤーブックの中に優秀作品として掲載しますが、特に1、2年生の作品に関しては、あえてシート全体を載せ、次年度の学生たちがプレゼンテーションの参考として利用できるようにしています。

最後に、これは授業ではないのですが、私の研究室の活動として、3年後期に「住宅研究ゼミ」を行います。名作住宅を毎年2、3戸選ばせ、3〜4人程度のグループに分かれて、1/20の模型をつくりながら分析と考察を行うものです。それと並行して名作住宅を見学に行きます。授業の設計課題では1/100から1/200くらいのスケールで考えることが多いのに対し、研究室ではより実物を意

識するようなゼミを行っています。

佐々木｜3つの学科で300人。割合は3分の1ずつくらいですか?

冨永｜学部設立当初は、建築学科120人・まちづくり学科80人・建築デザイン学科100人という定員がありましたが、現在はほぼ均等くらいです。まちづくり学科の認知度があがってきたということだと思います。

**3年生からスタジオに入り、
建築設計をはじめさまざまな課題に取り組む**

佐々木｜次は、布施さんお願いします。

布施｜武蔵野美術大学の建築教育と住宅課題について説明させていただきます。武蔵野美術大学は、ちょうど55年前に芦原義信先生が主任教授で始まっており、基本的にその当時から建築家教育のカリキュラムが組まれています。1年に造形基礎と建築基礎教育を習います。1、2年は全員必修で、コース等はなく全員同じ課題に取り組みます。3年からスタジオ制になり、課題を選ぶことができます。4年で卒業研究と卒業制作を行います。大学院は実践教育で、スタジオごとに内容が異なります（図D）。

美大の建築学科は、建築設計に重点を置いたカリキュラムであり、設計製図ではなく設計計画という名称になります。これは芦原先生の頃から計画と設計を同時に思考するための名称です。私と高橋晶子先生、菊地宏先生が建築設計、小西泰孝先生が構造デザイン、鈴木明先生が建築計画、源愛日児先生が建築構法、長谷川浩己先生がランドスケープ、客員の土屋公雄先生が環境造形です。横河健先生とアストリッド・クライン先生は客員教授として大学院の演習課題を担当していただいています。

1年次は造形基礎の絵画、彫塑と建築基礎科目の製図、図学、表現を学びます。入学すると初めに彫塑（木彫、石彫）から入ります。その後に8週間の建築基礎科目を集中授業で行います。その期間の後半3週間で行う

布施先生

「200立米の家」の課題は、9坪ハウスくらいですが、これが製図、図学、表現のスキル確認となります。後期は絵画で、デッサンの経験者は油絵から入り、初めての人はデッサンから入ります。その後に設計計画Iでは、「光のデザイン」という課題や、小屋を設計する課題、原寸でキャンパス内にグループで設計して施工する課題などがあります。

2年から専門基礎教育に入り、前期は住環境を中心に第1課題は住宅、第2課題は集合住宅を設計します。後期は都市空間の公共建築的な規模となり、第1課題は木造の駅舎、第2課題は宿泊施設を設計します。座学は、計画原論、構造、構法、材料などを学びます。

3年次はスタジオに分かれて、スライドでいうと、設計計画3の前期と後期それぞれの4スタジオから選択します（図E）。スタジオごとに課題は違います。例えば、小西先生は「積層する構造」という課題で、小西先生と一緒に非常勤の建築家の方が指導します。後期は、布施スタジオ、鈴木スタジオが建築設計、長谷川先生はランドスケープ、土屋先生は環境造形です。3年後期の私のスタジオは、100～200㎡の住宅と8,000～10,000㎡の都市施設というスケールの異なる課題を2つ出題します。

4年になると、前期に「設計計画4」があり、それぞれのスタジオに非常勤の先生に入ってもらいます。布施スタジオは新関謙一郎先生と私が指導します。それぞれのスタジオは指導教員2名に学生は10名くらいです。4年後期は卒業制作になり、各スタジオの専任教員が指導します。2019年度の卒業制作ではJIA東京で銀賞、JIA全国で金賞を受賞しています。本学の特徴としては、インスタレーションの卒業制作が多いことです。

次に住宅課題について説明します。現状は、4つ

武蔵野美術大学の建築教育

学部	1年	建築基礎教育（造形基礎教育）
学部	2年	建築専門教育（専門基礎教育）
学部	3年	建築専門教育（スタジオ制教育）
学部	4年	卒業制作（スタジオ制教育）
大学院	1年	実践教育（スタジオ制教育）
大学院	2年	終了制作（スタジオ制教育）

図D

■実技・演習科目
設計計画Ⅲ-1
□源スタジオ　□高橋スタジオ　□小西スタジオ　□菊地スタジオ

設計計画Ⅲ-2
□布施スタジオ　□鈴木スタジオ　□長谷川スタジオ　□土屋スタジオ

■講義科目
建築意匠A、都市デザインA、建築計画C、建築施工I、建築意匠B、建築設備、実験I、都市デザインB、形態論、建築構論A、建築構論B、環境生態学A、建築計画D、構造力学Ⅱ

図E

武蔵野美術大学 住宅課題

学部1年前期（必修／2W）　200㎡の家（担当：布施）

学部2年前期（必修／4W）　玉川上水沿いに建つ住宅

学部2年前期（必修／4W）　小規模集合住宅

学部3年後期（選択／4W）　住宅＋α（布施スタジオ／第一課題）

図F

2018 優秀賞1等　矢舗礼子

2016 優秀賞2等　羽根田雄二

図G

の住宅課題があります（図F）。上の3つは全員必修で、1年前期に200㎡の住宅課題、2年前期に住宅と集合住宅、3年で私のスタジオを選択すると住宅の課題をやります。1年前期の住宅は図面とプレゼンテーションの基礎を習得するための課題です。2年前期は住宅課題と集合住宅をやります。そして3年の私のスタジオでは、第1課題にスケールの小さい住宅を敷地リサーチから分析、企画、計画、設計、プレゼンテーションという流れで行います。基本的に私のスタジオでは敷地から自分で選んで企画、計画してもらいます。さらに、住宅以外の機能も考えてもらいます。敷地選択制なので、今回出展した大嶋笙平くんは阿佐ヶ谷が敷地です。敷地は非常勤の先生の実際のプロジェクトの敷地を設定することが多いです。

　最近4、5年は住宅課題賞で賞をいくつかいただいています。スライドは、2018年度に優秀賞1等を受賞した矢舗礼子さんの作品と、2016年度に優秀賞2等を受賞した羽根田雄二さんの作品（図G）。布施スタジオの大学院では、2006年から実際の住宅の基本設計をしており、大学院の学生と一緒にやっています。リアルな条件の住宅設計課題から実作へつなげていきます。現在は本学のキャンパス内の施設を建築設計実習として設計しています。

佐々木｜3年生のスタジオは何人くらいなのですか？

布施｜たまたま今年は履修者が多くて29人ですね。学年全体で80人くらいです。後期は長谷川先生が特任で土屋先生が客員なので、長谷川先生のランドスケープのスタジオは少なめですね。

佐々木｜建築計画とランドスケープのコースを組み合わせて取るといった決まりがあるのでしょうか？

布施｜3年で長谷川先生のスタジオを取って、4年で建築のコースに戻ることもできるし、その逆もできます。

佐々木｜3年生以降だと、主に布施スタジオが住宅を教えていて、他のスタジオは住宅以外となるのでしょうか？

布施｜住宅課題賞に出すのは3年生の課題が多いです。誰のスタジオから出すかも協議しています。

マス教育では採点基準と採点の公平性が重要

佐々木｜次は古澤先生お願いします。

古澤｜日本大学理工学部建築学科で教えています。学生の人数が多いということもあるかもしれませんが、工学院大学のカリキュラムに近いと思いました。1年生の前期は図学を基本として、断面図・平面図・立面図などの一般図の描き方を教えます。1年後期から、トレーニングとして「彫刻のためのギャラリー」という、実際の敷地を与えないで自由に空間造形をする課題を出します。ただ、自由と言われても学生は困ってしまうので、デザインするきっかけとして、彫刻を鑑賞するという要素を与えています。彫刻という視対象に、どのような光を入れれば良いのかといったことをきっかけにして、床・壁・天井という建築的要素の操作を行う空間造形トレーニングです。

　1年後期の最後の第3課題で初めてリアルな敷地を与えます。本学は1年生後期まで船橋キャンパスとなりますが、キャンパスが広いのでキャンパス内の敷地にコミュニティスペースをつくってくださいという課題内容です。ただ、コミュニティスペースといっても具体的な機能はないので、これも空間造形のトレーニングとして位置づけられています。何が違うかというと、具体的な敷地を与えているというところです。とにかく1年生は自由に空間を造形してもらうことを念頭に置いています。

　住宅は2年生の前期にやります。2年前期の第1課題が今は住宅になっていて、敷地が170㎡で延床面積が150㎡くらい。実はこの敷地は、建築家の宮崎晃吉さんの「HAGISO」が建っている場所です。これは、2年生から御茶ノ水キャンパスになることで谷中が近くなることと、宮崎さんの柔軟な取り組みを実際に見学してもらいながら、敷地と地域を理解させることを目的にしています。ただし、そこではリノベーションではなく新築で住宅を設計させる。このような課題集を全員に配りますが、ここにい

ろいろな設計条件を明記しています（図H）。設計課題を
どのように設定しているかというと、課題文をオーソドック
スにしています。「建築における最も基本的な用途として
住宅を設計してください。古くて新しいテーマを抱えてい
ます。住宅として要求される点は以下の点である。寝る、
食べる、着る、洗う、しまう、といった生活の行為を意識
して、リビング、ダイニング、寝室を設計しなさい。十分
な広さと採光、通風を確保しなさい。立地の特性を生か
して、プライバシーに配慮しなさい」という非常にオーソ
ドックスな課題文にしています。家族構成も4人家族を
ベースにしています。家族像が今度どう変わっていくの
か、住宅の在り方はどう変わっていくのかというような話
ももちろん重要なのですが、2年生のこの段階では動線
計画、通風、採光、基本的な寸法体系、配置といったも
のを教えるための課題として設定しています。2年後期か
ら一気にビルディングタイプが難しくなって、「サテライト
キャンパス」という名前のオフィスビルに類似した積層型
のビルディングタイプを考えます。延床面積3,500㎡以
上。建築学科のカリキュラムの特徴として、一級建築士の
製図試験に対応しうる製図能力を第一に掲げているの
で、課題の規模を大きくしています。こうして考えると、2
年前期に出題される住宅課題は、延床面積は小さいで
すが、基本的な動線や寸法などをしっかり学ばせてお

古澤先生

り、2年後期に対する橋渡しとして機能しています。2年
後期の第2課題は「地域センター」。建ぺい率制限のある
敷地で、それをかわしながら設計する。一方で、「サテライ
トキャンパス」は5〜6階分積層させる。その対比的な課
題を2年後期に設定しています。

次の3年前期が最後の必修課題で、「代官山コンプレッ
クス」という課題です。ヒルサイドテラスの並びに、集合住
宅と商業施設の複合施設をつくらせるもので、延床面積
も4,500㎡くらいです。これも工学院大学と似ています
が、デザインサーベイから入り、敷地特性を理解したうえ
で設計させる。ここで習得するべき項目の一つの例は、
避難計画です。二方向避難を正しく理解することと、柱
梁の構造計画。きちんと梁伏せを理解したうえで、断面
図に梁型をきちんと描くように指導しています。それから
基準階計画、センターコアなのか片側コアなのか、ある
いは分散なのか。その時に二方向避難の取りやすさが
変わることを理解してもらう。あと、斜線規制への理解も
入ってきます。

ここで一つ特徴的なのは、学生によってはすぐにシェア
ハウスとかソフト的なプログラムを提案してきますが、基
本的にNGにしています。シェアハウスというのは基本的
に計画学がないからです。一方で、上手くできる人は
やっていいよということにしています。マス教育におい
て、設計課題の水準をどの学力の層に設定するのかが
極めて難しい。ボトムあるいは、ミドルに設定せざるを得
ない。そうなると、例えば計画を理解していない学生が
シェアハウスに挑戦すると、非現実的なプランになってし
まうことは目に見えています。あらかじめそれは規制しな
がらも、優秀な学生にはもっとソフト的なものを提案させ
るという、ダブルスタンダードで進めているというのが実
情です。それは何も3年前期に限らず、2年前期からで
す。また、採点も非常に重要です。理工学部の建築学科
の場合、1学年は入学時300人近くいます。2年から編入
学生も来るので330人を超えます。ですので、建築学科
の学部生だけでも1,300人くらいいます。それ以外に、

図H

理工学部においても海洋建築工学科、まちづくり工学科がありますし、学部を横断すると生産工学部、工学部、芸術学部にも建築系学科があります。なので、今日お話しするのは理工学部の建築学科の話に限定しますが、そういった大人数の学生の提案をどう採点するのかが非常に重要になってくる。採点方法を統一する必要があります。指導は、1学年で16のスタジオに分かれて行っているのですが、その時に採点基準がバラバラだと、「向こうの班だとAなのに、どうして自分はBなのですか」という学生が出てくる。それを防ぐために、全教員で各スタジオを周り歩いて採点し、S、A、B、Cという線引きをしたうえで、各ユニットの先生方が点数を加算していく。採点は3コマ分けて行います。ですので、学生は提出したらすぐに製図室から締め出されて、10時40分に提出したら16時30分までどこかに行ってもらいます。先生方はみんな採点の日はクタクタになります。でもそれをしなければ、学生の成績に対する不満が多くなってしまう。

　最後になりますが、各大学の課題の設定の仕方に関する話が出る中で、論点として、1つはマス教育と少人数教育の違い、国公立と私立の違いをどう課題に反映させるのか。2つめに授業形態の在り方、エスキスをどうやるのか、学生を待たせている間に何をやらせるのか、設計という授業のかたちをどうするのか。授業形態については、明治大学の青井哲人先生が2019年11月号の『建築雑誌』（一般社団法人日本建築学会）に書かれていましたので参考になるかと思います。あと三つ目としては座学との連携について。この3点くらいが論点としてあるかと思います。

リサーチ力と読解力をつけることが重要

佐々木｜議論の方向性まで出してもらってありがとうございます。

　まず皆さんにお聞きしたいのは、住宅はよく建築の基本だと言われていて低学年でも取り組みますが、高学年でも社会に出ても住宅を設計します。布施スタジオでは学生が基本設計をやっているという話もありました。住宅のリテラシーをどのタイミングで組み立てていくかというところが大事だと思います。去年のこのトークイベントでは、北山恒先生が大学院にならないと、本当の意味で住宅のリテラシーは学べないという話をされていて、横浜国立大学の学部の授業では「自然に住む」という自然

司会の佐々木先生

の地形の中に人が住まうような課題を行っているとのことでした。各大学、コース選択があり、そこから研究室に分かれていくと、専門のことしか興味がなくなってしまうというような状況があります。一方で古澤さんが、「シェア（ハウス）禁止」とおっしゃっていましたが、まさに世の中の住宅を取り巻く環境がものすごく変わってきているなかで、何をポイントにして住宅を教えていくべきなのかということを、皆さんの発表を聞いたうえで、「このように教えるべきなのではないか」というのをお話ししていただきたいです。

大月｜なかなか難しいお題だと思います。東大の場合は2年後期の最初の製図が終わったときに空間小課題があり、オーソドックスな戸建住宅に取り組みますが、そこで気づくのは建築学科に入ってくる子は自分のデザインをやりたいという人が多いということです。課題を解くときに、とにかく「これがやって見たかったんです」というかたちで持ってくるんですが、それだとやはり、あまり評判が良くない。すると、学生から「なぜこれではいけないのですか」というすごくファンダメンタルな質問が出ます。一発芸のようなものをとにかくやってみたかったのですと言われるのに対して、なぜダメなのかを説明しなければならない。やはり設計課題というのはある種の訓練であって、単なる自分の夢を絵にするだけだったら大学でやらなくてもいいわけです。では何の訓練なのか、そこから解き起こすのがやはり大学の教育でやらなければいけないことなのかなと思っています。

　それで、住宅がなぜ難しいかというと、みんな20年くらい「自分の部屋をどうしよう」などと、「生活のプロ」として住宅のことを考えてきたので、そういう人たちに、自分の経験以外の経験をどうやってイメージしてもらうかを教えるために、住宅は入口であり出口だと思っています。

　それは社会というものをどうやって考えてもらうかという話です。社会は他人の集まりである、そこが最初から分かっていないと何のために教えているのか、教えられているのかが分からなくなってしまう。特に住宅は「自分が」というふうになりがちですが、社会というものをベースにして自分のことを考えてもらうことが重要なのです。そういった意味で、集合住宅の課題は、より社会性を考えなければならないので、そこで読解力とリサーチ力を磨いて欲しい。社会において、建築の仕事にプロポーザル的なものが増えていて、個人のお施主さんでもネットで

選ぶようになってきている。そこで何が仕事として重要かというと、リサーチ力と読解力。先ほど曽我部先生が課題文を一生懸命書いているとおっしゃっていましたが、すごく重要なことで、他人が書いた文章をどう建築化していくのかというスキルがすごく問われているなかで、示されたキーワードから、どういうロジックで空間に結びつけていくのかという読解力が重要になってくると思っています。あともう一つは、その読解の結果に基づいてリサーチしていく力。どうやってデータを集めて、分析して、発表するのか。これらを集合住宅の課題の中で鍛錬することで、自ずと自分の世界から社会の課題へ接続していくのかなと考えています。学生たちには、そうした戦略をまとめて面と向かって伝えているわけではなく、課題の解説やエスキスや講評の中で、必要に応じて投げかけているのですが、こちらが投げた球をその場で学生が打って返さなくても、社会に出て気付いて打ってくれれば良いかなと考えています。

佐々木｜そのような話を課題と座学のセットでバシバシ教えていくという感じですか？

大月｜メッセージとして出しますよね。学生は面食らっていますけれど。

社会を独自の視点で読み解いて欲しい

佐々木｜座学と設計で課題をセットにするのは大事だと思っていて、曽我部先生の課題もセットでやられていますよね。午前中に座学の授業で教えて、午後設計の課題をやるというように。セットだと効果的でしょうか？

曽我部｜社会に対する読み解きをして欲しいというのは大月先生と全く同じです。単体の住宅は、パーソナルな身体性から導き出される独自の空間感も大事だと思っていますが、そういうのはまだ学生たちはできるんですよね。一方で、社会に対してどう取り組んでいくかというのがすごく不得意。社会を単に読み解くだけでなく、その結果、社会はすごく変わっていっているから、掴んだ情報を手掛かりにして、今まで見たことのないような建築の空間感の構想につなげて欲しいと思っています。平たく社会を見るのではなく、独自の眼差しで新しい切り口を発見して欲しい。それがなかなか上手くいかなくて、戸建ての課題はまだ何とかなりますが、集合住宅にすると、みんなプランがその辺のカタログのマンションと同じになってしまいます。それを打開するために都市の観察を相当促していますが、なかなか上手くいかない。工夫はしているけれど十分満足できる状況に至っていない。

佐々木｜ベッドでどうやって寝るのかも問題です。ありえ

ないベッドの置かれ方がされていることもあり、身体性も相当いい加減な人も多い。

曽我部｜戸建て住宅だと身体性についての意識もありますが、集合住宅になった途端に、空間の中の身体的な感覚がどこかに飛んでいってしまうのですよね。

佐々木｜戸建て住宅をやっている大学は意外と今少なくなっています。マス教育だと、戸建ては絶対やらなければいけないという考えもあると思うので残っているのかもしれませんが、普通の住宅課題はほとんどやらなくなっているようです。おかげで、身体性を学ぶ機会が少なくなっているようにも感じます。

冨永｜住宅だと、ともすれば「自分が良ければそれで良

い」というような個別解の話になりがちですが、「個別性を持ちつつ、どこかで普遍性も求めたい」というバランスの中で、私たち自身も悩みながら設計します。家族の在り方や周辺環境、社会情勢は変わっていくわけですから、与えられた条件だけではなく、もう少し広い視点と長い時間で全体像を捉えることを、具体的な設計と会話を通して伝えようと心がけています。とはいえ実際にはなかなか難しいのですが……。

それと、先ほど日大の集合住宅の課題でシェアハウス禁止の話がありましたが、確かに社会的なテーマというとシェアの話を提案してくる学生が多いです。逆に、いわゆる「〇LDK・片廊下の集合住宅」のような、今までつま

らない型だと思われていたものをしっかり勉強して、その中に新たな切り口を見つけていくということが大切だと思います。建築学生は、作品にオリジナリティを出さないといけないというプレッシャーを常に感じています。しかしおもしろい建築というのは、ただ奇天烈なかたちを出せば良いというわけではない。1回基本的な型に戻ってみて考えようという話はよくしますね。マス教育だと一度ベーシックなところを押さえていくことが大事になります。

佐々木｜学校に入るまではつくり手というよりもほぼ使い手だった学生が、いきなりつくり手の立場に立たなきゃいけないという大きな転換があるわけですが、その時に使い手としての経験は取り払われてしまっていて、

つくり手のロジックで考えなければいけないというところにジャンプがある。もう少し使い手側から見た計画学があったほうが良いとも思います。ブルーノ・タウトが100年くらい前に新しい居住というタイトルでつくり手としての女性をテーマにした本を出していて、家事動線についてキッチンや扉の位置を調整するなど、使い手側の視点で書いています。マス教育だと、つくり手の論理で教えないといけないとも思いますが、一方で布施さんは大学院の学生に実施も教えているということで、マス教育とは違ったかたちの住宅設計の指導もあると思いますが、いかがでしょうか？

布施｜武蔵野美大の場合は、入学した学生にアンケートをとると、ほぼ3分の2は建築設計をやりたいという明確な意志を持っています。それ以外の3分の1は設計かランドスケープか分からないけれどデザインをやっていきたいという。そうするとほぼ100％の学生が自らデザインをしたいと思って入学しています。その前提で言うと、入試の時点でデザインを志向している学生が工学部より強いかと思います。先ほど踏み込んで話をしなかったのですが、うちのスタジオは3年後期からなので、建築が成立する今の社会に問題意識を持って設計をするという大前提があります。ですから例えば、数年前まで常識だったことが今では常識ではなくなる可能性もあるということで、発明的な視点ではなくて、発見的な視点で価値観をシフトするような設計提案を指導しています。

　日大と工学院はすごく基本に忠実にやっていらっしゃいますが、武蔵美大の場合は出来るだけ学生に自由な発想をさせています。住宅に関しては、スケール感がない作品や動線的に無理がある作品は、計画の視点で指導はします。ただ、明らかにスケール感などの基礎がある一定レベルに達した学生には、かなり自由にさせています。CADは、1年生の集中授業で製図と図学、CAD、表現（手描きのスケッチ、模型）を同時に教えています。

佐々木｜CADを使うことで、学生たちのスケール感が喪失されていくようなことはありませんか？

布施｜うちではVectorworksとSketchUpを教えるのですが、設計ができる子は自分で習得しています。ただ、1年の前期の課題に関しては手描きで提出してもらうことにしています。

曽我部｜うちは数年前から学生たちのスケール感が著しく低下していったので、学部の設計課題におけるCADの使用を全面禁止にしました。そうすると、CADで引いたものを手描きでトレースする学生が出てきましたが、図面を見て何mか分からないと、結局空間を思い描けないだろうという危惧があり、そのような措置を取っています。

大月｜画面の中で見ると三角スケールを当てられないしね。

冨永｜先に3Dモデルを立ち上げて、モデルを切って断面図を出してくる学生もいますよね。

座学で社会的・歴史的なことを扱い、リテラシーを身につけさせる

佐々木｜少人数でやっているところと、大人数でやっているところではだいぶ違いますね。

古澤｜課題をやっていくうえで住宅のリテラシーにいつ触れさせればいいのかという問いがあります。そもそも

住宅というのは、動線計画や通風・採光計画はどうなっているのかというような、「建物」としての性質と、社会的・歴史的な文脈を踏まえた「住まい」としての側面がある。建物と住まいが合わさって住宅という建築になると思いますが、どちらを重視して教えるのかという議論だと思いますね。やはりマス教育においては、ビルディング的な側面をまず会得してもらわなければいけないという議論があります。

僕が日大の教員になって6年経ちますが、それ以前は、学生が集合住宅の課題で片廊下型のステレオタイプをつくることを禁止したいくらいだったのですが、そうすると学生たちは何か発明しないといけない、画期的な造形をしないと怒られるのだと思って、何もできなくなってしまう子が続出する。マス教育を担当する側としては、ビルディング的な側面を禁止することで逆に、片廊下のプランですら描けない学生を量産することになり、社会的な損失になってくる。だからきちんと片廊下、中廊下でスタディさせたうえで、バルコニーを変えてみようとか玄関を土間にしてみようというように少しずつ誘導していくというやり方が必要だと気付きました。一方で、使い手からの側面、身体化されているものをもっと発露しよう、そこから新しい計画が生まれるんじゃないかということが考えられる子はトップ層なんですね。日大では330人のうち10%くらいそういう子がいればよくて、残りは柱梁のスパンを理解して断面図が描けて、断面線を太く描けて、立体表現ができる、という技術的な側面を会得する必要がある子を放っておくことは出来ないのです。

社会的・歴史的なことをどこで教えるのかという議論に戻れば、トップの子は自分でできるからそれだけで十分かというとそうではないので、あとは座学との連携が必要なんだと思います。計画学や歴史における住まいの変遷、今後の住まいはどう変わっていくのか、AIの時代はどうなるのかなど。そういうところまで話してもいいと思いますが、やはり座学でカバーするべきです。では、座学で学んだりディスカッションしたりして刺激されたマインドとビルディングの技術をどこで結びつけるのかというと、それは卒業設計や研究室であり、必修科目というマス教育ではない。少人数でモチベーションの高い学生がいればそれができると思う。以前、布施先生の武蔵野美術大学のスタジオに呼んでもらったときに、僕がいつも行っている日大の基準で学生の採点をさせていただいたところ、評価の高いSが多い反面、評価の低いCも多いという結果となった。330人いたら5%くらいしかCを付けないようにしている日大と比べると、教育の方針の違いが

出ていておもしろい。

佐々木｜住宅のリテラシーについての話を振ったのは、僕は文系併願の学校で教えていることが多いのですが、そういう学校は設計の仕事に進まない人が多いんです。一方で住宅供給事業者などに進む人は結構多く、そちらにリテラシーのある人が多くなると、設計する側としても良いと思っています。以前、住総研シンポジウムで大月先生が同じように、「これからは発注者が使えるような建築の研究があったほうが良いのではないでしょうか。僕ら受注者側だけではなく、発注者側を鍛えるような研究があってもいいですよね」という話をされていて、それと住宅の設計課題のつくり方は関係があるのではないかと思います。どうしても僕らはつくり手なので、つくり手目線で教えていますが、実はそれ以外の方法があり、それはもしかしたら設計ではなく、座学とかワークショップとか違うかたちなのかもしれない。そのあたりについて問題意識があったので最後に触れさせていただきました。

それでは、各先生方から学生へのメッセージをいただきましょう。

設計演習だけが総合的に建築を学び、
考えることができる

大月｜先ほど「社会」という言葉を出しましたが、主観と

客観のうちの客観というのは、自分以外の主観の寄せ集めのことです。だからどんな先生に聞いても違う答えが返ってくる。それがおかしいと思うのは当然だけれど、それが社会だから。同じ役場の人でも、立場が違えばみんな違う意見を言っている。そういう時にめげないで、社会とはそういうものだ、その総和に対して自分は立ち向かっていくのだという訓練を、大学の中でいろいろな先生から教わっていると思えば、いちいちめげずに済むのかなと思います。がんばってください。

・・・・

曽我部｜設計をしているときだけでなく、普段過ごしている空間が建築空間なわけだから、こういう空間を実現したいならどういう図面を描けばいいのかを日常的に考える習慣をつけるといい。みなさんは、空間を消費する利用者ではなく、設計する側のプロフェッショナルになるわけだから。そういう意識を普段から絶えず持つのが普通になって欲しいなと思います。

・・・・

冨永｜大学で設計を教わっていると、良かれと思っていろんな人がいろんなことを語ってくれます。それに耳を傾ける姿勢はもちろん大事ですが、まずは「自分は何が良いと思うか」を大事にしてください。そのためには、どんなに小さなことでもいいから、自分が大事に思う「引っ掛かり」を見つけ、育てて、自分の考えの軸にしていくことを日頃から意識して欲しいなと思います。個人的な思いが社会性につながることもあると信じて、がんばってください。

・・・・

布施｜建築の設計にこだわっていきたいという学生さんは、いかに建築が好きかという点で自分のモチベーションを保っていけるかが重要であるし、指導する側から見ると、優秀な学生が社会に出て建築を辞めてしまうことを度々見かけます。やはり、学生時代にどんなに優秀でも、社会で評価されるというのは難しい。そうなると、まずどういう事務所にいくのか、どういう会社にいくのかという、自分とのマッチングをよく考えながら進む道を確認して、できるだけ志を高く持って進んでください。

・・・・

古澤｜今日の話は基本的にボトム、ミドルの学生に向けた話が多かった。この会場に来ている時点で、みなさんは意識が高い人たちだと思うので、今日言ったことと関係ない人がたくさんいるという前提でお話しします。1つは、課題の評価とかは気にしないほうがいいですよ。なぜなら建築は一度コンクリートを打設したら100年くらい

もつものなので、そういう時間軸を扱っているクリエーションに対して、今回の課題や講評会といった話はあまりにも共時的なものです。建築はもっとタイムスパンが長い。だからあまり気にしない方がいい。

もう一つは、僕自身も日々建築の設計に頭を悩ませている最中なので、そんなに君たちと変わらないと思って聞いてもらいたいのですが、やはり課題に対してリアリティを持つことだと思います。例えばオフィスビルを設計してくださいとなったときに、オフィスとか働くことにリアリティを感じられない学生のプランや模型は胸に響かない。与えられたお題に対して、いかにリアリティを感じるかという能力が問われる。オフィスで働いていないのだからリアリティを持てるわけがないと言う学生がいるが、それは違う。僕はこの間、病院を設計しましたが、それまで病院なんか設計したことがなかったし知らないことだらけだった。あるいはそもそも行ったこともない土地で設計しなければいけない。コンペに参加したとしても計画地には初めて行くということも多々あります。建築家というのは、初めての経験をさも初めてじゃないように、リアリティを自分の中でつくりながら、クライアントを良い意味で騙しながら建築をつくっていくという職業なのです。だから、無理な課題が出たとしても、無理やりリアリティを感じられれば、それが線や模型に反映され、人の心を打つものになるのだと思います。

———　———　———

佐々木｜今、古澤さんが最後におっしゃっていた想像する力や、曽我部さんがおっしゃっていた観察する力は、努力すればほぼ全員手に入れることができます。創造力は誰でも持てるわけではないと思うけれども。そして、それらが一番鍛えられるのは設計演習です。設計演習だけ唯一総合的に建築を考えられる機会で、それ以外は細切れになっていることが多い。その意味でも設計演習は大切です。ただ、残念なことに最近は選択制になってしまっていたり、マス教育で上手い人しか褒めないと他の学生がだんだんやる気がなくなり、取らなくなったりすることがあります。でも、自分を切磋琢磨していく場として、設計演習はやはり大事だと思います。会場にはこれから課題に取り組む学生も多く来ていただいていますが、ぜひいろいろなことを励みにがんばってください。

株式会社総合資格の『就職支援サービス』 22卒

企業選びからご入社まで、総合資格ならではの
全国ネットワークを活かし、皆様の転職・就職をサポートします。

※エージェントサービスのご利用はすべて無料ですので、ご安心ください。

ご入社まで
サポート

会社選び、
仕事選びの
**的確な
アドバイス**

提出書類の
**チェック
&
添削**

面接対策

建設業界の会社を紹介します!
全国、約90拠点のネットワークを活かした企業との太いパイプ

まずは
naviに
登録!

▶サービスご利用のSTEP

1 ご登録	2 キャリアアドバイザーとの面談	3 求人紹介	4 選考日程調整／フォロー	5 内定／入社
後日、アンケートとともに面談日程調整のメールをお送りします。	対面、WEB対面、電話を活用し、皆様のご都合にあった手段での面談が可能です。	これまで蓄積した総合資格ならではの求人紹介ならびに企業情報を提供します。	各選考プロセスの合否連絡、面接日程の調整など、弊社が調整させていただきます。	ご不明な点の確認からご入社まで、しっかりとサポートさせていただきます。

お問い合わせ　◯ **株式会社 総合資格** 人材センター事務局

[E-mail] career-info@shikaku.co.jp　[TEL] 03-6304-5411

 総合資格学院 の本

▶ 法令集 & 試験対策書

建築士 試験対策
建築関係法令集
法令編
好評発売中
定価:本体2,800円+税
判型:B5判
発行:総合資格

建築士 試験対策
建築関係法令集
法令編S
好評発売中
定価:本体2,800円+税
判型:A5判
発行:総合資格

建築士 試験対策
建築関係法令集
告示編
好評発売中
定価:本体2,500円+税
判型:B5判
発行:総合資格

1級建築士
学科試験対策
ポイント整理と
確認問題
好評発売中
定価:本体3,300円+税
判型:A5判
発行:総合資格

1級建築士
学科試験対策
学科
厳選問題集
500+125
好評発売中
定価:本体3,100円+税
判型:A5判
発行:総合資格

1級建築士
学科試験対策
学科
過去問スーパー7
好評発売中
定価:本体2,800円+税
判型:A5判
発行:総合資格

2級建築士
学科試験対策
学科
ポイント整理と
確認問題
好評発売中
定価:本体3,100円+税
判型:A5判
発行:総合資格

2級建築士
学科試験対策
学科
厳選問題集
500+100
好評発売中
定価:本体2,900円+税
判型:A5判
発行:総合資格

2級建築士
学科試験対策
学科
過去問スーパー7
好評発売中
定価:本体2,800円+税
判型:A5判
発行:総合資格

2級建築士
設計製図試験対策
設計製図テキスト
好評発売中
定価:本体3,800円+税
判型:A4判
発行:総合資格

2級建築士
設計製図試験対策
設計製図 課題集
好評発売中
定価:本体3,000円+税
判型:A4判
発行:総合資格

宅建士 試験対策
必勝合格
宅建士
テキスト
好評発売中
定価:本体2,800円+税
判型:A5判
発行:総合資格

宅建士 試験対策
必勝合格
宅建士
過去問題集
好評発売中
定価:本体2,500円+税
判型:A5判
発行:総合資格

宅建士 試験対策
必勝合格
宅建士
オリジナル問題集
好評発売中
定価:本体2,000円+税
判型:B5判
発行:総合資格

宅建士 試験対策
必勝合格
宅建士
直前予想模試
好評発売中
定価:本体1,500円+税
判型:B5判
発行:総合資格

1級管工事施工
管理技士
学科試験
問題解説
好評発売中
定価:本体2,700円+税
判型:B5判
発行:総合資格

1級管工事施工
管理技士
実地試験対策
好評発売中
定価:本体2,800円+税
判型:B5判
発行:総合資格

1級建築施工
管理技士
学科試験 問題集
好評発売中
定価:本体2,800円+税
判型:B5判
発行:総合資格

2級建築施工
管理技士
試験対策
学科試験テキスト
好評発売中
定価:本体2,200円+税
判型:A5判
発行:総合資格

2級建築施工
管理技士
試験対策
学科・実地
問題解説
好評発売中
定価:本体1,700円+税
判型:A5判
発行:総合資格

▶ 設計展作品集 & 建築関係書籍

建築新人戦011
建築新人戦
オフィシャルブック
2019
好評発売中
定価:本体1,800円+税
判型:A4判
発行:総合資格

JUTAKI
KADAI 08
住宅課題賞2019
好評発売中
定価:本体2,200円+税
判型:B5判

Diploma ×
KYOTO'20
京都建築学生之会
合同卒業設計展
好評発売中
定価:本体1,800円+税
判型:B5判

北海道卒業設計
合同講評会
2019
好評発売中
定価:本体1,000円+税
判型:B5判
発行:総合資格

ヒロシマソツケイ
広島平和祈念
卒業設計展作品集
2020
好評発売中
定価:本体1,800円+税
判型:B5判
発行:総合資格

デザインレビュー
2020
好評発売中
定価:本体2,000円+税
判型:B5判
発行:総合資格

NAGOYA
Archi
Fes 2020
中部卒業設計
作品集
好評発売中
定価:本体1,800円+税
判型:B5判

卒、19
全国合同
建築卒業設計展
好評発売中
定価:本体1,500円+税
判型:B5判
発行:総合資格

埼玉建築設計
監理協会主催
第20回 卒業設計
コンクール 作品集
好評発売中
定価:本体1,000円+税
判型:B5判

2020
法政大学建築学科
卒業設計有志展
好評発売中
定価:本体1,000円+税
判型:B5判
発行:総合資格

JIA
関東甲信越支部
大学院修士設計展
2019
好評発売中
定価:本体1,800円+税
判型:A4判

赤レンガ
卒業設計展2019
好評発売中
定価:本体1,800円+税
判型:B5判
発行:総合資格

第7回
都市・まちづくり
コンクール
2020
好評発売中
定価:本体1,800円+税
判型:B5判
発行:総合資格

第30回 JIA
神奈川建築Week
かながわ建築祭
2019
学生卒業設計
コンクール
好評発売中
定価:1,800円+税
判型:B5判
発行:総合資格

みんな
これからの
建築を
つくろう
好評発売中
定価:本体2,800円+税
判型:B5判
発行:総合資格

伊東豊雄
岡河貢

お問い合わせ
総合資格学院 出版局
[URL] https://www.shikaku-books.jp/　[TEL]03-3340-6714

総合資格学院は
正真正銘の日本一
※建築士試験合格実績において

【正真正銘】 しょうしん・しょうめい：全くうそいつわりのないこと。本物であること。〈広辞苑〉

【重要】当学院の「日本一」の表記は民間の調査機関等による特定の方を対象とした調査によるものではありません。

※（公財）建築技術教育普及センター発表の数値に基づく当学院調べ

2019年度 1級建築士
学科＋設計製図試験

64.6%
ストレート合格者占有率

全国ストレート合格者1,696名中／
当学院当年度受講生1,095名
〈2020年2月5日現在〉

全国ストレート合格者のおよそ3人に2人は当学院の当年度受講生！

2019年度 1級建築士
設計製図試験

59.9%
合格者占有率

全国合格者3,571名中／
当学院当年度受講生2,138名
〈2020年2月12日現在〉

全国合格者のおよそ6割は当学院の当年度受講生！

※当学院のNo.1に関する表示は、公正取引委員会「No.1表示に関する実態調査報告書」に沿って掲載しております。　※全国合格者数・全国ストレート合格者数は、（公財）建築技術教育普及センター発表に基づきます。　※学科・製図ストレート合格者とは、

2020年度 1級建築士 学科試験

学習方法の選択で合格に大きな影響が！

総合資格学院 基準達成 当年度受講生 合格率
51.0%

全国合格率20.7%に対して

その差 3倍

独学者、他スクール利用者 合格率
17.2%
（当学院調べ）

総合資格学院 基準達成 当年度受講生3,973名中／合格者2,028名

※上記当学院合格率は、出席率8割、宿題提出率8割を達成した総合資格学院当年度受講生の合格率です。〈2020年9月8日現在〉

2020年度 2級建築士 学科試験

当学院基準達成当年度受講生合格率

93.1%

全国合格率41.4%に対して

8割出席・8割宿題提出・総合模擬試験正答率6割
当年度受講生895名中／合格者833名
〈2020年8月25日現在〉

2019年度 1級建築士 設計製図試験 卒業学校別実績

当学院当年度合格者占有率

卒業生合格者20名以上の学校出身合格者合計 2,032名中／
当学院当年度受講生合計 1,242名

卒業生合格者20名以上の学校出身合格者の6割以上は当学院当年度受講生！

当学院占有率 61.1%

学校名	卒業生合格者数	当学院受講者数	当学院占有率	学校名	卒業生合格者数	当学院受講者数	当学院占有率	学校名	卒業生合格者数	当学院受講者数	当学院占有率	学校名	卒業生合格者数	当学院受講者数	当学院占有率
日本大学	192	127	66.1%	名古屋工業大学	46	33	71.7%	東京工業大学	32	16	50.0%	名古屋大学	25	13	52.0%
芝浦工業大学	110	68	61.8%	名城大学	46	29	63.0%	北海道大学	32	18	56.3%	中央工学校	24	14	58.3%
東京理科大学	95	60	63.2%	東海大学	45	28	62.2%	信州大学	31	21	67.7%	三重大学	23	16	69.6%
早稲田大学	88	34	38.6%	大阪工業大学	43	29	67.4%	関西大学	30	20	66.7%	室蘭工業大学	23	14	60.9%
近畿大学	66	43	65.2%	東京都市大学	43	31	72.1%	福岡大学	30	16	53.3%	武庫川女子大学	21	17	81.0%
法政大学	60	40	66.7%	新潟大学	41	29	70.7%	大阪市立大学	29	14	48.3%	神奈川大学	20	13	65.0%
明治大学	60	41	68.3%	愛知工業大学	38	24	63.2%	大阪大学	29	17	58.6%	日本女子大学	20	11	55.0%
工学院大学	57	33	57.9%	京都大学	37	17	45.9%	東京大学	29	14	48.3%	豊橋技術科学大学	20	13	65.0%
九州大学	53	29	54.7%	熊本大学	36	25	69.4%	東洋大学	29	24	82.8%				
千葉大学	49	28	57.1%	金沢工業大学	34	19	55.9%	千葉工業大学	28	17	60.7%				
京都工芸繊維大学	48	28	58.3%	立命館大学	34	20	58.8%	広島大学	26	18	69.2%				
東京電機大学	48	28	58.3%	横浜国立大学	33	20	60.6%	東北大学	26	12	46.2%				
神戸大学	46	28	60.9%	広島工業大学	32	16	50.0%	鹿児島大学	25	17	68.0%				

※卒業学校別合格者数は、試験実施機関である（公財）建築技術教育普及センターの発表によるものです。　※総合資格学院の受講生数には、「2級建築士」等を受験資格として申し込まれた方も含まれている可能性があります。　※上記合格者数および当学院占有率はすべて2020年2月19日に判明したものです。

総合資格学院
東京都新宿区西新宿1-26-2 新宿野村ビル22階 TEL.03-3340-2810

スクールサイト ▶ https://www.shikaku.co.jp
コーポレートサイト ▶ http://www.sogoshikaku.co.jp

Twitter ⇒「@shikaku_sogo」 Facebook ⇒「総合資格 fb」で検索！

合格実績 NO.1

2019〜2015年度 1級建築士
学科試験

全国合格者合計24,436名中／
当学院受講生12,228名
〈2019年9月10日現在〉

合格者占有率 50.0%

全国合格者の2人に1人以上は当学院の受講生!

2019年度1級建築士学科試験に合格し、2019年度1級建築士設計製図試験にストレートで合格した方です。

おかげさまで
総合資格学院は「合格実績日本一」を達成しました。
これからも有資格者の育成を通じて、
業界の発展に貢献して参ります。

総合資格学院
学院長　岸 隆司

2019年度 2級建築士 設計製図試験

当学院当年度受講生合格者数

2,080名

全国合格者の4割以上（占有率41.3%）は当学院の当年度受講生！ 全国合格者数5,037名

※全国合格者数は、(公財)建築技術教育普及センター発表による。

当学院基準達成当年度受講生合格率

80.2%

全国合格率46.3%に対して

9割出席・9割宿題提出・模擬試験2ランクI達成
当年度受講生1,206名中／合格者967名
〈2019年12月5日現在〉

2019年度 2級建築施工管理技術検定 実地試験

当学院基準達成当年度受講生合格率

79.5%

全国合格率27.1%に対して

7割出席・7割宿題提出
当年度受講生73名中／合格者58名〈2020年1月31日現在〉
※学科試験合格者を対象としています。

2019年度 設備設計1級建築士講習 修了考査

当学院当年度受講生修了率

84.8%

全国修了率67.6%に対して

当学院当年度受講生46名中／修了者39名
〈2019年12月18日現在〉

2019年度 建築設備士 第二次試験

当学院基準達成当年度受講生合格率

89.6%

全国合格率54.3%に対して

8割出席・8割宿題提出
当年度受講生67名中／合格者60名〈2019年11月7日現在〉

2019年度 1級建築施工管理技術検定 実地試験

当学院基準達成当年度受講生合格率

83.1%

全国合格率46.5%に対して

9割出席・9割宿題提出
当年度受講生758名中／合格者630名〈2020年2月6日現在〉

※総合資格学院の合格実績には、模擬試験のみの受験生、教材購入者、無料の役務提供者、過去受講生は一切含まれておりません。

建設業界に特化した
新卒学生就活情報サイト　🕐 総合資格navi 2022

建築関係の資格スクールとしてトップを走り続ける総合資格学院による、建築学生向けの就活支援サイト。長年業界で培ったノウハウとネットワークを活かして、さまざまな情報やサービスを提供していきます。

スマートフォンから
直接アクセス⇒

開講講座一覧	1級・2級建築士	構造設計/設備設計1級建築士	建築設備士	1級・2級建築施工管理技士	1級・2級土木施工管理技士	法定講習	一級・二級・木造 建築士定期講習	第一種電気工事士定期講習	宅建登録講習
	1級・2級管工事施工管理技士	1級造園施工管理技士	宅地建物取引士	賃貸不動産経営管理士	インテリアコーディネーター		管理建築士講習	監理技術者講習	宅建登録実務講習